바른 인성교육을 겸한 **한문교재**

쉽게배우는
사자소학

四　字　小　學

장영근 엮음 **1**

ESSAY

머 리 말

우리나라 우리 민족을 이끌어 갈 청소년들이여!

여러분들은 힘이 있습니다. 모든 일을 할 수 있습니다.

사람이 슬기롭고 사람답게 살아가기 위해서는 물질보다는 옛 성현들의 지혜와 정신이 담겨있는 고전 책과 고사성어를 많이 읽고 공부해야 합니다. 여러 가지 고전 책을 많이 읽으면 읽을수록 좋겠지만 그 중에서도 세상을 살아가는 지혜 와 한자, 한문을 겸하여 공부할 수 있는 '사자소학'이라고 하는 고전 책이 있습니다. 그러므로 '사자소학'에 대하여 간략하게 알아보도록 합시다.

'사자소학(四字小學)'이라고 하는 책은 옛날 서당에서 '천자문'과 더불어 오늘 날의 도덕·윤리 교과서처럼 학생들이 읽고 배우던 책을 말하는데 책 한권 전체가 네 글자(사자,四字)로 된 구절이 둘씩 짝을 이루어 구성 되어 있기 때문에 '사자소학' 이라고 불리고 있습니다.

우리나라에서 편찬된 '사자소학'이라는 책은 중국 송나라 때 유학자인 '주희'가 직접 교열 정리한 책인 '소학'이라고 하는 책을 바탕으로 엮은 책이라는 설도 있 습니다만, 조선시대 때 정리된 것으로 그 시기와 작자가 분명하게 전해지지 않 을 뿐만 아니라 여러 종류의 판본들이 전해지고 있는 것을 보아 오랜 세월동안 많은 사람들이 필요에 따라 그 내용이 정리 되어 온 것이라고 볼 수 있으며 책 을 지은 저자와 책들마다 그 내용에 대한 순서와 글자가 조금씩 다르지만 광범 위하게 본다면 그 내용들은 대동소이(大同小異)합니다.

필자가 이 책을 엮어 만들게 된 동기는 '사자소학'이라고 하는 고전책을 읽어보니 세월이 흘러가도 영원히 변하지 않는 우리들이 지켜야 할 생활규범은 물론이고 청소년들의 인성교육을 위한 지침서로서 우리나라의 모든 청소년들이 반드시 꼭 읽고 공부해야 할 책이라고 생각 됩니다. 또한 어른들도 읽고 나면 느끼는 점이 많이 있어 인간의 존재가치를 다시 생각하게 되므로 이 '사자소학' 책자를 모든 청소년들이 쉽게 읽고 쓰고 학습할 수 있도록 하기 위해, 특히 가정이나 현장교실에서 청소년들의 인성교육과 더불어 한자조기교육을 위한 한문교재가 필요하다고 사료되어 본문의 책을 엮어 만들게 되었습니다.

　그러므로 본 책자는 학부모들이나 어른들이 가정이나 현장교실에서 청소년들을 지도할 때 한자를 잘 모르더라도 교학상장(敎學相長 : 가르치고 배우면서 성장 함)하는 마음으로 우선 한글로 해석 되어 있는 문장을 지도하면서 공부한 내용을 확인하고 한문 문장을 해석할 때는 해석하는 순서를 원문 밑에 숫자로 기재하여 놓았으므로 조금만 해석하는 방법을 생각하면 쉽게 자녀들이나 청소년들을 지도할 수 있을 것입니다.

　청소년들이 한문 문장을 해석하고 꾸준히 공부 한다는 것은 쉬운 일이 아니지만 이 책을 끝까지 공부한 사람은 자기도 모르게 한자 실력뿐만 아니라 다른 공부에도 자신감을 갖게 되고 바른 인성을 스스로 갖추게 되는 계기가 되리라 생각합니다.

　그리고 이 책은 성균관출판부가 펴낸 청소년 현장교실용 '사자소학' 내용 일부(나머지 일부분은 책 분량 관계로 추후 편집 예정임)와 참고문헌(고사성어) 등을 인용하여 엮었음을 밝히며, 아울러 이 책이 우리나라 청소년들의 인성교육과 한자조기교육을 위한 학습의 길잡이가 되었으면 좋겠습니다.

추천의 글

대전대 국문과 명예교수 **한 상 수**

오늘 날 우리 사회는 심각한 도덕부재(道德不在)와 청소년들의 비도덕적인 학교 폭력 등을 생각해 보면 어른들의 지도력 상실 회복과 가정이나 학교와 사회에서의 올바른 인성함양을 위한 교육이 시급한 과제라고 할 수 있습니다. 또한 청소년들의 한자교육도 다시 생각해 보지 않을 수 없습니다.

한자는 지구상에서 배우기가 가장 어려운 문자입니다. 따라서 세종대왕도 어려운 신하들의 반대를 물리치고 한글을 만들었습니다.

그렇지만 우리는 한자를 아주 버릴 수는 없습니다. 한자는 우리나라 역사와 문화 그리고 생활과 너무 밀접한 관계를 가지고 있기 때문입니다.

한자를 잘 익히려면 책을 잘 선택하여야 합니다. 그런데 지금까지의 책을 보면 대동소이합니다. 우리 조상들이 어렵게 배우던 한자를 지금도 어렵게 배우고 있습니다. 이런 점에서 늘 아쉬움이 있었습니다.

본인은 어떻게 하면 청소년들의 인성교육과 어린이들이 한자를 쉽게 공부할 수 있을까 고민을 하고 있었습니다. 이런 시점에서 오랫동안 한자를 연구하고 후세들을 가르쳐 오던 장영근 선생으로부터 인성교육을 겸한 한문교재인 '사자소학'이란 원고를 받아 읽고 너무나 기뻤습니다.

첫째, 이 책은 한자를 공부하려고 하는 사람들에게 쉽고 재미있게 익힐 수 있도록 만들어져 있습니다. 그것은 전통에 따라 무분별하게 한자를 가르치도록 하는 것이 아니라 인성교육을 하면서 난이도에 따라 단계적으로 학습효과를 높여 나가도록 되어 있기 때문입니다. 그리고 지금까지의 한문교재의 틀에서 벗어나 초보자들이 쉽게 공부할 수 있도록 엮었습니다. 이를 테면 전통적 방법으로 한자를 먼저 읽히고 뜻을 해석하는 것이 아니라 반대로 먼저 한글로 된 해석을 읽고 뜻을 이해한 다음 한자를 익히는 것입니다.

둘째, 한자를 공부하려는 이들에게 편리하도록 쉬어가기 란에 참고자료로 '고사성어'를 적절하게 제시하여 일반적인 상식과 이해력, 판단력에 도움을 주게 하였으며 1단계 공부를 마치고 2단계 〈공부하기〉를 통하여 한번 익힌 한자는 잊혀 지지 않도록 확인학습을 시켜주도록 한 것입니다.

셋째, 어린이들이 '사자소학'을 공부하는 가운데 자연스럽게 현대인으로서 갖추어야 할 인성을 길러 나가도록 하였습니다.
이 책은 새로운 시대정신을 반영하여 생명과 협동, 평화와 인류공영에 기초하여 '사자소학'을 편집하였기 때문입니다.

아무쪼록 이 책을 통하여 새로운 한자교육방법이 보급되고 우리나라 청소년들의 인성교육과 한자조기교육에 큰 도움이 되기를 기대 합니다.

감수의 글

매사에 기초가 중요하듯이 학문도 입문(入門)이 중요하며, 특히 기초한문(基礎漢文)에 있어 어떻게 접(接)하고 들어가느냐 하는 것이 매우 중요합니다.

그러므로 근간(近間)에 시중에서 판매되고 있는 기초한문 서적(書籍)중에는 급수한자(級數漢字)에서부터 '사자소학(四字小學)'을 비롯한 수많은 책자가 발간되어 판매되고 있으나 자고이래(自古以來)로 많은 학자와 현인달사(賢人達師)들께서 저술(著述)한 도덕적 철학적 관념과는 거리가 먼 학문적 가치관을 상실한 문맥을 이루고 있는 글들이 다수를 이루고 있는 것이 사실입니다.

그런데 이번 소파 장영근(素坡 張永根)선생께서 직접 쓰신 원고를 부족한 소견이나마 살펴본 결과 한문교재인 '사자소학'책자는 근래 보기 드물게 초심자의 접근성이 쉽고도 간결하게 짜임새를 갖추고 있으며, 특히 간간히 덕담과 고사성어(故事成語)를 지루하지 않도록 엮임은 흥미와 현장감을 더하게 해주는 아주 뛰어난 서적이라 사료되는 바입니다.

다시 말하면 동양학의 주체(主體)인 한문(漢文)이란 우주 대자연과 인간의 윤리도덕을 골간으로 한 인성(人性)을 바로 잡는 길잡이로써 청소년에서부터 일반인에 이르기까지 인간으로서 가정과 사회를 영위(營爲)하고 국리민복(國利民福)의 질서와 국정을 순화(純化)시키는 정책에 있어 법치주의(法治主義)에 앞서 배워야 할 절대적 학문(學問)인 것입니다.

이러한 학문에 접근성(接近性)을 용이하도록 자세히 설명함과 동시에 부드럽고도 친밀감 넘치게 구성된 점은 높이 평가(評價)받아 마땅하리라 봅니다.

다시 한 번 소파 장영근 선생의 높은 식견(識見)과 지난날 일생을 교단에서 최선(最善)을 다하여 학생들을 가르치고 지도(指導)하다 교장을 정점(頂點)으로 정년퇴임 하신후에도 불고(不顧)하시고 또다시 사회적 문화를 고취(高趣)시키고자 불철주야 노력하시는 고귀(高貴)한 정신에 있어 감히 감수사(監修辭)를 쓰는 자신 한 없는 찬사(讚辭)를 보내는 바입니다.

앞으로 많은 기초한문의 관심이 있는 초심자(初心者)들이 한문(漢文)을 터득하는데 훌륭한 업적을 이루어 낼 서책으로써, 전국 방방곡곡(坊坊曲曲) 어디서나 쉽게 입문(入門)하는데 크게 도움이 될 것인바 두루 애독(愛讀)하기를 기대하면서 감수사에 가름합니다.

2012년 1월

성균관 대전중구 유도회 명예회장

사단법인. 한국한시협회 대전지회 회장

보문서재(寶文書齋)에서

하정(何井) 이 형 재

차 례

1 단계 공부하기

〈사자소학, 한글로 읽고·쓰기〉

◎ 하루에 너무 많은 문장을 공부하지 맙시다.

◎ 글을 읽을 때 소리 내어 세 번 읽고 속으로 읽을 때는 그 뜻을 생각하면서 읽고 외우도록 합시다.

◎ 공부한 것 쓰기 란에 2번 쓰고 자기 공책에 3번 쓰면서 문장을 외우도록 합시다.

◎ 문장을 외울 때 노래하는 형식으로 읽으면서 외우도록 합시다. 예를들면 「부생 아신하시고 모국아신이로다」 등

※ 학부모들이나 지도하시는 선생님들은 〈공부한 것 쓰기 란〉을 꼭 확인 점검하여 주시고 틀린 것이 있으면 고치도록 도와주시기 바랍니다. 그리고 공책에 쓴 내용도 확인하여 주시기 바랍니다.

1	아버지께서는 내 몸을 이 세상에 태어나게 하시었고 (부 父, 생 生, 아 我, 신 身)하시고 어머니께서는 내 몸을 기르셨습니다. (모 母, 국 鞠, 아 我, 신 身)이로다
2	어머니께서는 배로 나를 품어 주시고 (복 腹, 이 以, 회 懷, 아 我)하시며 젖을 먹여 나를 기르셨습니다. (유 乳, 이 以, 포 哺, 아 我)로다
3	옷을 입혀 주시어 나를 따뜻하게 해 주셨고 (이 以, 의 衣, 온 溫, 아 我)하시고 밥을 먹임으로써 나를 배부르게 해 주셨습니다. (이 以, 식 食, 포 飽, 아 我)하시니
4	부모님의 은혜는 하늘과 같이 높고 (은 恩, 고 高, 여 如, 천 天)이요 덕은 땅과 같이 두텁고 포근합니다. (덕 德, 후 厚, 사 似, 지 地)라
5	사람의 자식으로 태어나 (위 爲, 인 人, 자 子, 자 者)하여 어찌 효도를 하지 않을 수 있겠습니까? (갈 曷, 불 不, 위 爲, 효 孝)리요

1	아버지께서는	(부 생 아 신) 하시고 (모 국 아 신) 이로다
2		( ) 하시며 ( ) 로다
3		( ) 하시고 ( ) 하시니
4		( ) 이요 ( ) 라
5		( ) 하여 ( ) 리요

1	아버지께서는	(부 생 아 신) 하시고 ( ) 이로다
2		( ) 하시며 ( ) 로다
3		( ) 하시고 ( ) 하시니
4		( ) 이요 ( ) 라
5		( ) 하여 ( ) 리요

확인란

※ 학부모들이나 지도하시는 분은 틀린 것이 있나 확인해 주시기 바랍니다.

6	부모님께서 명령하시면 (부 父, 모 母, 유 有, 명 命)이시면 고개를 숙이고 공경하는 마음으로 들어야 합니다.　　　(부 俯, 수 首, 경 敬, 청 聽)하라
7	앉아서 명령하시면 앉아서 듣고 (좌 坐, 명 命, 좌 坐, 청 聽)하고 서서 명령하시면 서서 들어야 합니다. (입 立, 명 命, 입 立, 청 聽)하라
8	부모님께서 출입하시면 (부 父, 모 母, 출 出, 입 入)하시면 그때마다 반드시 일어서서 인사를 드려야 합니다.　　　(매 每, 필 必, 기 起, 립 立)하라
9	부모님께서 입으시는 옷은 (부 父, 모 母, 의 衣, 복 服)을 넘어 다니지도 말고 밟지도 말아야 합니다. (물 勿, 유 踰, 물 勿, 천 踐)하라
10	부모님이 병환 중에 계시면 (부 父, 모 母, 유 有, 병 病)하시면 걱정하고 낫게 할 방법을 찾아야 합니다. (우 憂, 이 而, 모 謨, 료 療)하라

공부한 것 한글로 쓰기 한자는 쓰지 않는다

6	부모님께서	(부 모 유 명) 이시면 (부 수 경 청) 하라
7		( ) 하고 ( ) 하라
8		( ) 하시면 ( ) 하라
9		( ) 을 ( ) 하라
10		( ) 하시면 ( ) 하라

6	부모님께서	(부 모 유 명) 이시면 ( ) 하라
7		( ) 하고 ( ) 하라
8		( ) 하시면 ( ) 하라
9		( ) 을 ( ) 하라
10		( ) 하시면 ( ) 하라

확인란

※ 학부모들이나 지도하시는 분은 틀린 것이 있나 확인해 주시기 바랍니다.

고사성어 故事成語

古: 옛 고, 事: 일 사, 成: 이룰 성, 語: 말씀 어

⊙ 의미(뜻) : 예로부터 전해 내려오는 유서 깊은 일을 표현한 어구, 즉 옛날에 있었던 일들로 이루어
　진 말을 일컫는다.

'고사성어'는 주로 중국의 고사(古事 또는 故事라고도 쓴다) 즉, 중국에서 옛날에 있었던 일에서 유래되어 한자로 되어 있기 때문에 '한자성어'라고도 하고 또한 네 글자로 이루어진 말이 많아 사자성어(四字成語)라고도 말하는데 두 글자, 세 글자, 다섯 글자, 또는 7자, 8자로 되어있는 고사성어도 있습니다.

한마디로 말해서 고사성어는 옛날에 있었던 일 즉, '고사'에서 유래되어 나온 말이라고 하는데 여기에는 신화, 전설, 역사, 고전문학작품 등에서 나온 말들도 포함된다고 합니다.

그러므로 글자는 짧은 문장으로 구성되어 있지만 그 속에 담긴 내용은 매우 깊으며 사람들의 심리, 감정 등을 비유적으로 묘사한 말들로 문장이 구성되어 있기 때문에 '고사성어'를 익히게 되면 수준 높은 언어를 사용하게 되고 언어의 이해력도 훨씬 높아지기 때문에 학생들은 학교에서 배우는 교과목에 대한 이해도가 높아져 모든 과목이 우수한 성적을 거둘 수 있게 됩니다.

그리고 우리들이 일상생활을 해 나가는데 '고사성어'를 모르고서는 '지식인'이 될 수 없습니다.

그래서 필자가 평소에 읽었던 '고사성어' 책자에서 몇 가지만 발췌하여 앞으로 〈쉬어가기〉란에 제시하고자 하니 고사성어에 나와 있는 이야기를 읽고 그 뜻을 생각해 보면 많은 것을 알게 되고 느낄 수 있게 될 것입니다.

그럼 〈쉬어가기〉란에서 쉬어가면서 고사성어를 읽고 그 뜻을 생각하여 봅시다.

가정맹어호 苛政猛於虎

苛: 가혹할 가, 政: 정사 정, 猛: 사나울 맹, 於: 어조사 어, 虎: 범 호

⊙ 의미(뜻) : 가혹한 정치(까다롭고 혹독한 정치)는 사나운 호랑이보다 더 무섭다는 뜻이다.
⊙ 출   전: 예기, 단궁편

가정(苛政)이란 까다롭고 혹독한 정치로서 관리들이 세금 등을 가혹하게 징수하고 물건을 청구하여 국민을 괴롭히는 정치를 말하는데 '가정맹어호'라는 말은 백성을 괴롭히는 정치는 호랑이보다도 더 무섭다는 뜻으로 쓰이는 말이다.

이 말에 대한 고사(古事)는 옛날 중국의 공자(孔子)님 모국인 노(魯)나라에서는 대부 계손자(季孫子)가 백성들을 괴롭히는 정치를 하고 있었다고 한다. 어느 날 공자님은 몇 사람의 제자들과 수레를 타고 길을 가고 있었다. 별로 사람이 다니지 않는 길로 높은 산이 솟아 있는 곳이었다. 일행은 문득 여인의 울음소리가 들려오는 것을 들었다. 그 울음소리는 앞에 있는 묘지에서 들려오는 듯 했다. 공자님은 놀라 정신이 드는 듯 몸을 일으키고 귀를 기울였다. 한 부인이 길가에 있는 세 개의 무덤 앞에서 울고 있었다. 공자님은 그대로 지나칠 수가 없어 제자인 자로(子路)에게 그 까닭을 묻게 했다. "왜 그렇게도 슬프게 우십니까?" 부인은 깜짝 놀라 고개를 들었으나 그 다정한 말에 구원을 얻은 듯 "이 근처는 참으로 무서운 곳입니다.

저의 시아버님이 호랑이에게 잡혀 먹혔는데 곧이어 저의 남편도 잡혀 먹혀서 세상을 떠나고 이번에는 제 아들이 또 잡혀 먹혔습니다." "그렇게 위험한 곳이라면 왜 다른 곳으로 떠나지 않습니까?" "아닙니다. 이곳에 살고 있으면 마구 뜯어 가는 세금을 독촉 받을 걱정이 없으니까요."라고 말했다고 한다.

이 말을 들은 공자님은 제자들에게 "가정(가혹한 정치)은 호랑이보다 더 모질다(무섭다)."라고 말씀하셨다고 한다. 그래서 '가정맹어호'라는 고사성어가 생겼고 백성을 괴롭히는 정치는 호랑이보다 더 무섭다는 뜻으로 쓰이게 되었다고 한다.

11	밥상을 받으시고 드시지 않으시면 　　　　　　　　　(대 對, 안 案, 불 不, 식 食)하시면 맛있는 좋은 음식을 드릴 것을 생각해야 합니다.　　　(사 思, 득 得, 량 良, 찬 饌)하라
12	밖에 나갈 때는 반드시 말씀을 드리고 　　　　　　　　　(출 出, 필 必, 곡 告, 지 之)하고 돌아오면 반드시 얼굴을 보여 드려야 합니다.　　　(반 反, 필 必, 면 面, 지 之)하라
13	항상 조심하여 멀리 나가 놀지 말고 　　　　　　　　　(신 愼, 물 勿, 원 遠, 유 遊)하고 놀 때는 반드시 어디서 놀고 있음을 알려 드려야 합니다. 　　　　　　　　　(유 遊, 필 必, 유 有, 방 方)하라
14	문을 드나 들 때는 　　　　　　　　　(출 出, 입 入, 문 門, 호 戶)는 반드시 문을 공손하게 열고 닫아야 합니다. 　　　　　　　　　(개 開, 폐 閉, 필 必, 공 恭)하라
15	방 문 가운데 서 있지도 말고 　　　　　　　　　(물 勿, 립 立, 문 門, 중 中)하고 방 한가운데 앉지 말아야 합니다. 　　　　　　　　　(물 勿, 좌 坐, 방 房, 중 中)하라

공부한 것 한글로 **쓰기** 한자는 쓰지 않는다

11	밥상을	(대 안 불 식) 하시면 (사 득 량 찬) 하라
12		( ) 하고 ( ) 하라
13		( ) 하고 ( ) 하라
14		( ) 는 ( ) 하라
15		( ) 하고 ( ) 하라

11	밥상을	(대 안 불 식) 하시면 ( ) 하라
12		( ) 하고 ( ) 하라
13		( ) 하고 ( ) 하라
14		( ) 는 ( ) 하라
15		( ) 하고 ( ) 하라

※ 학부모들이나 지도하시는 분은 틀린 것이 있나 확인해 주시기 바랍니다.

16	부모님의 은덕을 갚고자 하면 (욕 欲, 보 報, 기 其, 덕 德)이면 높은 하늘처럼 끝이 없습니다. (호 昊, 천 天, 망 罔, 극 極)이로다
17	새벽에는 반드시 부모님보다 먼저 일어나 (신 晨, 필 必, 선 先, 기 起)하여 반드시 세수하고 양치질하고 아침인사를 드려야 합니다. (필 必, 관 盥, 필 必, 수 漱)하라
18	저녁에는 이부자리를 펴 드리고 새벽에는 문안을 드리고 (혼 昏, 정 定, 신 晨, 성 省)하고 겨울에는 따뜻하게 여름에는 시원하게 해드려야 합니다. (동 冬, 온 溫, 하 夏, 청 淸)하라
19	부모님께서 부르시면 (부 父, 모 母, 호 呼, 아 我)하시면 대답하고 즉시 달려 나가야 합니다. (유 唯, 이 而, 추 趨, 진 進)하고
20	부모님께서 일이나 심부름을 시키시면 (부 父, 모 母, 사 使, 아 我)하시면 거절하지 말고 게으름을 피우지 말아야 합니다.　　　(물 勿, 역 逆, 물 勿, 태 怠)니라

공부한 것 한글로 쓰기 한자는 쓰지 않는다

16	부모님의	(욱 보 기 덕) 이면 (호 천 망 극) 이로다
17		(　　　　　) 하여 (　　　　　) 하라
18		(　　　　　) 하고 (　　　　　) 하라
19		(　　　　　) 하시면 (　　　　　) 하고
20		(　　　　　) 하시면 (　　　　　) 니라

16	부모님의	(욱 보 기 덕) 이면 (　　　　　) 이로다
17		(　　　　　) 하여 (　　　　　) 하라
18		(　　　　　) 하고 (　　　　　) 하라
19		(　　　　　) 하시면 (　　　　　) 하고
20		(　　　　　) 하시면 (　　　　　) 니라

확인란

※ 학부모들이나 지도하시는 분은 틀린 것이 있나 확인해 주시기 바랍니다.

개과천선 改過遷善

改: 고칠 개, 過: 지날 과, 遷: 옮길 천, 善: 착할 선

⊙ 의미(뜻) : 지나간 허물.

　　　　　즉, 잘못된 점을 고쳐 착하게 되는 것을 말한다.

⊙ 출　전 : 진서, 본전

'개과천선'이란 성어는 개과(改過)란 잘못을 고친다는 말이며 천선(遷善)은 착하게 되는 것을 말하는데 즉, 지나간 잘못을 고치어 착한 사람이 된다는 뜻인데, 옛날 중국 진(晋)나라 혜제(임금)때 주처(周處)라고 하는 사람이 있었다고 한다.

'주처'의 아버지는 주처가 6~7세 때 돌아가셨다. 주처는 아버지의 가르침과 보살핌을 잃은 뒤부터 혼자서 방탕한 생활을 하면서 걸핏하면 남을 두들겨 팼기 때문에 마을 사람들은 그를 두려워하지 않는 사람이 없었다.

'주처'가 철이 들어감에 따라 자신의 잘못을 깨닫고 지난 허물(잘못)을 고치어 새로운 사람이 되겠다고 굳은 결심을 하고 어느 날 마을 사람들에게 이렇게 말했다.

"지금 세상이 태평하여 모두들 '의식주'에 대한 걱정 없이 잘 사는데 왜 여러분들은 나만 보면 얼굴을 찡그리오." 이때 어느 대담한 사람이 겁도 없이 대답했다. "세 가지 해로움도 제거하지 못했는데 어찌 태평을 논할 수 있겠나?" '주처'는 이상하게 생각하면서 "세 가지 해로움이 무엇이오?"라고 물었다. 그 사람은 "첫째, 남산에 있는 호랑이와 둘째 다리 밑에 있는 교룡(뱀과 비슷하게 생겼다는 용의 하나를 말함)과 '주처'자네를 합하여 세 가지 해로움이라고 하는 걸세." 하고 대답했다.

'주처'는 그 사람의 말을 듣고 더욱더 훌륭한 사람이 되어야겠다는 각오를 굳혔다. 그리고 자신 있게 다짐했다.

"제가 반드시 그 세 가지 어려움을 없앨 것입니다."하고 마을 사람들에게 말했다. 마을 사람들은 '주처'가 세 가지 해로움을 없애겠다는 말을 듣고는 마음속으로 다행한 일이라고 생각하게 되었다.

그리하여 주처는 칼을 차고 남산에 올라가 맹호(사나운 호랑이)를 잡아 죽였고, 다시 다리 아래의 물에 뛰어들어 교룡과 싸움을 벌였는데, 사흘 밤낮이 지나도 주처는 돌아오지 않았다. 마을 사람들은 주처가 교룡에게 잡혀 먹혔다고 모두 손을 들어 환호하며 어쩔 줄을 몰라 했다.

그러나 주처는 악전고투(힘든 싸움) 끝에 교룡을 죽이고 살아 돌아 왔다.
이를 본 마을 사람들은 별로 반갑게 여기지 않았다. 주처는 아직도 자기에 대하여 마을 사람들이 미움을 품고 있음을 깨닫고 허물을 고쳐 착한 사람이 되겠다는 마음을 더욱 굳게 다졌다.

그래서 정든 고향을 등지고 동오에 가서 대학자 육기(陸機)와 육운(陸雲) 두 형제를 만나보고 말했다.
"저는 전에 나쁜 짓을 많이 했습니다. 그러나 이제부터는 뜻을 세워 착한 사람이 되려고 합니다. 하지만 너무 늦은 감이 있어 두렵습니다."라고 말했다.

"자네는 나이가 아직 젊네! 굳은 의지를 가지고 지난 허물을 고쳐 새로이 착한 사람이 된다면 자네의 앞길은 무한한 것일세."하고 육운이 격려했다.
이때부터 '주처'는 뜻을 세워 동오에서 글을 배웠다.
이후 십여 년 동안 마음과 학문을 닦고 익혀서 마침내 유명한 대학자가 되었다고 한다.

그러니까 지나간 잘못(허물)을 뉘우치고 새롭게 착한 사람이 된 사람을 가리켜 '개과천선'한 사람이라고 말하고 있다.

21	걸어갈 때는 거만하게 걷지 말고 (행 行, 물 勿, 만 慢, 보 步)하고 앉을 때는 몸을 기대지 말아야 합니다. (좌 坐, 물 勿, 의 倚, 신 身)하라
22	입으로는 잡담을 하지 말고 (구 口, 물 勿, 잡 雜, 담 談)하고 손으로는 손장난을 하지 말아야 합니다. (수 手, 물 勿, 잡 雜, 희 戲)하라
23	부모님 무릎 앞에 앉지 말고 (슬 膝, 전 前, 물 勿, 좌 坐)하고 부모님 얼굴을 똑바로 쳐다보지 말아야 하고　　(친 親, 면 面, 물 勿, 앙 仰)하라
24	모름지기 큰 소리로 웃지 말고 (수 須, 물 勿, 방 放, 소 笑)하고 또한 큰 소리로 말하지 말아야 합니다. (역 亦, 물 勿, 고 高, 성 聲)하라
25	부모님을 모시고 앉아 있을 때는 (시 侍, 좌 坐, 부 父, 모 母)시면 화를 내어 다른 사람을 꾸짖지 말아야 합니다.　　(물 勿, 노 怒, 책 責, 인 人)하라

공부한 것 한글로 쓰기 한자는 쓰지 않는다

21	걸어갈	(행물만보) 하고 (좌물의신) 하라
22		(　　　　) 하고 (　　　　) 하라
23		(　　　　) 하고 (　　　　) 하라
24		(　　　　) 하고 (　　　　) 하라
25		(　　　　) 시면 (　　　　) 하라

21	걸어갈	(행물만보) 하고 (　　　　) 하라
22		(　　　　) 하고 (　　　　) 하라
23		(　　　　) 하고 (　　　　) 하라
24		(　　　　) 하고 (　　　　) 하라
25		(　　　　) 시면 (　　　　) 하라

확인란

※ 학부모들이나 지도하시는 분은 틀린 것이 있나 확인해 주시기 바랍니다.

26	옷과 허리띠와 신발은 (의 衣, 복 服, 대 帶, 화 靴)를 잃어버리지 말고 함부로 찢지도 말아야 합니다. (물 勿, 실 失, 물 勿, 열 裂)하라
27	부모님께서 나를 사랑해 주시면 (부 父, 모 母, 애 愛, 지 之)시면 기뻐하며 그 마음을 잊지 말아야 하고 (희 喜, 이 而, 불 不, 망 忘)하고
28	부모님께서 나를 꾸짖으시면 (부 父, 모 母, 책 責, 지 之)시면 반성하고 원망하지 말아야 합니다. (반 反, 성 省, 물 勿, 원 怨)하라
29	높은 나무에 올라가지를 말아야 합니다. (물 勿, 등 登, 고 高, 수 樹)하라 부모님께서 걱정 하십니다. (부 父, 모 母, 우 憂, 지 之)요
30	깊은 연못이나 물에서 헤엄치거나 물놀이를 하지 말아야 합니다. (물 勿, 영 泳, 심 深, 연 淵)하라 부모님께서 염려하십니다. (부 父, 모 母, 염 念, 지 之)시니라

한자는 쓰지 않는다

26	옷과	(의 복 대 화) 를 (물 실 물 열) 하라
27		( ) 시면 ( ) 하고
28		( ) 시면 ( ) 하라
29		( ) 하라 ( ) 요
30		( ) 하라 ( ) 사나라

26	옷과	(의 복 대 화) 를 ( ) 하라
27		( ) 시면 ( ) 하고
28		( ) 시면 ( ) 하라
29		( ) 하라 ( ) 요
30		( ) 하라 ( ) 사나라

확인란

※ 학부모들이나 지도하시는 분은 틀린 것이 있나 확인해 주시기 바랍니다.

계륵 鷄肋

鷄: 닭 계, 肋: 갈빗대 륵

⊙ 의미(뜻) : 용도는 적으나 버리기는 아까운 물건을 가리키는 말.
　　　　　　또는 몹시 연약한 몸을 비유하는 말로도 쓰인다.
⊙ 출　전 : 후한서, 양수전, 진서 유령전

계륵이란 닭 계(鷄), 갈빗대 륵(肋) 즉, 닭의 갈비뼈를 말하는데 닭의 갈비는 살고기가 별로 붙어있지 않아 먹을 만한 곳이 없는 부위이나 버리기는 아까운 것이 닭의 갈비뼈이다.

그래서 소용은 적으나 버리기는 아까운 물건을 가리키는 말로 쓰이고 있는데, 이 고사(옛날에 있었던 일)를 알아보도록 합시다.

삼국지연의(三國志演義)로서 유명한 삼국정립시대가 나타나기 1년 전 즉, 중국의 후한 헌제의 건안 24년의 일이다. '유비'는 익주를 영유하고 한중(漢中)을 평정시킨 다음 유비토벌의 군을 일으킨 '조조'를 맞아 역사적인 한중쟁탈전을 시작하고 있었다. 싸움은 수개월에 이르렀다.

유비의 병참은 후방 근거지의 제갈량이 확보하고 있는데 반해, 조조는 병참(군수품 보급 및 확보)이 혼란에 빠져 도망병이 속출하고 전진도 수비도 불가능한 상태였다. 그러던 어느 날 저녁 조조는 계탕(鷄湯: 닭국)을 먹게 되었다. 먹자하니 먹을 것이 없고 버리고자 하니 아깝고 닭의 갈비가 꼭 오늘의 자기 처지와 같다고 생각 되었다.

이 때 그의 장수 '하우돈'이 야간 군호를 하달해 달라고 하기에 조조는 무심코 '계륵'이란 명령을 내렸다. 부하들은 무슨 소리인지 몰라 여우에게 홀린 듯 어리둥절했다. 그런데 조조 군대의 '양수'라고 하는 은어(직접 말하지 않고 은연중에 그 뜻을 통하게 하는 것을 은어라고 한다)를 잘 푸는 주부(벼슬이름)가 있었다. 양수는 이 명령을 듣자 혼자서 부지런히 수도(서울) 장안으로 돌아갈 준비를 시작했다.

모두들 놀라 그 까닭을 묻자 양수는 이렇게 대답했다.
"닭의 갈비뼈는 먹을 만한 데가 없다. 그렇다고 내 버리기는 아깝다. 왕(조조)께서 한중(漢中)을 이에 비유했으므로 귀환(다시 돌아감)하기로 결정한 것이다." 과연 조조는 위나라의 전 군대를 한중에서 철수 시켰다. (후한서, 양수전)

'계륵'이란 무미(無味) 즉, 맛이나 재미가 없음을 비유하는 것으로 그리 도움도 되지 못하나 버리기는 아까운 일이나 물건을 비유하는 말로 쓰인다. 그리고 닭의 늑골 같이 골격이 빈약한 몸, 즉 몸이 마르고 약한데 비유해서 쓰이기도 한다.

〈진서〉유령전에 나와 있는 이야기로 술을 좋아하는 죽림칠현(竹林七賢)중에서도 주도의 우두머리였던 유령(劉伶)이 술에 취해 어떤 사람과 시비를 걸었다. 상대가 소매를 걷어 붙이고 주먹을 휘두르며 덤벼들자, 유령은 천연덕스럽게 말했다.
"워낙 닭의 갈비뼈 같은 빈약한 약골이니까, 그 쪽 주먹을 받아낼지"
그러자 상대는 자기도 모르게 웃음을 터트리며 때리는 것을 그만두고 말았다고 한다.

이상과 같이 '계륵'이란 고사성어는 조조가 그의 장수 '하우돈'이 야간군호를 하달해 달라고 하기에 무심코 '계륵'이란 명령을 내린 것(후한서, 양수전) 즉, 소용은 적으나 버리기는 아까운 사물을 가르키는 말로 비유하게 되었고, 죽림칠현중의 한사람인 '유령'이 한 말로 '워낙 갈비뼈 같은 빈약한 몸이라'라고 한 말 중(진서, 유령전)에서 몸이 몹시 연약한 것을 비유해서 쓰는 말로 즉, 두 가지말로 비유해서 쓰는 말이 되었다고 한다.

31	옷이 비록 마음에 들지 않아도 (의 衣, 복 服, 수 雖, 악 惡)이라도 부모님께서 주시면 반드시 입어야 합니다. (여 與, 지 之, 필 必, 착 著)하라
32	음식이 비록 먹기가 싫더라도 (음 飮, 식 食, 수 雖, 염 厭)이라도 부모님께서 주시면 반드시 맛있게 먹어야 합니다. (여 與, 지 之, 필 必, 식 食)하라
33	부모님께서 입을 만한 옷이 없으시면 (부 父, 모 母, 무 無, 의 衣)시면 나도 새 옷을 입을 생각을 하지 말아야 하고 　　　　(물 勿, 사 思, 아 我, 의 衣)하고
34	부모님께서 드실만한 음식이 없으면 (부 父, 모 母, 무 無, 식 食)이시면 내가 먹을 것을 먼저 생각하지 말아야 합니다. (물 勿, 사 思, 아 我, 식 食)이니라
35	내 몸과 머리털과 피부는 (신 身, 체 體, 발 髮, 부 膚)는 훼손하거나 상하게 해서는 안 됩니다. (물 勿, 훼 毁, 물 勿, 상 傷)하고

공부한 것 한글로 쓰기 한자는 쓰지 않는다

31	옷이	(의 복 수 악) 이라도 (여 지 필 착) 하라
32		( ) 이라도 ( ) 하라
33		( ) 시면 ( ) 하고
34		( ) 이시면 ( ) 아니라
35		( ) 는 ( ) 하고

31	옷이	(의 복 수 악) 이라도 ( ) 하라
32		( ) 이라도 ( ) 하라
33		( ) 시면 ( ) 하고
34		( ) 이시면 ( ) 아니라
35		( ) 는 ( ) 하고

※ 학부모들이나 지도하시는 분은 틀린 것이 있나 확인해 주시기 바랍니다.

36	부모님 앞에 앉아 있을 때는 (시 侍, 좌 坐, 친 親, 전 前)에는 걸터앉거나 다리를 뻗거나 눕지 말아야 하고 (물 勿, 거 踞, 물 勿, 와 臥)하라
37	부모님께 물건을 드릴 때는 (헌 獻, 물 物, 부 父, 모 母)에는 무릎을 꿇고 두 손으로 드려야 합니다. (궤 跪, 이 而, 진 進, 지 之)하고
38	부모님께서 나에게 먹을 것을 주시면 (여 與, 아 我, 음 飮, 식 食)이시면 무릎을 꿇고 앉아서 받아야 합니다. (궤 跪, 이 而, 수 受, 지 之)니라
39	그릇에 음식이 많이 있어도 (기 器, 유 有, 음 飮, 식 食)에 부모님께서 주지 않으시면 먹으려고 하지 말아야 합니다.　(불 不, 여 與, 물 勿, 식 食)하고
40	만약 맛있는 음식을 얻으면 (약 若, 득 得, 미 美, 미 味)면 집에 돌아가 부모님께 드리려는 마음을 가져야 합니다.　(귀 歸, 헌 獻, 부 父, 모 母)하라

공부한 것 한글로 쓰기 한자는 쓰지 않는다

36	부모님	(시 좌 친 전) 에는 (물 거 물 와) 하라
37		( ) 에는 ( ) 하고
38		( ) 이시면 ( ) 니라
39		( ) 에 ( ) 하고
40		( ) 면 ( ) 하라

36	부모님	(시 좌 친 전) 에는 ( ) 하라
37		( ) 에는 ( ) 하고
38		( ) 이시면 ( ) 하고
39		( ) 에 ( ) 하고
40		( ) 면 ( ) 하라

확인란

※ 학부모들이나 지도하시는 분은 틀린 것이 있나 확인해 주시기 바랍니다.

고복격양 鼓腹擊壤 : 풍년을 뜻함

鼓: 북 고, 腹: 배 복, 擊: 칠 격, 壤: 부르러운 흙 양

⊙ 의미(뜻) : 입을 옷과 먹을 것이 풍부하여 백성들이 안락하게 태평세월을 즐김을 말한다.
⊙ 출   전 : 십팔사략, 1권의 요제조편

'고복격양'이란 고사성어는 고복은 배를 북처럼 두드리는 것을 말하고 격양은 옛날 중국의 상고시대(지금부터 4·5천년 전) 때 민간에서 즐겁게 놀던 유희(재미있게 노는 율동 또는 장난을 말함)의 하나를 말하는데 즉, 백성들이 입을 옷과 먹을 것이 풍부하여 배를 두드리면서 격양놀이를 한다는 뜻으로 아무 걱정 없이 백성들이 잘 사는 태평성대를 비유하여 '고복격양' 같은 시대라고 말하는데 이 고사(옛날에 있었던 일)를 알아보도록 합시다.

지금으로부터 4천여 년 전 중국의 요(堯)임금 때의 이야기이다.
'요'이금은 천하의 성군(聖君: 어진임금을 말함)으로서 경천애인(敬天愛人) 즉, 하늘을 공경하고 백성들을 사랑하여 모든 사람들에게서 사모의 정을 두텁게 받고 있었다.

'요'임금은 너무나도 평화스러움에 오히려 마음이 불안해졌다. 도대체 천하는 진정으로 잘 다스려지고 있는 것일까? 백성들은 나를 천자로 받드는 것을 진정으로 원하고 있는 것일까?

어느 날 '요'임금은 백성들이 사는 모습을 직접 보기 위하여 눈에 띄지 않는 옷차림을 하고 몰래 거리로 나섰다. 그리하여 어느 네거리를 지나갈 때 한 때의 어린이들이 서로 손을 잡고 놀면서 이런 노래를 부르고 있었다.

나랏님, 나랏님 우리들이 이렇듯 즐겁게 기운차게 지내는 것은 다 나랏님의 덕택입니다. 나랏님, 나랏님 우리들이 이렇듯 아무런 근심도 걱정도 없이 다들

나랏님을 의지하고 있습니다.

어린이들의 노래 소리는 '요'임금의 가슴속 깊이 스며들었다. '요'임금은 만족스럽게 어린이들까지 내 정치를 좋아한다 하면서 중얼거렸으나 갑자기 또 다른 의문이 생겼다. '하지만 어린이들의 노래 소리치고는 지나친 점이 있지 않은가? 혹은 누군가 어른이 시킨 것이 아닐까?' 마음속의 불안을 털어 버리듯 '요'임금은 걸음을 재촉해서 더 걸어갔다.

어느덧 거리 끝까지 왔다. 무심코 곁을 보니 백발노인 한 분이 입안에 든 음식을 우물거리면서 격양(옛날 중국 사람들이 놀던 유희의 하나를 말함)놀이를 하는데, 배를 두드려 박자를 맞추면서 목 쉰 소리로 속삭이듯 그러나 즐겁게 노래를 부고 있었다.

날이 새면 농사일에 바쁘고 해가 지면 잠자리에 뒹군다. 갈증은 우물 파서 마시고 배고픔은 논밭의 곡식으로 채운다. 나랏님 따위는 우리들 생활에 있거나 없거나 마찬가질세.

이번에야 말로 '요'임금의 마음은 구석구석까지 환하게 밝아졌다. '그렇구나! 이젠 됐다. 백성들이 아무런 걱정도 없이 고복(鼓腹) 즉, 배를 두드리며 격양 놀이를 하는 것은 자기들의 생활을 즐기고 있는 것이다.

이것이야말로 정치가 잘되어 가고 있는 증거가 아니고 뭐란 말이야.' 궁전으로 돌아가는 '요'임금의 발걸음은 가볍고 들떠 있었다고 한다.

그래서 '고복격양'이란 고사성어는 '요'임금 때 정치를 잘해서 나온 말이라고 한다.
또한 풍년을 뜻하는 말로 풍년이 들어 농부들이 땅을 두드리며(흙을 툭툭 지면서) 태평한 세월을 기리는 노래를 '격양가'라고 한다.

41	다른 사람들과 다투거나 싸우지 말아야 합니다. (물 勿, 여 與, 인 人, 투 鬪)하라 부모님께서 불안해하십니다. (부 父, 모 母, 불 不, 안 安)이시니라
42	방이나 거실에 먼지가 있으면 (실 室, 당 堂, 유 有, 진 塵)이면 항상 물걸레로 청소해야 합니다. (상 常, 필 必, 쇄 灑, 소 掃)하라
43	일을 할 때는 반드시 부모님께 여쭙고 (사 事, 필 必, 품 稟, 행 行)하고 감히 자기 멋대로 하지 말아야 합니다. (무 無, 감 敢, 자 自, 전 專)하라
44	한번이라도 부모님을 속인다 하더라도 (일 一, 기 欺, 부 父, 모 母)면 그 죄는 산처럼 크다고 할 수 있습니다. (기 其, 죄 罪, 여 如, 산 山)이니라
45	눈 속에서 죽순을 구해 부모님께 드린 것은 (설 雪, 리 裏, 구 求, 순 筍)은 맹종이라는 사람의 효도요 (맹 孟, 종 宗, 지 之, 효 孝)요

공부한 것 한글로 쓰기 한자는 쓰지 않는다

41	다른	(물 여 인 투) 하라 (부 모 불 안) 이사냐
42		( ) 이면 ( ) 하라
43		( ) 하고 ( ) 하라
44		( ) 면 ( ) 이니라
45		( ) 은 ( ) 요

41	다른	(물 여 인 투) 하라 ( ) 이사냐
42		( ) 이면 ( ) 하라
43		( ) 하고 ( ) 하라
44		( ) 면 ( ) 이니라
45		( ) 은 ( ) 요

확인란

※ 학부모들이나 지도하시는 분은 틀린 것이 있나 확인해 주시기 바랍니다.

46	얼음을 깨고 잉어를 잡아 부모님께 드린 것은 (부 剖, 빙 氷, 득 得, 리 鯉)는 왕상이라는 사람의 효도의 일과입니다. (왕 王, 상 祥, 지 之, 효 孝)니라
47	내 몸이 어질어지면 (아 我, 신 身, 능 能, 현 賢)이면 그 명예가 부모님에게까지 미치게 되며 (예 譽, 급 及, 부 父, 모 母)하고
48	내 몸이 어질지 못하면 (아 我, 신 身, 불 不, 현 賢)이면 그 욕됨이 부모님에게까지 미치게 됩니다. (욕 辱, 급 及, 부 父, 모 母)니라
49	조상을 추모하고 근본에 보답하여 (추 追, 원 遠, 보 報, 본 本)하여 반드시 정성스럽게 제사를 지내야 합니다. (제 祭, 사 祀, 필 必, 성 誠)하라
50	선조가 없었다면 (비 非, 유 有, 선 先, 조 祖)면 내 몸이 어디서 태어났겠습니까? (아 我, 신 身, 갈 曷, 생 生)이리오

46	얼음을	(부빙득리) 는 (왕상지효) 라
47		( ) 이면 ( ) 하고
48		( ) 이면 ( ) 니라
49		( ) 하여 ( ) 하라
50		( ) 면 ( ) 이리오

46	얼음을	(부빙득리) 는 ( ) 라
47		( ) 이면 ( ) 하고
48		( ) 이면 ( ) 니라
49		( ) 하여 ( ) 하라
50		( ) 면 ( ) 이리오

확인란

※ 학부모들이나 지도하시는 분은 틀린 것이 있나 확인해 주시기 바랍니다.

관포지교 管鮑之交

管: 대롱 관, 鮑: 절인고기 포, 之: 갈 지 , 交: 사귈 교

⊙ 의미(뜻) : 옛날 중국의 관중과 포숙아와 같은 우정을 말하는데 친구사이의 두터운 우정이나 교우
　　　　　관계를 뜻한다.
⊙ 출　진 : 사기, 관중열진

'관포지교'라는 고사성어는 관(管)은 관중(사람이름)을 말하고 포(鮑)는
포숙아(사람이름)를 말하는데 두 사람 사이와 같은 사귐을 '관포지교'라고 말한다.

　관중과 포숙은 중국 고대 춘추시대에 제(濟)나라에서 높은 벼슬을 한 사람들인데, 두
사람은 어릴 때부터 친한 벗으로 무엇을 해도 같이 했다고 한다.
　관중의 집안은 가난했기 때문에 그는 곧잘 포숙아를 속였다. 그러나 포숙아는
한마디의 불평도 하지 않고 끝까지 우정을 버리지 않았다.

　두 사람이 성장하여 관중은 제 나라의 공자(귀한 가문의 어린자제를 말함) 규(糾)의
신하로 포숙아는 규의 이복동생인 소백(小白)을 섬기게 되었다. 두 공자는 군주가 되기
위해 경쟁하다가 이복동생인 소백이 즉위해서 환공(桓公)이 되자 경쟁자였던 '규'는
싸움에 져서 살해 되고 관중은 잡히어 갇힌 몸이 되었다.

　'환공'이 잡혀온 관중을 죽이려 하자 포숙아가 말했다. "전하, 제나라를 다스리는
것으로 만족하신다면 신(臣)으로도 충분할 것입니다만 그러나 천하의 패자(제후의
으뜸)가 되시려면 관중을 등용하셔야 합니다." 환공은 포숙아의 진언을 받아들여
관중은 제나라의 국정을 맡게 되었고, 환공은 관중이 지모(슬기로운 계책)를 발휘하였기
때문에 천하를 한데 묶어 패자가 될 수 있었다.

　후에 관중은 이렇게 술회하고 있다.

"나는 일찍 무척 가난 했을 적에 포숙아와 장사를 하였는데 이익을 나눌 때면 나의 몫을 더 많이 가지곤 하였으나, 포숙아는 나를 욕심쟁이라고 말하지 않았다. 내가 가난한 것을 알고 있었기 때문이다. 또 나는 몇 번이고 벼슬길에 나갔다가 그 때마다 쫓겨나고 말았다. 그러나 그는 나를 무능자 취급을 하지 않았다. 내가 시운(時運)을 타고 있지 못한 것을 알고 있었기 때문이다. 또 나는 싸움터에 나갔을 때마다 도망쳐 왔으나 그는 나를 겁쟁이 취급을 하지 않았다. 그는 내게 늙은 어머니가 계시다는 것을 알고 있었기 때문이다. 공자 '규'가 후계자 다툼에서 패했을 때, 동료인 '소홀'은 싸움에서 죽고 나는 잡히어 욕된 몸이 되었는데 그는 나를 파렴치한 짓이라고 하지 않았다. 내가 자은 일에 부끄러워하지 않고 공명을 천하에 알리지 못하는 것을 부끄러워하는 줄 알고 있었기 때문이다.

나를 낳아 준 이는 부모이지만 나를 알아주는 이는 포숙아이다." 포숙아는 관중을 천거한 뒤, 그 자신은 관중보다 아랫자리에 들어가서 경의를 표하였다. 포숙아의 자손은 대대로 제나라의 녹을 받고 십여 대에 걸쳐 이름 있는 대부(벼슬)로서 세상에 알려졌다.

이런 일에서 세상 사람들은 관중의 현명한 것을 칭찬하기보다 포숙아의 사람을 정확하게 알아보는 눈이 밝은 것을 더 칭찬하였던 것이다.

'관포지교'라고 하는 고사성어는 두터운 우정이나 교우관계를 말할 때 흔히 쓰는 말로써 청소년들은 어렸을 적부터 친한 친구를 사귀어 어른이 된 후에도 그 우정은 변하지 말고 서로 돕고 이해하고 서로 양보하는 마음을 가지고 친구 사귀기를 바랍니다.

그리고 요즈음은 학교폭력, 즉 왕따(집단따돌림, 괴롭힘)로 시달리는 학생들이 많은데 그 해결방법은 다음 기회에 생각하기로 하고 우리 모두 고운 말을 쓰고 인사 잘하고 왕따가 없는 학교를 만들도록 노력합시다.

51	부모님 섬기는 것을 이와 같이 한다면 (사 事, 친 親, 여 如, 차 此)면 효도한다고 말할 수 있을 것입니다. (가 可, 위 謂, 효 孝, 의 矣)요
52	이와 같이 하지 못하면 (불 不, 능 能, 여 如, 차 此)면 짐승과 다를 것이 없습니다. (금 禽, 수 獸, 무 無, 이 異)리라
53	학문이 넉넉하면 벼슬길에 나아가 (학 學, 우 優, 즉 則, 사 仕)하여 나라를 위해 충성은 다하고 (위 爲, 국 國, 진 盡, 충 忠)하고
54	공경스럽고 믿음직하게 일을 하며 재물을 아껴쓰고　　　(경 敬, 신 信, 절 節, 용 用)하여 백성을 자식같이 사랑해야 합니다. (애 愛, 민 民, 여 如, 자 子)하라
55	인륜 가운데에서 (인 人, 륜 倫, 지 之, 중 中)에 충과 효가 가장 근본이 되는 것이므로 (충 忠, 효 孝, 위 爲, 본 本)이니

51	부모님	(사 친 여 차) 면 (가 위 효 의) 요
52		( ) 면 ( ) 리라
53		( ) 하여 ( ) 하고
54		( ) 하여 ( ) 하라
55		( ) 에 ( ) 이니

51	부모님	(사 친 여 차) 면 ( ) 요
52		( ) 면 ( ) 리라
53		( ) 하여 ( ) 하고
54		( ) 하여 ( ) 하라
55		( ) 에 ( ) 이니

확인란

※ 학부모들이나 지도하시는 분은 틀린 것이 있나 확인해 주시기 바랍니다.

56	마땅히 힘을 다해 효도하고 　　　　　　　　　　(효 孝, 당 當, 갈 竭, 력 力)하고 목숨을 다 바쳐 충성을 해야 합니다. 　　　　　　　　　　(충 忠, 즉 則, 진 盡, 명 命)하라
57	부부의 도리(윤리)는 　　　　　　　　　　(부 夫, 부 婦, 지 之, 륜 倫)은 두 성이 결합된 것이므로 　　　　　　　　　　(이 二, 성 姓, 지 之, 합 合)이니
58	안과 밖이 구별되어야 하고 　　　　　　　　　　(내 內, 외 外, 유 有, 별 別)하여 서로를 손님 대하듯 공경해야 하고 　　　　　　　　　　(상 相, 경 敬, 여 如, 빈 賓)하라
59	남편의 도리는 온화하고 의로운 것이고 　　　　　　　　　　(부 夫, 도 道, 화 和, 의 義)요 아내의 덕은 부드럽고 순한 것이므로 　　　　　　　　　　(부 婦, 덕 德, 유 柔, 순 順)이니
60	남편이 먼저 부르고 아내가 남편을 따르면 　　　　　　　　　　(부 夫, 창 唱, 부 婦, 수 隨)면 가정의 도리(사람이 지켜야 할 바른 길)가 이루어집니다.　　　(가 家, 도 道, 성 成, 의 矣)리라

56	마땅히	(효 당 갈 력) 하고 (충 즉 진 명) 하라
57		( ) 은 ( ) 이니
58		( ) 하여 ( ) 하라
59		( ) 요 ( ) 이니
60		( ) 면 ( ) 리라

56	마땅히	(효 당 갈 력) 하고 ( ) 하라
57		( ) 은 ( ) 이니
58		( ) 하여 ( ) 하라
59		( ) 요 ( ) 이니
60		( ) 면 ( ) 리라

확인란

※ 학부모들이나 지도하시는 분은 틀린 것이 있나 확인해 주시기 바랍니다.

괄목상대 刮目相對

刮: 비빌 괄, 目: 눈 목, 相: 서로 상, 對: (마주볼)대할 대

⊙ 의미(뜻) : 눈을 비비고 다시 본다는 뜻으로 얼마동안 못 보는 사이에 남의 학식이나 재주가 몰라
보게 발전한 것을 말할 때 쓰이는 말이다.

⊙ 출 전 : 심국지, 오지어몽전주

'괄목상대'라는 성어는 괄목(刮目)은 눈을 비비고 본다는 뜻이며 상대(相對)는 상대를
대한다는 뜻으로 얼마동안 못 보는 사이에 상대가 깜짝 놀랄 정도의 발전을 보임을
뜻하는 말이다.

이 말은 중국 삼국시대 때 오나라에 '여몽'이라는 장수가 있었다. 그는 배운 것이
없어 무식했지만 전쟁에서 큰 공을 세워 마침내 장군이 되었는데 어느 날 오나라
왕인 '손권'이 그에게 공부하도록 충고했다.

그래서 여몽은 전쟁터에서도 손에서 책을 놓지 않고 열심히 공부를 했다. 그 후
신하 가운데 학식이 가장 높은 재상 '노숙'이 전쟁터를 시찰하다가 오랜 친구인 '여몽'을
만났다.

그런데 노숙은 여몽과 대화를 하던 중 그가 너무 박식(아는 것이 많은 것을 말함) 해진
것을 보고 깜짝 놀라 이렇게 말했다. "아니, 여보게. 언제 그렇게 공부를 많이 했는가?
자네는 이제 오나라에 있을 때의 여몽이 아니네"

그러자 여몽은 "선비는 헤어 진지 사흘이 지나면 눈을 비비고 다시 대해야 할
정도로 달라져 있어야 하는 법이라네."라고 말했다고 한다. 그러니까 괄목상대란 말은
오나라 장군 여몽이 친구인 노숙을 만나 이야기 하는 가운데 나온 말이라고 한다.

공부를 잘 못한다고 낙심하지 말고 공부를 열심히 하면 괄목상대처럼 공부를
잘하게 될 것입니다.

교언영색 巧言令色

巧: 교묘할 교, 言: 말씀 언, 令: 명령할 령, 色: 빛 색

⊙ 의미(뜻) : 남의 환심을 사려고 아첨하는 교묘한 말과 보기 좋게 꾸미는 얼굴빛을 말한다.
⊙ 출   전 : 논어, 학이 편

'교언영색'이라는 성어는 교언(巧言)은 교묘한 말 즉, 썩 잘되고 묘한 말을 '교언'이라고 하고, 영색(令色)이란 얼굴표정을 좋게 꾸민다는 말로 말을 잘하고 남의 눈을 끌게 하는 표정에는 진실 된 애정이 적은 법이다. 라는 뜻이 담긴 말이다.

이 마음의 중요성을 가르친 분이 공자님인데 다음과 같이 말씀 하셨다. "아첨하는 말을 잘하거나 얼굴표정을 교묘하게 잘 꾸미는 사람은 어진 마음이 적다." 교묘한 말 재주가 있고 얼굴 표정을 다른 사람에게 보기 좋게 잘 꾸미는 사람 중에 어진 마음을 가진 사람이 거의 없다는 뜻이다.

'서유기'에 나오는 삼장법사 등 일행 4명(삼장법사, 손오공, 저팔계, 사오정)은 보상국에서 다시 서쪽으로 향해 평정산에 이르렀다.

나무꾼 이야기로는 산에 두 사람의 마물이 있어 당나라 사람이란 것을 알면 잡아먹는다는 것이었다. 그래서 손오공은 말 재주로 꾀어서 저 팔계에게 정찰을 가게 했다. 삼장법사는 그 꼴을 보고 "형제끼리 서로 도울 생각은 하지 않고 얕은꾀를 써서 '교언영색'으로 저팔계를 보내다니"하고 훈계 했다고 한다.

'교언영색'이란 성어는 '교언영색선의인'을 따로 떼어서 쓴 말이다.

즉, 말을 잘하거나 얼굴표정을 잘 꾸미는 사람은 어진 마음이 적다란 말인 '교언영색선의인'을 교언이나 영색에 현혹되지는 않도록 경계하라는 말로 '교언영색'만 따로 떼어서 쓰는 수가 많다.

47

61	형제와 자매는 (형 兄, 제 弟, 자 姉, 매 妹)는 같은 기운을 받고 태어났으니 (동 同, 기 氣, 이 而, 생 生)이니
62	형은 동생을 사랑하고, 동생은 형을 공경하여 (형 兄, 우 友, 제 弟, 공 恭)하여 감히 원망하거나 화를 내지 말아야 합니다. (불 不, 감 敢, 원 怨, 노 怒)하라
63	뼈와 살은 비록 다르지만 (골 骨, 육 肉, 수 雖, 분 分)이나 본래 한 기운을 받고 태어났으며 (본 本, 생 生, 일 一, 기 氣)며
64	형체는 비록 각각 다르지만 (형 形, 체 體, 수 雖, 이 異)나 본래 한 핏줄을 받고 태어났습니다. (소 素, 수 受, 일 一, 혈 血)이니라
65	형제를 나무에 비유하면 (비 比, 지 之, 어 於, 목 木)하면 뿌리는 같고 가지만 다른 것입니다. (동 同, 근 根, 이 異, 지 枝)요

공부한 것 한글로 쓰기 한자는 쓰지 않는다

61	형제와	(형 제 자 매) 는 (동 기 이 생) 이니
62		( ) 하여 ( ) 하라
63		( ) 이나 ( ) 며
64		( ) 나 ( ) 이니라
65		( ) 하면 ( ) 요

61	형제와	(형 제 자 매) 는 ( ) 이니
62		( ) 하여 ( ) 하라
63		( ) 이나 ( ) 며
64		( ) 나 ( ) 이니라
65		( ) 하면 ( ) 요

※ 학부모들이나 지도하시는 분은 틀린 것이 있나 확인해 주시기 바랍니다.

66	형제를 물에 비유하면 (비 比, 지 之, 어 於, 수 水)하면 근원은 같으나 물줄기가 다른 것입니다. (동 同, 원 源, 이 異, 류 流)니라
67	형제간에 서로 화합하여 (형 兄, 제 弟, 이 怡, 이 怡)하여 걸어갈 때는 기러기처럼 나란히 걸어가고 (행 行, 즉 則, 안 雁, 행 行)하고
68	잠을 잘 때는 같은 이불을 덮고 자며 (침 寢, 즉 則, 연 連, 금 衾)하고 밥을 먹을 때는 같은 밥상에서 먹고 (식 食, 즉 則, 동 同, 상 狀)하라
69	물건을 나눌 때는 서로 많이 차지하려고 하지 말고 (분 分, 무 毋, 구 求, 다 多)하며 있든 없든 서로 함께 해야 합니다. (유 有, 무 無, 상 相, 통 通)하라
70	형제간에 자기 옷과 자기 음식만을 찾는다면 (사 私, 기 其, 의 衣, 식 食)이면 오랑캐의 무리와 같습니다. (이 夷, 적 狄, 지 之, 도 徒)니라

66	형제를	(비 지 어 수) 하면 (동 원 이 류) 니라
67		(　　　　　) 하여 (　　　　　) 하고
68		(　　　　　) 하고 (　　　　　) 하라
69		(　　　　　) 하며 (　　　　　) 하라
70		(　　　　　) 이면 (　　　　　) 니라

66	형제를	(비 지 어 수) 하면 (　　　　　) 니라
67		(　　　　　) 하여 (　　　　　) 하고
68		(　　　　　) 하며 (　　　　　) 하라
69		(　　　　　) 하며 (　　　　　) 하라
70		(　　　　　) 이면 (　　　　　) 니라

확인란

※ 학부모들이나 지도하시는 분은 틀린 것이 있나 확인해 주시기 바랍니다.

군자삼락 君子三樂

君: 임금 군, **子**: 아들 자, **三**: 석 삼, **樂**:즐거울 락

⊙ 의미(뜻) : 군자의 세 가지 즐거움이란 뜻으로 군자는 세 가지 즐거움을 위해 살아야 한다는 말로
　　　　　'인생삼락' 이라고 말하기도 한다.
⊙ 출　전 : 맹자, 진심장

'군자삼락'이란 성어는 군자(君子)는 학식과 덕행이 높은 사람을 말하고 삼락(三樂)은 세 가지 즐거움이란 뜻인데 어떤 이들은 인생에 있어서의 가장 큰 즐거움이라하여 '인생삼락'이라고 하기도 한다.

이 말은 공자의 사상을 계승 발전시켜 아성(亞聖: 성인의 다음가는 성스러운 어진 사람을 아성이라고 하고 공자는 대성(大聖)이라고 부른다)이라고 불리는 맹자가 다음과 같이 말씀 하셨다고 한다.

- 군자에게는 세 가지 즐거움이 있다.

① 첫 번째는 부모가 모두 살아 계시고 형제가 무고(아무 탈이 없는 것)한 것이고
② 두 번째 즐거움은 하늘을 우러러 한 점 부끄럼이 없고 땅을 굽어 살펴 사람에게 부끄럼이 없는 것이고
③세 번째 즐거움은 천하의 영재를 얻어서 교육을 하는 것이다.

라고 말했다. 이 세 가지 즐거움을 인생삼락이라고도 한다.

'군자삼락'이라는 고사성어는 맹자님이 말씀하신 군자의 3가지 즐거움을 말하는 것으로 많이 사용하는 고사성어이다.

고희 古稀

古: 옛 고, 稀: 드물 희

⊙ 의미(뜻) : 일흔 살의 나이.
　　　　　즉, 70세의 나이를 고희라고 한다.
⊙ 출　전 : 두보의 곡강

'고희'란 예로부터 드물다는 뜻으로 나이 70세를 말하는데 이 말은 중국 당나라 때의 시인 즉, 시성(詩聖: 역사상 위대한 시인을 시성이라고 한다)이라고 불리는 두보(杜甫)가 당나라의 수도 장안(長安) 동남쪽에 곡강(曲江)이란 연못이 있는데 이곡강변에서 시(詩) 몇 수를 남기고 있다. 그의 대표작 가운데 하나인 곡강이수(曲江二首)라는 시 중 하나를 보면 '고희'라는 말이 나온다.

'나날이 조정에서 돌아오면 봄옷을 저당 잡혀 곡강 근처에서 취해 갖고 돌아온다. 술집에 술빚은 으레 있는 것. 인생은 그리 길지 않아. 예부터 70까지 사는 사람은 드문 일이다.'

이 시에서 나중의 두 줄에는 옛날부터 여러 가지 해석이 있다. 또 '인생칠십고래희'라 전해져 내려오는 속언이 아닌가도 생각된다. 하나 이 말은 두보에 의해 훌륭히 정착되어 어느 때는 애감(슬픈 마음)을 자아내게 하지만 보기 드문 나이에 달한 것을 축하하는 뜻으로 쓰이게 되었다. 70세를 '고희'라고 하는 고사성어는 두보의 시에서 나왔다고 한다.

◆ 참고: 나이를 일컫는 한자용어를 알아보면

10대	충년(沖年)	15세	지학(知學)	20세	약관(弱冠)
30세	이립(而立)	40세	불혹(不惑)	50세	지천명(知天命)
60세	이순(耳順)	66세	미수(美壽)	70세	고희(古稀)
77세	희수(喜壽)	80세	산수(傘壽)	88세	미수(米壽)
90세	졸수(卒壽)	99세	백수(白壽)	100세	상수(上壽)

※ 66세와 88세 때의 생신을 '미수'라고 하는데 66세 때는 '아름다울 미(美)'자를 쓰고, 88세 때는 '쌀 미(米)'자를 쓴다.

71	형에게 만약 옷이 없으면 (형 兄, 무 無, 의 衣, 복 服)이면 동생이 반드시 옷을 드려야 하고 (제 弟, 필 必, 헌 獻, 지 之)하고
72	동생에게 먹을 것이 없으면 (제 弟, 무 無, 음 飮, 식 食)이면 형이 반드시 먹을 것을 주어야 합니다. (형 兄, 필 必, 여 與, 지 之)하라
73	한 잔의 물이라도 (일 一, 배 杯, 지 之, 수 水)라도 반드시 나누어 마시고 (필 必, 분 分, 이 而, 음 飮)하고
74	쌀 한 알의 밥이라도 (일 一, 립 粒, 지 之, 식 食)이라도 반드시 나누어 먹어야 합니다. (필 必, 분 分, 이 而, 식 食)하라
75	형이 비록 나를 꾸짖더라도 (형 兄, 수 雖, 책 責, 아 我)라도 감히 대들거나 화내지 말아야 합니다. (막 莫, 감 敢, 항 抗, 노 怒)하고

공부한 것 한글로 쓰기 한자는 쓰지 않는다

71	형에게	(형 무 의 복) 이면 (제 필 현 지) 하고
72		(　　　　) 이면 (　　　　) 하라
73		(　　　　) 라도 (　　　　) 하고
74		(　　　　) 이라도 (　　　　) 하라
75		(　　　　) 라도 (　　　　) 하고

71	형에게	(형 무 의 복) 이면 (　　　　) 하고
72		(　　　　) 이면 (　　　　) 하라
73		(　　　　) 라도 (　　　　) 하고
74		(　　　　) 이라도 (　　　　) 하라
75		(　　　　) 라도 (　　　　) 하고

확인란

※ 학부모들이나 지도하시는 분은 틀린 것이 있나 확인해 주시기 바랍니다.

76	동생에게 비록 잘못이 있더라도 (제 弟, 수 雖, 유 有, 과 過)라도 모름지기 큰 소리로 꾸짖지 말아야 하고 (수 須, 물 勿, 성 聲, 책 責)하라
77	형제 중에 착한 일을 한 일이 있으면 (형 兄, 제 弟, 유 有, 선 善)이면 반드시 밖에 나가 칭찬을 하고 (필 必, 예 譽, 우 于, 외 外)하고
78	형제 중에 잘못한 일이 있으면 (형 兄, 제 弟, 유 有, 실 失)이면 감춰주고 세상에 드러내지 않고 스스로 뉘우치게 해야 합니다.　(은 隱, 이 而, 물 勿, 양 揚)하고
79	형제간에 어려운 일이 있으면 (형 兄, 제 弟, 유 有, 난 難)이면 근심하고 구해 줄 것을 생각해야 합니다. (민 憫, 이 而, 사 思, 구 救)하라
80	형이 이와 같이 하면 (형 兄, 능 能, 여 如, 차 此)면 동생도 또한 이것을 본받을 것입니다. (제 弟, 역 亦, 효 效, 지 之)니라

공부한 것 한글로 쓰기 한자는 쓰지 않는다

76	동생에게	(제 수 유 과) 라 도 (수 물 성 책) 하 라
77		( ) 이 면 ( ) 하 고
78		( ) 이 면 ( ) 하 고
79		( ) 이 면 ( ) 하 라
80		( ) 면 ( ) 니 라

76	동생에게	(제 수 유 과) 라 도 ( ) 하 라
77		( ) 이 면 ( ) 하 고
78		( ) 이 면 ( ) 하 고
79		( ) 이 면 ( ) 하 라
80		( ) 면 ( ) 니 라

※ 학부모들이나 지도하시는 분은 틀린 것이 있나 확인해 주시기 바랍니다.

맹모단기 孟母斷機

孟: 맏 맹, 母: 어미 모, 斷: 끊을 단, 機: 베틀 기

⊙ 의미(뜻) : 학문을 중도에 그만 두는 것은 짜고 있던 베틀의 날실을 끊어 버리는 것과 같다는 말
⊙ 출 전 : 후한서, 열녀전

'맹모단기'라는 성어는 맹모(孟母)는 맹자의 어머니를 말하며 단기(斷機)는 베틀의 실을 끊어 버린다는 뜻이다.

맹자가 어렸을 때의 일이다. 집을 떠나 타향에서 공부하다가 어머니가 보고 싶어 어느 날 갑자기 집으로 돌아왔다. 맹자의 어머니는 그때 베틀에 앉아 베를 짜고 있었다.

오래간만에 집에 돌아온 귀한 아들인 만큼 기뻐해야 할 어머니인데도 아무런 표정도 없이 이렇게 물었다.

"공부는 모두 끝마쳤느냐?"

"아닙니다. 어머님 뵙고 싶어서 잠시 다녀가려고 왔습니다."

맹자의 어머니는 아무 말 없이 옆에 있는 칼을 집어 짜고 있던 베를 잘라 버렸다.

맹자는 너무 뜻밖의 일에 깜짝 놀라 여쭈었다.

"어머니 어떻게 된 일입니까?"

"네가 공부를 도중에 그만 둔다면 내가 짜던 베를 다 마치지 못하고 끊어 버리는 것과 같다."

맹자의 어머니는 사람이 학문을 닦지 않으면 도둑이 되거나 남의 심부름 꾼 밖에 될 것이 없다고 타일러 보냈다고 한다.

어머니의 말을 들은 맹자는 크게 깨닫고 다시 돌아가 이전보다 더욱 열심히 공부하여 마침내 공자에 버금가는 성인이 되었다.

단기지교(斷機之敎) 또는 단기지계(斷機之戒)라고도 하는데 학문을 중도에서 그만두는 것은 짜고 있던 베의 날실을 끊어버리는 것과 같으니 열심히 공부하라는 뜻이 담겨 있다.

맹모삼천 孟母三遷

孟: 맏 맹, 母: 어미 모, 三: 석 삼, 遷: 옮길 천

⊙ 의미(뜻) : 맹자의 어머니가 맹자를 교육시키기 위하여 세 번이나 이사를 했다는 뜻으로 자식을 힘써 공부시키는 것을 말한다.
⊙ 출 전 : 후한서, 열녀전

'맹모삼천'이란 성어는 앞에서 쉬어가기 란의 '맹모단기'와 마찬가지로 맹자의 어머니가 맹자가 어렸을 적에 맹자의 교육을 위해 세 번이나 이사를 갔다는 이야기이다.

처음 맹자가 살던 집은 공동묘지 근처였다고 한다. 어린 맹자는 늘 상여를 메고 가는 상여꾼들의 흉내를 내면서 땅을 파고 묘지 쓰는 흉내만 내고 놀았다. "여기는 자식을 기를 만한 곳이 못 되는구나" 이렇게 생각한 맹자의 어머니는 곧 집을 시장 근처로 옮겼다.

그러자 맹자는 장사꾼들의 장사하는 흉내만 내면서 놀았다. "여기도 자식을 기를 곳이 못된다." 맹자의 어머니는 생각한 끝에 이번에는 서당 근처로 집을 옮겼다.

그러자 맹자는 학생들이 공부하는 모습과 제사상을 차리는 법, 예의를 갖춰 인사하고 행동하는 광경들을 흉내 내면서 노는 것이었다.
맹자 어머니는 "여기가 참으로 자식을 두고 기를 만한 곳이다."하고 서당근처에 자리를 잡고 살았다고 한다.

'맹모삼천지교'라고도 한다. 맹자의 어머니가 맹자의 교육을 위해 세 번 이사를 간 것처럼 사람들은 자기 주변 즉, 환경이 어떠한가에 따라 사람이 달라진다고 한다.
그러므로 자기 주변의 환경과 노력이 얼마나 중요한가를 말하는 것이다.

81	나에게 기쁨과 즐거움이 있으면 (아 我, 유 有, 환 歡, 락 樂)이면 형제들도 또한 같이 즐거워하고 (형 兄, 제 弟, 역 亦, 락 樂)하고
82	나에게 근심과 걱정이 있으면 (아 我, 유 有, 우 憂, 환 患)이면 형제들도 또한 같이 걱정하게 됩니다. (형 兄, 제 弟, 역 亦, 우 憂)니라
83	비록 다른 친척이 있다 하더라도 (수 雖, 유 有, 타 他, 친 親)이나 어찌 형제와 같을 수 있겠습니까? (기 豈, 약 若, 형 兄, 제 弟)리오
84	형제간에 화목하면 (형 兄, 제 弟, 화 和, 목 睦)하면 부모님께서 기뻐하십니다. (부 父, 모 母, 희 喜, 지 之)시니라
85	스승을 부모님처럼 섬겨 (사 事, 사 師, 여 如, 친 親)하여 반드시 공손하고 공경해야 합니다. (필 必, 공 恭, 필 必, 경 敬)하라

공부한 것 한글로 쓰기 한자는 쓰지 않는다

81	나에게	(아 유 환 락) 이면 (형 제 역 락) 하고
82		(　　　　) 이면 (　　　　) 니라
83		(　　　　) 이나 (　　　　) 리오
84		(　　　　) 하면 (　　　　) 사나라
85		(　　　　) 하여 (　　　　) 하라

81	나에게	(아 유 환 락) 이면 (　　　　) 하고
82		(　　　　) 이면 (　　　　) 니라
83		(　　　　) 이나 (　　　　) 리오
84		(　　　　) 하면 (　　　　) 사나라
85		(　　　　) 하여 (　　　　) 하라

확인란

※ 학부모들이나 지도하시는 분은 틀린 것이 있나 확인해 주시기 바랍니다.

86	선생님께서 가르쳐 주시면 <div align="right">(선 先, 생 生, 시 施, 교 敎)시면</div> 제자들은 이 가르침을 본받아야 하고 <div align="right">(제 弟, 자 子, 시 是, 칙 則)하라</div>
87	아침 일찍 일어나고 밤늦게 자서 <div align="right">(숙 夙, 흥 興, 야 夜, 매 寐)하여</div> 책 읽는 것을 게을리 하지 말아야 합니다. <div align="right">(물 勿, 라 懶, 독 讀, 서 書)하라</div>
88	부지런히 공부하면 <div align="right">(근 勤, 면 勉, 공 工, 부 夫)하면</div> 부모님께서 기뻐하십니다. <div align="right">(부 父, 모 母, 열 悅, 지 之)시니라</div>
89	처음 문자를 익힐 때는 <div align="right">(시 始, 습 習, 문 文, 자 字)거든</div> 글자의 획을 바르게 쓰고 <div align="right">(자 字, 획 劃, 해 楷, 정 正)하고</div>
90	책이 방바닥에 널려 있으면 <div align="right">(서 書, 책 册, 낭 狼, 자 藉)하면</div> 매번 반드시 정돈해야합니다. <div align="right">(매 每, 필 必, 정 整, 돈 頓)하라</div>

공부한 것 한글로 쓰기 한자는 쓰지 않는다

86	선생님께서	(선 생 시 교) 시면 (제 자 시 칙) 하라
87		( ) 하여 ( ) 하라
88		( ) 하면 ( ) 사나라
89		( ) 거든 ( ) 하고
90		( ) 하면 ( ) 하라

86	선생님께서	(선 생 시 교) 시면 ( ) 하라
87		( ) 하여 ( ) 하라
88		( ) 하면 ( ) 사나라
89		( ) 거든 ( ) 하고
90		( ) 하면 ( ) 하라

확인란

※ 학부모들이나 지도하시는 분은 틀린 것이 있나 확인해 주시기 바랍니다.

구우일모 九牛一毛

九: 아홉 구, 牛: 소 우, 一: 한 일, 毛: 털 모

⊙ 의미(뜻) : 아홉 마리의 소 가운데서 뽑은 한 개의 털. 아주 많은 것 가운데 가장 적은 것을 비유해
　　　　　서 하는 말
⊙ 출　전 : 사마천의 보임안서(문통)

'구우일모'라고 하는 성어는 구우(九牛)는 아홉 마리의 소를 말하며, 일모(一毛)는 한 가닥의 털이란 뜻으로 아주 많은 것 가운데 가장 적은 것을 비유해서 쓰이는 말인데, 이 말은 중국 최초의 역사책인 사기(史記)를 완성시킨 '사마천'이 친구에게 보낸 편지 내용 중에서 나온 말이라고 한다.

'사마천이 왜 그런 편지를 쓰게 되었나?' 옛날에 있었던 일(고사)을 알아보도록 합시다.

중국 한(漢)나라 황제인 무제 때(B.C 99년) 이릉(李陵)장군은 이광리(李廣利)장군의 별동대가 되어 흉노를 정벌하게 되었다. 이릉은 5천의 군사를 이끌고 열 배가 넘는 적과 싸워 처음에는 연전연승 했지만 결국 숫적으로 불리하여 패하고 말았다.

그런데 놀라운 사실은 전쟁 중에 죽은 줄 알았던 이릉이 흉노에게 투항하여 좋은 대접을 받고 있었다는 점이다. 이것을 알게 된 한(漢)의 무제는 크게 노하여 이릉의 가족을 모두 죽이라고 명령했다. 그러나 신하들과 이릉의 동료들은 아무도 이릉을 위해 변호하지 않았다.

이때 단 한사람 이릉을 변호한 사람이 '사마천'이다. 사마천은 전부터 이릉을 굳게 믿고 있었기 때문에 역사가로서의 엄한 눈으로 사실을 통찰하고 무제에게 말하지 않고서는 배기지를 못했었다.

"감히 말씀 드리겠습니다. 이릉은 얼마 안 되는 군사로 억만의 적과 싸워 오랑캐의 왕을 떨게 했습니다. 그러나 원군은 오지 않고 아군에는 배반자가 나와 부득이

했다고 생각합니다. 하지만 끝까지 병사들과 고생을 함께 했던 이릉은 명장이라고 해도 과언이 아닙니다. 그가 흉노에게 항복한 것도 어쩌면 훗날 임금님의 은혜에 보답하고자 한 것으로 생각하오니 이번기회에 폐하께서 이릉의 무공을 천하에 공표하여주십시오."

이 말을 들은 무제는 노여워하며 사마천을 감옥에 가둔 후 궁형을 내렸다. 궁형이란 수염이 떨어지고 얼굴이 희멀어지며 성격까지 변한다는 형벌이다. 결국 '사마천'이 이릉을 변호한 단지 그 뿐으로 궁형(남자의 자격을 박탈하는 형)에 처하자 사마천 자신도 '최하등의 치욕'이라고 말하고 있다.

사마천은 친구인 임안(任安)에게 다음과 같은 편지를 보냈다.

"내가 법에 따라 사형을 받아도 그것은 '아홉마리 소 가운데에서 터럭하나 없어지는 것과 같을 뿐이다. 세상 사람들은 내가 죽어도 절개를 위해 죽는다고 생각하지 않을 것이고 오히려 나쁜 말하다가 죄를 지어서 어리석게 죽었다고 말할 것이다."

그러나 사마천은 어째서 그 수모를 무릅쓰고 살아야 했을까? 노비라고 해도 자해(自害: 자살)하는 수가 있는데 어째서 목숨을 끊지 않았는가.

그것은 사기(史記)를 완성하기 위해서였다. 사마천의 아버지 사마담(司馬談)이 죽으면서 '역사를 기록하라'고 말한 유언에 따라 사기(史記)를 집필 중에 있었기 때문에 치욕을 참을 수 있었던 것이다. 그래서 사기를 완성하기 전에는 죽을 수 없었다. 그는 설사 세상 사람들의 웃음거리가 될지라도 괴로움을 맛보면서도 쓰고 또 썼다.

그로부터 2년 뒤에 중국 최초의 역사책으로서 사기(史記) 130권이 완성되었다.

구우일모(九牛一毛)는 글자 그대로 아홉 마리의 쇠털중의 한 오리로 '다수속의 극소수' 즉, 아주 많은 것 중의 가장 적은 것을 비유해서 하는 말인데, 사마천이 역사책인 사기(史記)를 쓰기 위해 모든 치욕과 괴로움을 참으면서 친구에게 보낸 편지 중에서 '사람들은 내가 형을 받은 것쯤은 구우(九牛)가 일모(一毛)를 잃은 정도로 밖에 느끼지 않을 것이다.'라고 말한 데에서 구우일모라는 고사성어가 나왔다고 한다.

91	부모님께 효도하고 어른을 공경할 수 있는 것은　(능 能, 효 孝, 능 能, 제 悌)가 모두 스승의 은혜입니다.　(막 莫, 비 非, 사 師, 은 恩)이요
92	알 수 있고 행동할 수가 있는 것은　(능 能, 지 知, 능 能, 행 行)이 모두가 스승의 공입니다.　(총 總, 시 是, 사 師, 공 功)이니라
93	어른은 어린이를 사랑하고　(장 長. 자 者, 자 慈, 유 幼)하고 어린이는 어른을 공경하여　(유 幼, 자 者, 경 敬, 장 長)하여
94	어른의 앞에서　(장 長, 자 者, 지 之, 전 前)에는 나아가고 물러날 때는 반드시 공손해야 합니다.　(진 進, 퇴 退, 필 必, 공 恭)하라
95	나이가 나보다 두 배 정도 많으면　(연 年, 장 長, 이 以, 배 倍)이면 아버지처럼 섬기고　(부 父, 이 以, 사 事, 지 之)하고

공부한 것 한글로 쓰기 한자는 쓰지 않는다

91	부모님께	(능효능제) 가 (막비사은) 이요
92		(　　　　　) 이 (　　　　　) 아니라
93		(　　　　　) 하고 (　　　　　) 하여
94		(　　　　　) 에는 (　　　　　) 하라
95		(　　　　　) 이면 (　　　　　) 하고

91	부모님께	(능효능제) 가 (　　　　　) 이요
92		(　　　　　) 이 (　　　　　) 아니라
93		(　　　　　) 하고 (　　　　　) 하여
94		(　　　　　) 에는 (　　　　　) 하라
95		(　　　　　) 이면 (　　　　　) 하고

확인란

※ 학부모들이나 지도하시는 분은 틀린 것이 있나 확인해 주시기 바랍니다.

96	나이가 나보다 열 살 정도 많으면 (십 十, 년 年, 이 以, 장 長)이면 형처럼 섬겨야 합니다. (형 兄, 이 以, 사 事, 지 之)하라
97	내가 다른 사람의 부모를 공경하면 (아 我, 경 敬, 인 人, 친 親)이면 다른 사람들도 내 부모를 공경하게 되며 (인 人, 경 敬, 아 我, 친 親)이요
98	내가 다른 사람들의 형을 공경하면 (아 我, 경 敬, 인 人, 형 兄)이면 다른 사람들도 나의 형을 공경하게 됩니다. (인 人, 경 敬, 아 我, 형 兄)이니라
99	손님이 내 집에 찾아오면 (빈 賓, 객 客, 래 來, 방 訪)이면 반드시 정성스럽게 대접해야 합니다. (접 接, 대 待, 필 必, 성 誠)하라
100	손님이 찾아오지 않으면 (빈 賓, 객 客, 불 不, 래 來)면 집안이 쓸쓸해집니다. (문 門, 호 戶, 적 寂, 막 寞)이니라

96	나이가	(십 년 이 장) 이면 (형 이 사 지) 하라
97		(　　　　　) 이면 (　　　　　) 하며
98		(　　　　　) 이면 (　　　　　) 이니라
99		(　　　　　) 이면 (　　　　　) 하라
100		(　　　　　) 면 (　　　　　) 이니라

96	나이가	(십 년 이 장) 이면 (　　　　　) 하라
97		(　　　　　) 이면 (　　　　　) 하며
98		(　　　　　) 이면 (　　　　　) 이니라
99		(　　　　　) 이면 (　　　　　) 하라
100		(　　　　　) 면 (　　　　　) 이니라

※ 학부모들이나 지도하시는 분은 틀린 것이 있나 확인해 주시기 바랍니다.

금의야행 錦衣夜行

錦: 비단 금, 衣: 옷 의, 夜: 밤 야, 行: 다닐 행

⊙ 의미(뜻) : 비단 옷을 입고 밤길을 간다는 말로 아무 보람 없는 행동을 비유한 말
⊙ 출   전 : 한서(항석전), 사기(항우본전)

'금의야행'이란 성어는 금의(錦衣)는 비단옷을 말하고, 야행(夜行)은 밤길을 간다는 뜻으로 아무리 내가 출세하고 잘해도 남이 알아주지 않음을 뜻하기도 하고, 아무 보람 없는 행동을 할 때 비유해서 쓰는 말인데, 이 성어(成語)가 나오게 된 옛날에 있었던 일(고사)을 알아보도록 합시다.

중국 진(秦)나라 말기 때 유방에 이어 진(秦)나라 수도인 함양에 들어온 항우는 유방과는 달리 난폭한 행동을 했다. 우선 항우는 유방이 살려둔 진(秦)나라 3세(세 번째) 황제인 '자영'을 죽었다.

그리고 아방궁(중국 진시황의 궁. 매우 크고 화려한 집을 비유함)에 불을 지르고 석 달 동안 불타는 아방궁을 바라보며 미녀들과 승리를 축하하고 있었다. 또한 진나라 시황제의 무덤을 파헤치고 창고에 둔 많은 보물도 모두 차지했다.

모처럼 제왕(帝王)의 길로 들어선 항우가 이렇게 난폭하게 행동하며 스스로 무덤을 파자 신하인 '범증'이 난폭한 행동을 멈추도록 간언했다.

그러나 항우는 범증의 말을 듣지 않고 오랜 싸움 끝에 그는 고향이 그리워 진(秦)에서 약탈한 재물과 미녀를 다 거두어서 고향인 강동으로 돌아가고 싶었다. 그러자 한생(韓生)이라는 사람이 항우에게 간언했다.

"관중(關中)은 사방이 산과 강으로 둘러싸인 요지이며 땅도 비옥합니다. 그러므로 이곳에 도읍을 정하시고 천하를 다스려야 합니다."

그러나 항우의 눈에 함양은 그저 황량한 폐허일 뿐 아무런 의미도 없었다. 항우는 하루 빨리 고향으로 돌아가 성공한 자신을 고향사람들에게 자랑하고 싶었다.
항우는 고향 하늘을 바라보며 말했다.

"부귀한 몸이 되어 고향으로 돌아가지 않는 것은 비단 옷을 입고 밤길을 가는 것과 같으니 이것을 누가 알아줄 것인가!" 함양에 정착할 뜻이 없는 항우의 마음을 읽은 한생은 항우 앞을 물러나와 다음과 같이 말했다.

"초나라 사람은 원숭이에게 옷을 입히고 갓을 씌워 놓은 것처럼 지혜롭지 못하다고 하더니 과연 그 말이 옳구나."

한생의 말을 전해들은 항우는 몹시 화를 내며 즉시 한생을 죽였다고 한다.
이렇게 해서 항우는 한때의 성공에 취하여 부귀를 고향마을에 과시(뽐내어 보임)하려고 하다가 얼마 안가서 천하를 유방에게 빼앗기고 말았다.

'비단 옷을 입고 밤에 가는 것과 같다.' 비단 옷을 입어도 누가 알아주는 자가 없다. 자기의 출세를 알리고 싶다. '금의야행'이란 말은 항우가 한말에서 나왔다고 한다.

이 말에서 '비단옷'을 입고 고향으로 돌아간다. 입신출세해서 고향으로 돌아간다. 즉, 금의환향(錦衣還鄉)이라고 하는 말까지 생겼다고 한다.

101	사람이 이 세상을 살아가는 데 있어 (인 人, 지 之, 재 在, 세 世)에 친구가 없을 수 없습니다 (불 不, 가 可, 무 無, 우 友)니라
102	자신의 학문으로 친구를 모으고 (이 以, 문 文, 회 會, 우 友)하고 친구를 통하여 자신의 덕망을 넓히고 (이 以, 우 友, 보 輔, 인 仁)하라
103	바른 사람을 친구로 삼으면 (우 友, 기 其, 정 正, 인 人)이면 나 또한 저절로 바르게 되고 (아 我, 역 亦, 자 自, 정 正)하고
104	나쁜 사람을 따라 놀면 (종 從, 유 遊, 사 邪, 인 人)이면 나 또한 저절로 나쁘게 됩니다. (아 我, 역 亦, 자 自, 사 邪)니라
105	쑥이 삼밭 속에서 자라면 (봉 蓬, 생 生, 마 麻, 중 中)이면 붙들어 주지 않아도 저절로 곧게 자라고 (불 不, 부 扶, 자 自, 직 直)이요

공부한 것 한글로 쓰기 한자는 쓰지 않는다

101	사람이	(인 지 재 세) 에 (불 가 무 우) 나라
102		( ) 하고 ( ) 하라
103		( ) 이면 ( ) 하고
104		( ) 이면 ( ) 나라
105		( ) 이면 ( ) 이요

101	사람이	( ) 에 ( ) 나라
102		( ) 하고 ( ) 하라
103		( ) 이면 ( ) 하고
104		( ) 이면 ( ) 나라
105		( ) 이면 ( ) 이요

확인란

※ 학부모들이나 지도하시는 분은 틀린 것이 있나 확인해 주시기 바랍니다.

106	흰 모래가 진흙 속에 있으면 (백 白, 사 沙, 재 在, 니 泥)면 물들이지 않아도 저저로 더러워집니다. (불 不, 염 染, 자 自, 오 汚)니라
107	검은 먹을 가까이 하는 사람은 먹물이 물어 검게 되고　　　(근 近, 묵 墨, 자 者, 흑 黑)이요 붉은 인주를 가까이 하는 사람은 붉은 인주가 물기 마련입니다.　　(근 近, 주 朱, 자 者, 적 赤)이니
108	거처를 정할 때는 반드시 이웃을 가려서 살고 (거 居, 필 必, 택 擇, 린 隣)하고 밖에 나가 사람을 사귈 때는 반드시 덕망이 있는 사람과 사귀어야 합니다. (취 就, 필 必, 유 有, 덕 德)하라
109	사람을 가려서 사귀면 (택 擇, 이 而, 교 交, 지 之)면 도움과 유익함이 있을 것이고 (유 有, 소 所, 보 補, 익 益)이요
110	사람을 가리지 않고 사귀면 (불 不, 택 擇, 이 而, 교 交)면 도리어 손해가 있게 됩니다. (반 反, 유 有, 해 害, 의 矣)니라

공부한 것 한글로 쓰기 한자는 쓰지 않는다

106	힌	(백 사 재 니) 면 (불 염 자 오) 니라
107		( ) 이요 ( ) 이니
108		( ) 하고 ( ) 하라
109		( ) 면 ( ) 이요
110		( ) 면 ( ) 니라

106	힌	(백 사 재 니) 니라 ( ) 진다
107		( ) 이요 ( ) 이니
108		( ) 하고 ( ) 하라
109		( ) 면 ( ) 이요
110		( ) 면 ( ) 니라

확인란

※ 학부모들이나 지도하시는 분은 틀린 것이 있나 확인해 주시기 바랍니다.

노마지지 老馬之智

老: 늙을 로(노), 馬: 말 마, 之:갈 지, 智: 지혜 지

⊙ 의미(뜻) : 늙은 말의 지혜란 뜻으로 아무리 하찮은 것이라도 장점을 가지고 있다는 것을 비유해서
　　　　　 하는 말.
⊙ 출　전 : 한비자, 설림

'노마지지'라고 하는 고사성어는 노마(老馬)는 늙은 말을 가리키고, 지지(之智)는 지혜란 뜻으로 늙은 말의 지혜를 말하는데 뭐든지 안다고 잘난 체 해도 그 지혜가 늙은 말보다 못한 때가 있다는 말로 아무리 하찮은 인간이라도 자기 나름대로의 장점과 특징을 지니고 있을 때 비유해서 쓰이는 말이다.

옛날 중국 춘추시대 때 '관중'은 제(濟)나라의 환공을 도운 명제상이다. (고사성어인 '관포지교'에서 나오는 관중을 말한다.) 어느 날 환공이 관중과 습붕을 이끌고 소국인 고죽국(孤竹國)을 토벌하고자 군사를 일으켰을 때의 일이다.

공격을 시작 했을 때는 봄이었으나 싸움이 끝나고 돌아올 때는 겨울이 되어 있었다.

산을 넘고 골짜기를 넘어 고생하면서 행군하고 있을 때 길을 잃고 말았다. 병사들이 쩔쩔매고 있을 때 '관중'이 말했다. "이런 때는 늙은 말이 본능적 감각으로 길을 찾아낸다." 그리고 즉시 늙은 말 한 마리를 풀어 놓았다.

모든 군대는 늙은 말을 따라 행군하다 얼마 지나지 않아 길을 찾았다. 또 한 번은 산길을 행군하다가 물이 떨어져 병사들이 목말라 했다.

이번에는 대부 '습붕'이 말했다.

"개미는 겨울에는 산의 남쪽에 집을 짓고 여름에는 산의 북쪽에 집을 짓는 법인데 한 치의 개미집이 있으면 그 아래 8척이 되는 곳에 물이 있는 법이다." 그래서 개미집을 찾아 파본즉 정말로 물이 나왔다고 한다.

'노마지지'란 아무리 하찮은 인간이라도 사람은 각자 장점과 특징을 가지고 있다는 것을 비유해서 쓰이는 말이다.

다다익선 多多益善

多: 많을 다, 益: 더할 익, 善: 착할 선

⊙ 의미(뜻) : 많으면 많을수록 좋다는 뜻. 다다익변(多多益辨)도 같은 뜻으로 쓰인다.
⊙ 출   전 : 사기, 회음후열전

'다다익선'이란 성어는 다(多)는 많다는 뜻으로 '다다'는 많으면 많을 수록이라는 말이며, 익선(益善)은 좋다는 말로 많으면 많을수록 좋다는 말이다.

이 고사성어는 중국의 한고조(漢高祖) 유방은 숙적인 항우를 물리치고 천하를 통일했으나 국가의 기초는 그것만으로 편안할 수가 없었다.

유방(한고조)밑에서 항우와 싸운 맹장들이 언젠가는 한(漢)에게 위험한 존재가 되기 때문이다. 그들은 모두 고조를 위해서라는 충성보다는 자신의 천하를 꿈꾸고 힘껏 싸운 야심가인 것이다.

한고조 유방은 초왕(楚王)인 한신(韓信)을 항상 경계했다. 고조는 한신이 항우의 장이었던 '종리매'를 숨겼다는 이유로 한신을 잡아 강등시켜 회음후로 좌천시키고 도읍을 벗어나지 못하게 했다.

어느 날 고조는 회음 후 한신과 여러 장수들의 능력에 대하여 이야기를 하다가 한신에게 물었다.

"그대는 내가 얼마만큼의 군사를 이끌 수 있는 장수라고 생각하는가?"

"글쎄요. 폐하께서는 기껏 10만 정도가 아닌가봅니다."

"그래 그럼 귀공은 어떤가?"

"저는 다다익변으로 많으면 많을수록 좋습니다." 고조는 크게 웃으면서 말했다.

"다다익변이라면 어째서 내게 잡혔나?" 한신은 말했다.

"그건 이야기가 다릅니다. 폐하는 군사를 이끄는 장수가 아니라 장수를 거느리는 장수입니다. 이것이 제가 폐하의 포로가 된 이유입니다.

그리고 폐하의 힘은 하늘이 주신 것으로 사람이 힘으로는 미칠 수는 없습니다."라고 말했다고 한다.

다다익선이란 말은 즉, '많으면 많을수록 좋다'는 말로 우리 일상생활에서 많이 쓰이고 있는 말이다.

111	친구에게 잘못이 있으면 <div align="right">(붕 朋, 우 友, 유 有, 과 過)면</div> 충고하여 잘 인도하고 <div align="right">(충 忠, 고 告, 선 善, 도 導)하고</div>
112	사람에게 꾸짖는 친구가 없으면 <div align="right">(인 人, 무 無, 책 責, 우 友)면</div> 나쁜 데 빠지기 쉽습니다. <div align="right">(이 易, 함 陷, 불 不, 의 義)니라</div>
113	내 앞에서 나를 칭찬하는 사람은 <div align="right">(면 面, 찬 讚, 아 我, 선 善)은</div> 나에게 아첨하는 사람이고 <div align="right">(첨 諂, 유 諛, 지 之, 인 人)이요</div>
114	내 앞에서 나의 잘못을 꾸짖는 사람이면 <div align="right">(면 面, 책 責, 아 我, 과 過)면</div> 마음이 굳세고 정직한 사람입니다. <div align="right">(강 剛, 직 直, 지 之, 인 人)이니다</div>
115	말을 할 때 믿음이 없으면 <div align="right">(언 言, 이 而, 불 不, 신 信)이면</div> 정직한 친구가 아닙니다. <div align="right">(비 非, 직 直, 지 之, 우 友)니라</div>

공부한 것 한글로 **쓰기** 한자는 쓰지 않는다

111	친구에게	(붕 우 유 과) 면 (충 고 선 도) 하고
112		(　　　　　) 면 (　　　　　) 니라
113		(　　　　　) 은 (　　　　　) 이요
114		(　　　　　) 면 (　　　　　) 아니라
115		(　　　　　) 이면 (　　　　　) 니라

111	친구에게	(붕 우 유 과) 면 (　　　　　) 하고
112		(　　　　　) 면 (　　　　　) 니라
113		(　　　　　) 은 (　　　　　) 이요
114		(　　　　　) 면 (　　　　　) 아니라
115		(　　　　　) 이면 (　　　　　) 니라

확인란

※ 학부모들이나 지도하시는 분은 틀린 것이 있나 확인해 주시기 바랍니다.

116	착한 것을 보면 따르고 (견 見, 선 善, 종 從, 지 之)하고 잘못을 알면 반드시 고쳐야 합니다. (지 知, 과 過, 필 必, 개 改)하라
117	다른 사람의 칭찬을 좋아하는 사람은 (열 悅, 인 人, 찬 讚, 자 者)는 모든 일이 다 거짓이고 (백 百, 사 事, 개 皆, 위 僞)요
118	다른 사람의 책망을 싫어하는 사람은 (염 厭, 인 人, 책 責, 자 者)는 그 행실에 발전이 없을 것입니다. (기 其, 행 行, 무 無, 진 進)이니라
119	원(시작), 형(자라고), 이(거두고), 정(저장)은 (원 元, 형 亨, 이 利, 정 貞)은 우주의 원리와 모든 만물의 근본이 되고 (천 天, 도 道, 지 之, 상 常)이요
120	인(어질고), 의(옳은 행위), 예(예절), 지(지혜)는 (인 仁, 의 義, 예 禮, 지 智)는 인성(인간의 본성)의 기준이 되는 것입니다. (인 人, 성 性, 지 之, 강 綱)이니라

공부한 것 한글로 쓰기 한자는 쓰지 않는다

116	착한	(견 선 종 지) 하고 (지 과 필 개) 하라
117		(　　　　) 는 (　　　　) 요
118		(　　　　) 는 (　　　　) 아니라
119		(　　　　) 은 (　　　　) 이요
120		(　　　　) 는 (　　　　) 아니라

116	착한	(견 선 종 지) 하고 (　　　　) 하라
117		(　　　　) 는 (　　　　) 요
118		(　　　　) 는 (　　　　) 아니라
119		(　　　　) 은 (　　　　) 이요
120		(　　　　) 는 (　　　　) 아니라

확인란

※ 학부모들이나 지도하시는 분은 틀린 것이 있나 확인해 주시기 바랍니다.

대기만성 大器晚成

大: 큰 대, 器: 그릇 기, 晩: 늦을 만, 成: 이룰 성

⊙ 의미(뜻) : 큰 그릇을 만드는 데는 시간이 오래 걸리는 것처럼 크게 될 사람은 늦게 이루어짐을 비유한 말, 과거시험에 낙방한 선비를 위로하며 이르던 말
⊙ 출　전 : 노자 41장, 삼국지, 후한서

'대기만성'이란 성어는 대기(大器)는 큰 그릇을 말하고 만성(晩成)은 늦게 이루어진다는 말로 큰 그릇을 만드는 데에는 시간이 오래 걸리는 것처럼 큰 인물(사람)은 간단하게 되는 것이 아니라는 의미가 담긴 말이다.

이 말은 도가 철학의 대표자인 '노자'의 말을 기록한 '노자 제41장'에 "최대의 사각(큰 네모를 말함)은 지나치게 커서 몸둥이가 보이지 않을 정도인 것 같이 최고의 가치가 있는 그릇은 모든 것이 최후에 완성된다. 가장 힘이 강한 소리는 소리가 나지 않는 것 같이 생각된다. 절대적으로 변하지 않는 참된 도는 너무나도 커서 그 정체를 포착하지 못하기 때문에 참된 도 인 것이다." 노자의 말로서 여기서의 도는 유교가 말하는 사람이 지켜야 할 도와는 다르다. 이 말이 현대와 같이 인물에 대해 쓰이는 뜻으로 변화된 것은 삼국시대 위나라에 '최염'이라는 장군이 있었다.

그의 사촌 동생인 '최림'은 외모가 볼품이 없어서인지 출세를 못하고 친척들로부터 따돌림을 당했다.

하지만 최염은 그의 인물됨을 알아보고 말했다. "큰 종이나 솥은 쉽게 만들어지는 것이 아니라네. 그와 마찬가지로 큰 인물도 완성되기까지는 많은 시간이 걸리는 법이지. 자네도 그와 만찬가지로 '대기만성'할 테니깐 두고 보라고. 틀림없이 큰 인물이 될 거야."

훗날 최염의 말처럼 최림은 천자를 보좌하는 삼공중의 한사람이 되었다고 한다.

'대기만성'이란 말은 큰 그릇은 큰 인물을 뜻하는 말로 어떤 시험에 떨어진 사람을 위로할 때 크게 될 사람은 늦게 되는 것이니까 걱정하지 말라고 위로할 때 많이 쓰이는 말이다.

한자 공부는 어떻게 하는 것이 좋을까요?

① 먼저 부수(部首)를 알아야 합니다. 그리고 기본음과 뜻을 알아야 하고 필순(쓰는 순서)을 익혀야 합니다.

② 부수란(나눌 부: 部, 머리수: 首) 여러분들이 자전(옥편)을 보면 제일 첫머리(首)에 알고 싶은 한자를 찾기 위해 획수별로 나누어(部) 놓은 글자가 바로 부수이며, 즉 알고 싶은 글자를 찾는 길잡이가 되는 글자의 한 부분을 말합니다.

③ 부수는 수많은 한자의 기본글자이며 한글로 말하면 자음과 모음과 같은 것이고 영어로 말하면 알파벳과 같은 것이라고 할 수 있습니다.

④ 한자의 부수만 알면 처음 보는 한자라도 그 글자의 대강의 뜻은 미리 알 수 있게 될 것이라고 말하고 있는데 어렵습니다. 그래서 필자가 가지고 있는 한자 옥편에 나와 있는 부수글자 214를 획수에 따라 순서대로 본 책자에 제시 하고자 하니 한문 문장 공부에 앞서 부수공부부터 하기 바랍니다.

⑤ 부수 글자 공부를 할 때 하루에 열 개정도의 글자만 본 책자에 나와 있는 부수글자를 쓴 다음 자기 공책에 다시 여러 번 쓰고 읽으면서 부수공부를 하기 바랍니다.

⑥ 부수글자는 어느 옥편이든지 자세하게 나와 있으므로 한자옥편을 찾아보기 바랍니다. 간혹 글자이름이 다르게 쓰여 있는 것도 있으나 뜻은 별 차이가 없습니다.

하나의 한자를 쓸 때 바른 순서를 필순 또는 획순이라고 하는데 필순의 원칙을 예를 들면 아래와 같습니다.

1. 위에서 아래로 쓰기 시작합니다.

　　三 : 석 삼(一 二 三), 工 : 장인 공(一 丁 工) 등

2. 왼쪽에서 오른쪽으로 써 나갑니다.

　　川 : 내 천(丿 丿 川), 仕 : 벼슬할 사(丿 亻 仁 什 仕) 등

3. 가로에서 세로로 씁니다.

　　大 : 큰 대(一 ナ 大), 木 : 나무 목(一 十 才 木) 등

4. 좌우가 같은 모양이면 중간부터 쓰고 왼쪽, 오른쪽으로 씁니다.

　　水 : 물 수(亅 가 水), 出 : 날 출(丨 屮 出) 등

5. 글자 가운데를 꿰뚫은 획은 나중에 씁니다.

　　中 : 가운데 중(丨 口 口 中), 平 : 평평할 평(一 一 下 立 平) 등

6. 둘러싸고 있을 때는 가장 자리부터 쓰고 안을 쓰고 닫습니다.

　　同 : 한가지 동 (丨 冂 冂 冂 同 同), 困: 곤할 곤(丨 冂 冂 用 用 困 困) 등

7. 허리를 끊는 획은 나중에 씁니다.

　　母 : 어미 모(乚 口 马 马 母), 舟 : 배 주(丿 丹 丹 舟 舟 舟) 등

8. 받침이 있을 때 먼저 쓰는 것

　　走 : 받침 | 起 : 일어날 기(一 十 土 丰 丰 走 走 起 起 起)

　　是 : 받침 | 題 : 제목 제 (丨 口 日 日 旦 早 무 무 무 是 是 是 匙 匙 题 题 题 题 题 题) 등

9. 받침이 있을 때 나중에 쓰는 것

　　廴 : 받침 | 建 : 세울 건(一 ヨ ヨ ヨ 聿 聿 聿 津 建)

　　辶 : 받침 | 近 : 가까울 근(丿 亇 斤 斤 斤 沂 沂 近 近) 등

위와 같은 원칙 이외에도 더 있을 수 있으며 꼭 이것이 아니면 안 된다고 할 수 없으나 위의 원칙대로 써 나간다면 별 무리는 없을 것입니다.

한자 부수 글자 공부하기 (1)

부수 명칭	한일	뚫을곤	불똥주 (점)	삐침	새을	갈고리궐	두이	돼지해 머리	사람인
부수 글자	一	丨	丶	丿	乙(乚)	亅	二	亠	人
필순	一	丨	丶	丿	乙	亅	一二	丶亠	人
쓰기									

사람인 변	어진 사람인	들입	여덟팔	멀경몸	민갓머리	이수변	안석궤	위터진 입구	칼도
亻	儿	入	八	冂	冖	冫	几	凵	刀
丿亻	丿儿	丿入	丿八	丨冂	丶冖	丶冫	丿几	乚凵	𠃌刀

선칼 도방	힘력변	쌀포변	비수비	터진 입구	터진 에운담	열십	점복	병부절	미엄호
刂	力	勹	匕	匚	匸	十	卜	卩	厂
丨刂	𠃌力	丿勹	丿匕	一匚	一匸	一十	丨卜	𠃌卩	一厂

마늘모	또우	입구	큰입구	흙토	선비사	뒤져올 치	천천히 걸을쇠	저녁석	큰대
厶	又	口	囗	土	士	夂	夊	夕	大
乚厶	𠃌又	冂口	冂囗	一土	一士	丿夂	丿夊	丿夕	一大

한자 부수 글자 공부하기 (2)

계집녀	아들자	갓머리	마디촌	작을소	절음발이와	주검시	왼손좌	뫼산	개미허리
女	子	宀	寸	小	尤(尢)	尸	屮	山	巛
〈 女 女	了 子	宀 宀	一 十 寸	亅 小	一 尢 尢	尸 尸	屮 屮	丨 山 山	〈 巛 巛

내천	장인공	몸기	수건건	방패간	작을요	엄호	민책받침	밑스물입	주살익
川	工	己	巾	干	幺	广	廴	廾	弋
丨 川 川	一 工 工	己 己	巾 巾	一 二 干	幺 幺	广 广	廴 廴	一 廾 廾	一 弋 弋

활궁	터진가로왈	터럭삼	두인변	심방변	재방변	삼수변	개사슴록변	우부방	좌부방
弓	크	彡	彳	忄	扌	氵	犭	阝(右)	阝(左)
弓 弓	크 크	彡 彡	彳 彳	丨 忄	一 扌	氵 氵	犭 犭	阝 阝	阝 阝

마음심	창과	지게호	손수	지탱할지	둥글월문	글월문	말두	날근	모방
心(忄)	戈	戶	手(扌)	支	攴(攵)	文	斗	斤	方
心 心	一 戈 戈	戶 戶	一 二 手	一 十 支 支	攴 攴	一 亠 文 文	斗 斗	斤 斤	亠 方 方

이미기방	날일	가로왈	달월변	나무목	하품흠	그칠지	죽을사	갖은중글월문	말무
无(旡)	日	曰	月	木	欠	止	歹	殳	毋
一二三 牙无	丨冂 月日	口曰	丿刀 月月	一十 才木	丿ケ ケ欠	丨卜 止止	一厂 歹歹	丿几 殳殳	乚母 毋毋

견줄비	터럭모	각시씨	기운기	물수	불화	불화	손톱조	아비부	점괘효
比	毛	氏	气	水	火	灬	爪(爫)	父	爻
一匕 比比	一二 三毛	一匚 仨氏	仁气 气	丨冰 水水	丶丷 少火	灬	丿厂 爪爪	丷八 父父	丿乂 爻爻

장수장변	조각편	어금니아	소우	개견	구슬옥	늙을로	초두머리	책받침	검을현
爿	片	牙	牛	犬(犭)	玉(王)	耂	艹	辶(辵)	玄
丨丬 爿爿	丿爿 尸片	一二 牙牙	丿仁 二牛	一ナ 大犬	一二 王玉	一十 土耂	丷卄 艹艹	丶辶 辶辶	丶亠 亠玄

오이과	기와와	달감	날생	쓸용	밭전	필필	병질엄	필발머리	흰백
瓜	瓦	甘	生	用	田	疋	疒	癶	白
丿厂 瓜瓜	一工 瓦瓦	丨十 卄甘	丿仁 二生	丿刀 月用	丨冂 田田	一下 疋疋	丶亠 广疒	丿ㄗ 癶	丿亻 白白

한자 부수 글자 공부하기 (4)

가죽피	그릇명	눈목	창모	화살시	돌석	보일시	짐승발자국유	벼화	설립
皮	皿	目	矛	矢	石	示(ネ)	禸	禾	立
ノ 厂 产 皮	冂 皿 皿 皿	丨 冂 目 目	マ ヌ 予 矛	ノ 亼 乍 矢	一 ア 不 石	一 二 亍 示	丨 冂 内 禸	ノ 二 千 禾	丶 立 立 立

그물방	대죽	쌀미변	실사	장군부	그물망	양양	깃우	늙을로	말이을이
罒(网)	竹	米	糸	缶	网	羊	羽	老	而
丨 冂 罒 罒	ノ 〻 竹 竹	丶 ⺀ 丷 米	㇉ 幺 糸 糸	ノ 亼 午 缶	丨 冂 冈 网	⺀ 兰 兰 羊	刁 习 羽 羽	一 土 耂 老	一 丆 丙 而

쟁기뢰	귀이	붓율	고기육	신하신	스스로자	이를지	절구구	혀설	어그러질천
耒	耳	聿	肉	臣	自	至	臼	舌	舛
一 三 丰 耒	一 卄 耳 耳	㇆ 彐 聿 聿	丨 冂 内 肉	一 厂 臣 臣	ノ 𠂉 自 自	一 云 至 至	ノ 𠂉 臼 臼	一 千 舌 舌	ク 夕 歼 舛

배주	머무를간	빛색	초두(풀초)	범호밑	벌레충(버러지훼)	피혈	다닐행	옷의	덮을아
舟	艮	色	艹	虍	虫	血	行	衣	襾
ノ 力 月 舟	㇆ ㇕ 艮 艮	ク 夕 色 色	艹 艹 艹	卜 卢 广 虍	丶 口 中 虫	ノ 白 血 血	ノ 彳 彳 行	丶 亠 ゟ 衣	一 冂 襾 襾

한자 부수 글자 공부하기 (5)

볼견	뿔각	말씀언	골곡	콩두	돼지시	발없는 벌레치	조개패	붉을적	달릴주
見	角	言	谷	豆	豕	豸	貝	赤	走
ㅣ 冂 目 見	⺈ 勹 角 角	亠 宀 言 言	八 夊 谷 谷	一 曰 豆 豆	一 丆 豕 豕	⺈ 夕 豸 豸	ㅣ 冂 目 貝	土 赤 赤 赤	土 丰 非 走

발족	몸신	수레거 (차)	매울신	별진	책받침	고을읍	닭유	분별할채	마을리
足	身	車	辛	辰	辵(辶)	邑	酉	釆	里
口 冖 尸 足	亻 门 身 身	一 旦 且 車	亠 ㅗ 立 辛	厂 厈 辰 辰	⺈ 亖 𠂆 辵	口 呂 吕 邑	一 丆 西 酉	⺈ 宀 平 釆	口 日 旦 里

쇠금	길장	문문	언덕부	미칠이	새추	비우	푸를청	아닐비	낯면
金	長	門	阜	隶	隹	雨	靑	非	面
丿 ㅅ 余 金	厂 丆 镸 長	ㅣ 尸 門 門	丿 自 皀 阜	彐 ㅋ 肀 隶	亻 亻 仹 隹	一 丆 帀 雨	ㆍ 圭 靑 靑	丿 彐 非 非	一 丆 而 面

가죽혁	가죽위	부추구	소리음	머리혈	바람풍	날비	밥식 (먹을식)	머리수	향기향
革	韋	韭	音	頁	風	飛	食	首	香
⺀ 廿 𦰌 革	⺧ 吂 韋 韋	ㅣ 彐 非 韭	丶 立 咅 音	一 丆 百 頁	丿 几 凮 風	飞 飞 飛 飛	人 今 𠆢 食	⺍ 丷 𦣻 首	二 禾 禾 香

한자 부수 글자 공부하기 (6)

말마	뼈골	높을고	터럭발밑	싸울투	술창	솥력 (솥격)	귀신귀	고기어	새조
馬	骨	高	髟	鬥	鬯	鬲	鬼	魚	鳥
厂厃 馬馬	丨冎 吕骨	亠亠 高高	镸镸 镸髟	丨鬥 鬥鬥	凵幽 幽鬯	吕鬲 鬲鬲	甶甶 鬼鬼	夕兔 魚魚	丿鸟 鳥鳥

소금밭로	사슴록	보리맥	삼마	누를황	기장서	검을흑	바느질할 치	맹꽁이맹	솥정
鹵	鹿	麥	麻	黃	黍	黑	黹	黽	鼎
卜占 鹵鹵	广庐 鹿鹿	十夾 夾麥	广庐 麻麻	廿艹 黃黃	禾禾 秂黍	口田 里黑	丷丷 黹黹	冂黽 黽黽	目鼎 鼎鼎

북고	쥐서	코비	가지런할 제	이치	용룡	거북귀	피리약
鼓	鼠	鼻	齊	齒	龍	龜	龠
土壴 鼓鼓	亻臼 鼠鼠	自畠 畠鼻	亠亦 齊齊	止歩 齒齒	立育 龍龍	夕龟 龟龜	人侖 龠龠

◎ 이상과 같이 옥편에 있는 부수글자를 알아보았습니다.

◎ 부수글자가 214글자라고 하는데 심방변(忄), 재방변(扌)등 추가된 글자가 있어 227글자가 되었습니다. 그리고 부수글자 명칭이 책에 따라 간혹 다르게 기재된 글자가 있으나 뜻은 별 차이가 없습니다. 예를 들면 씨(氏)자를 각시씨, 성씨씨로 또는 방(方)자를 모방, 사방방, 모방변으로 기재되어 있음.

◎ 필순 란이 좁아 필순을 대충 제시하였으니 연구하면서 자기 공책에 한글은 한번, 한자는 열 번씩 쓰면서 공부하도록 합시다.

단군신화 檀君神話

檀: 박달나무 단, **君**: 임금 군, **神**: 신 신, **話**: 이야기 화

◉ 의미(뜻) : 고조선을 세운 우리 민족의 시조인 단군의 출생과 즉위에 관한 신화를 말한다.

신화(神話)는 민족사이에서 내려오는 신적인 존재에 관한 이야기로서 건국신화 즉, 나라를 세운 신화, 영웅신화, 거룩하고 침범할 수 없는 이야기 등으로 역사적 사실 그 자체를 바로 쓴 것이 아니라 허구적인 요소가 많이 들어가 있는 이야기이지만 그 속에는 당시의 정치상, 사회상이 내재되어 있기 때문에 신화의 역사성을 중시하고 있는 것이며, 신화는 우리나라 신화, 중국 신화, 일본신화, 이집트 신화, 그리스 신화, 로마 신화, 성서에 나오는 신화, 지구가 생겨난 신화, 인류가 생겨난 신화 등 여러 가지 신화가 있습니다. 그럼 우리나라 건국신화인 단군신화에 대하여 간략하게 알아보도록 합시다.

천제(天帝) 즉, 하늘나라 왕인 환인의 아들 환웅이 인간세상을 내려다보면서 인간들을 보살펴 주어야겠다고 생각해 환인에게 말했다.

환인은 칼, 거울, 방울과 천부인(바람, 구름, 비의 세신을 거느릴수 있는 힘을 상징함) 3개와 무려 3천여 명의 신하를 환웅에게 주어 환웅은 태백산(백두산) 신단수 아래로 내려와 신시(神市)를 세웠는데 하루는 곰과 호랑이가 사람이 되고 싶어서 환웅을 찾아와 사람이 되게 해달라고 하니까 환웅이 곰과 호랑이에게 쑥과 마늘을 주면서 백일동안 햇빛을 보지 말고 동굴 속에서 생활하라고 하였다.

호랑이는 시련을 참지 못하고 나가고 곰은 끝까지 남아 여자(웅녀)로 변신했다. 웅녀는 환웅과 결혼하여 단군왕검을 낳았으니 그가 바로 우리나라 한반도에서 첫 나라를 세운 고조선의 단군왕검인 것이다. 이 이야기는 원시시대부터 구전(입에서 입으로)으로 전해 내려왔으나 가장 오래 된 기록은 13세기 말 '일연의 삼국사기' 제1권에 실려 있다.

단군임금이 아사달에 도읍하고 '조선'이란 국호를 썼으니 중국의 전설적인 요(堯)임금과 같은 시대인 기원전(B.C) 2333년이라고 되어있다. 기원전(紀元前)이란 말은 '예수 그리스도'의 탄생이전을 즉, '비포크라이스트'의 약어로 B.C를 쓰고 기원후는 영어 약어로 A.D를 쓰고 있다. 서력기원의 약칭인 서기(西紀)의 기준은 '예수' 탄생을 기원(紀元)으로 탄생 이전을 기원전(B.C)을 쓰고 탄생이후를 기원후(A.D)로 서기 몇 년이라고 하는데, 우리나라는 예전에는 단군왕검이 나라를 세운 단기(檀紀)를 사용하였다. 예를 들면 금년이 서기 2011년이니 단기로는 2333년을 더하면 단기 4344년이 되는 것이다.

그런데 현재는 전 세계적으로 서기를 쓰고 있기 때문에 우리나라도 단기를 쓰지 않고 서기를 쓰고 있는 것이다.

우리나라는 기원전(B.C) 2333년에 단군왕검이 고조선을 세운 후 어떻게 변해 왔는가? 우리나라 역사에 대한 연대표를 간략하게 알아보도록 합시다.

1	고조선	기원전(B.C) 2333년에 단군왕검이 건국하여 B.C 238년까지 약 2천여 년동안 한반도를 다스렸다.
2	부여	기원전(B.C) 238년경. 북부여 B.C 239년~B.C 58년
3	위만조선	기원전(B.C) 194년~108년
4	삼한 (진한, 마한, 변한)	기원전(B.C) 200년경
5	신라	기원전(B.C) 57년 박혁거세 즉위~ 기원후(A.D) 935년 고려에 멸망
6	고구려	B.C 37년 동명성왕 건국~기원후(A.D) 668년 신라에 멸망
7	백제	B.C 18년 온조왕 건국~A.D 660년 신라에 멸망
8	가락	기원후. 서기(A.D) 42년~A.D 532년 신라에 귀순
9	서기(A.D) 648년	신라와 당나라가 나·당 동맹을 체결
10	백제가 멸망	A.D 660년 신라에 멸망 ※기원 후(A.D)는 「서기」와 같은 뜻임
11	고구려 멸망	서기 668년 고구려가 신라에 멸망
12	신라가 삼국을 통일	서기 676년 신라가 당나라 군대를 몰아내고 한반도의 남부를 통일하였음
13	발해	서기 698년 발해의 시조 '대조영' 이 건국 ~ 서기 926년 거란에 멸망
14	후백제	서기 900년 견훤이 완산주(지금의 전주)에서 건국 ~서기 936년 고려가 후백제 병합

15	후고구려(태봉)	서기 901년 궁예가 송악(지금의 개성)에서 건국하여 서기 911년 태봉으로 개명. 서기 918년 왕건을 중심으로 한 역성혁명으로 태봉 멸망.
16	고려	서기 918년 고려의 시조 왕건이 송악(지금의 개성)에서 건국. 서기 926년 발해가 거란에 멸망. 서기 935년 신라 경순왕이 고려에 항복하여 신라가 멸망. 서기 936년 고려가 후백제를 병합하여 후삼국을 통일하였다.
17	위화도회군	서기1388년 이성계가 위화도에서 회군하여 정권을 장악. 고려 창왕 즉위
18	조선건국	서기 1392년 조선의 시조이자 태조인 이성계가 고려 공양왕의 왕위를 받아 즉위. 국호를 조선으로 개칭하여 고려가 멸망
19	세종대왕	서기 1418년 세종대왕 즉위. 서기 1446년 훈민정음 반포
20	임진왜란	서기 1592년부터 1598년까지 두 차례에 걸쳐 일어난 전쟁으로 즉, 선조임금 25년에 일본이 침공하여 31년에 철수한 전쟁으로 '이순신' 장군이 거북선을 만들어 한산도 등지에서 용감히 싸워 승리함. 일본(왜국)이 임진년에 쳐들어왔기 때문에 임진왜란이라고 한다.
21	대한제국 수립	서기 1897년 고종황제가 등극하여 대한제국을 수립하여 연호를 광무로 고침
22	한일합방조약 체결	서기 1910년 우리나라와 일본이 합방조약을 체결하여 조선 총독부를 설치하였다.
23	삼일독립운동	서기 1919년 고종황제가 사망. 3월 1일 3·1운동 일어남. 대한독립만세 부르짖음. 대한민국임시정부 수립
24	광주학생운동	서기 1929년 광주에서 학생운동 일어남
25	서기 1940년	한국광복군 창설
26	광복	1945년 8월 15일. 제2차 세계대전은 연합군의 승리로 일본패망. 우리나라는 해방되어 광복(잃어버렸던 주권을 되찾음)되었다. 그래서 8월 15일을 광복절이라고 하여 기념행사를 한다.
27	남북이 분단	세계 제2차대전시 연합군인 미국과 소련은 우리나라 북위 38도선을 경계로 삼아 남북으로 갈라서 1945년 한반도를 점령했다. 남북한을 분할하여 점령한 미국과 소련양국은 남한은 미국, 북한은 소련이 점령지역에 군정을 실시하였다. 1945년부터 1948년까지 군정청 설치. 소련을 현재 「러시아」라고 부른다/
28	대한민국 정부 수립	1948년 8월 15일 대한민국정부 수립 초대 이승만 대통령 취임. 북한은 9월 9일 조선인민공화국정부 수립
29	한국전쟁 일어남	1950년 6월 25일 한국전쟁 일어남. 6.25사변 또는 6.25 전쟁이라고도 한다. 6·25전쟁으로 많은 희생자가 발생
30	서기1953년 7월 27일	휴전협정 조인으로 한국전쟁 휴전(전쟁을 중지함) ~ 현재

　이상과 같이 대충 가략하게 우리나라 연대표를 알아보았는데 우리나라는 4천 3백여 년이 넘는 기나긴 역사를 가진 나라이다.

원문과 **해석**되어 있는 내용을 소리 내어 읽고 외우기

001

부父 생生 아我 신身 하시고   모母 국鞠 아我 신身 이로다
① ④ ② ③   ① ④ ② ③

아버지 내 몸을 낳으시고,   어머니 내 몸을 기르셨도다.

확인란

● 글자 익히기 한자의 음과 뜻을 읽으면서 필순에 맞게 써 봅시다.

父 아비 부	**필순**(쓰는 순서) ´ ` ㅅ 分 父						
	父						
生 날 생	´ ㅅ ㅌ 牛 生						
	生						
我 나 아	´ ニ 千 手 扎 我 我						
	我						
身 몸 신	´ ｆ ㅓ 竹 白 身 身						
	身						
母 어미 모	ㄴ ㄥ 묘 묘 母						
	母						
鞠 기를 국	一 十 廿 甘 甘 苩 苩 뀰 革 革 靭 靭 靭 鞠 鞠 鞠						
	鞠						
我 나 아	´ ニ 千 手 扎 我 我						
	我						
身 몸 신	´ ｆ ㅓ 竹 白 身 身						
	身						

※ 학부모들이나 지도하시는 분은 확인하여 주시기 바랍니다.

94

002

복腹 이以 회懷 아我 하시고   유乳 이以 포哺 아我 로다
　①　　②　　④　　③　　　　　　①　　②　　④　　③

배로써 나를 품어주시고,　　　젖으로써 나를 먹여 주셨다.

확인란

● 글자 익히기　한자의 음과 뜻을 읽으면서 필순에 맞게 써 봅시다.

腹 배 **복**	필순(쓰는 순서) ﾉ 刀 月 月 月 肝 胪 胪 腹 腹 腹 腹 腹
	腹

以 써 **이**	ﾉ 丶 以 以 以
	以

懷 품을 **회**	丶 ⺊ 忄 忄 忙 忙 忙 忄 忄 忄 忄 忄 忄 忄 懷 懷 懷 懷
	懷

我 나 **아**	ﾉ 一 二 千 手 我 我 我
	我

乳 젖 **유**	ﾉ 丶 丶 ⺈ 乒 乒 乎 乎 乳
	乳

以 써 **이**	ﾉ 丶 以 以 以
	以

哺 먹일 **포**	ﾉ 口 口 叮 叮 叮 呵 哺 哺 哺
	哺

我 나 **아**	ﾉ 一 二 千 手 我 我 我
	我

※ 학부모들이나 지도하시는 분은 확인하여 주시기 바랍니다.

원문과 해석되어 있는 내용을 소리 내어 읽고 외우기

003

이 以 의 衣 온 溫 아 我 하시고　이 以 식 食 포 飽 아 我 하시니
② ① ④ ③　　　② ① ④ ③

옷으로 하여 나를 따뜻하게 하시고, 밥을 나에게 배부르게 먹여주셨다.

확인란

● 글자 익히기　한자의 음과 뜻을 읽으면서 필순에 맞게 써 봅시다.

以 써 이	필순(쓰는 순서) 丨 丄 丄 以 以							
	以							
衣 옷 의	丶 一 ナ ナ 衣 衣							
	衣							
溫 따뜻할 온	丶 丶 氵 氵 氵 沪 沪 沪 沪 溫 溫 溫 溫							
	溫							
我 나 아	丿 一 千 手 我 我 我							
	我							
以 써 이	丨 丄 丄 以 以							
	以							
食 밥 식	丿 人 人 今 今 食 食 食 食							
	食							
飽 배부를 포	丿 人 人 今 今 食 食 食 飠 飠 飽 飽							
	飽							
我 나 아	丿 一 千 手 我 我 我							
	我							

※ 학부모들이나 지도하시는 분은 확인하여 주시기 바랍니다.

004

은恩 고高 여如 천天 이요   덕德 후厚 사似 지地 라
① ④ ③ ②   ① ④ ③ ②

은혜는 하늘과 같이 높고,   덕은 땅같이 두터운지라.

확인란

● 글자 익히기 한자의 음과 뜻을 읽으면서 필순에 맞게 써 봅시다.

恩 은혜 은	필순(쓰는 순서) 丨 冂 冂 伺 佀 因 因 恩 恩 恩							
	恩							
高 높을 고	丶 亠 亠 古 古 高 高 高 高 高							
	高							
如 같을 여	乀 夊 女 如 如 如							
	如							
天 하늘 천	一 二 干 天							
	天							
德 큰 덕	丿 彡 彳 彳 衤 衤 徔 徔 徔 德 德 德 德 德							
	德							
厚 두터울 후	厂 一 厂 厏 厚 厚 厚 厚							
	厚							
似 같을 사	丿 亻 亻 似 似 似 似							
	似							
地 땅 지	一 十 土 圠 地 地							
	地							

※ 학부모들이나 지도하시는 분은 확인하여 주시기 바랍니다.

원**문**과 **해석**되어 있는 내용을 소리 내어 읽고 외우기

005

위爲 인人 자子 자者 가
③ ① ② ④

갈曷 불不 위爲 효孝 리오
① ④ ③ ②

사람의 아들이 된 자가,

어찌 효도하지 않으리오.

확인란

● 글자 익히기 한자의 음과 뜻을 읽으면서 필순에 맞게 써 봅시다.

爲 할(될) 위	**필순**(쓰는 순서) ㄱ ㅣ ㅓ ㅓ ㄲ �尸 ㄸ 尸 爲 爲 爲 爲 爲						
	爲						
人 사람 인	ノ 人						
	人						
子 아들 자	ㄱ 了 子						
	子						
者 놈 자	一 十 土 耂 乹 者 者 者 者						
	者						
曷 어찌 갈	丨 冂 冂 曰 尸 昮 昮 昮 曷						
	曷						
不 아니 불	一 フ 不 不						
	不						
爲 할 위	ㄱ ㅣ ㅓ ㄲ ㄲ ㄸ 尸 爲 爲 爲 爲 爲 爲						
	爲						
孝 효도 효	一 十 土 耂 耂 孝 孝						
	孝						

※ 학부모들이나 지도하시는 분은 확인하여 주시기 바랍니다.

98

공부한 것 복습하기

001 父 生 我 身하시고   母 鞠 我 身이로다

아비 ◯ 날 ◯ 나 ◯ 몸 ◯   어미 ◯ 기를 ◯ 나 ◯ 몸 ◯

쓰기 | 父 | | | | | 母 | | |
① ④ ② ③   ① ④ ② ③

해석 (   )   (   )

002 腹 以 懷 我하시고   乳 以 哺 我로다

배 ◯ 써 ◯ 품을 ◯ 나 ◯   젖 ◯ 써 ◯ 먹일 ◯ 나 ◯

쓰기
① ② ④ ③   ① ② ④ ③

해석 (   )   (   )

003 以 衣 溫 我하시고   以 食 飽 我하시니

써 ◯ 옷 ◯ 따뜻할 ◯ 나 ◯   써 ◯ 밥 ◯ 배부를 ◯ 나 ◯

쓰기
② ① ④ ③   ② ① ④ ③

해석 (   )   (   )

004 恩 高 如 天이요   德 厚 似 地라

은혜 ◯ 높을 ◯ 같을 ◯ 하늘 ◯   큰 ◯ 두터울 ◯ 같을 ◯ 땅 ◯

쓰기
① ④ ③ ②   ① ④ ③ ②

해석 (   )   (   )

005 爲 人 子 者하시고   曷 不 爲 孝리오

할 ◯ 사람 ◯ 아들 ◯ 놈 ◯   어찌 ◯ 아니 ◯ 할 ◯ 효도 ◯

쓰기
③ ① ② ④   ① ④ ③ ②

해석 (   )   (   )

▶반성 : 상 (5개 모두 외운다), 중(3~4개), 다시공부하기(1~2개)

사기 史記

史: 역사 사, 記: 적을 기

⊙ 의미(뜻) : 역사적인 사실을 적은 책을 말한다.

사기(史記)는 중국 한(漢)나라 무제 때 역사가 '사마천'이 편찬한 역사책을 말한다. 사마천의 집안은 태사령(太史令: 관직이름)을 지낸 명문가정이다. 그는 여행을 좋아했고 많은 역사의 현장을 눈으로 보았다.

부친이 사망하면서 역사를 기록하여 정리하라는 유언을 받게 되었다. 사마천은 이릉(李陵)의 사건에 연루되어 사형수가 되고 만다. (쉬어가기: '구우일모' 참조) 그 당시 사형을 받지 않으려면 돈을 많이 내든지 아니면 궁형(거세를 뜻한다)을 받아야 하는데 사마천은 죽음보다 더 치욕적인 궁형을 택하여 아버지의 유언에 따라 중국 최초의 문명시대부터 전한(前漢) 무제시기 까지 2500여 년의 역사를 서술한 130권의 방대한 역사책을 저술하였다. '사기'가 씌여지고 난 후 2천여 년 동안 중국의 모든 역사서 중에서 가장 널리 읽혔던 책 중의 하나였다. 그 책의 체제는 후사의 정사(正史)의 모범이 되어왔다.

사마천은 중국의 전설적인 신화시대인 삼황오제(三皇五帝)에서 삼황은 전설적인 신화라고 중국의 역사에서 빼고 오제 시대부터 한나라 무제 시대까지 역사를 기록한 책이 사기(史記)이다.

앞의 쉬어가기 란에서는 우리나라 역사에 대한 연대표를 간략하게 알아보았는데 고사성어를 읽다보면 옛날 중국에 있던 여러 나라 이름이 나오는데 잘 알 수 없으므로 중국의 역사에 대한 연대표를 간략하게 참고적으로 알아보도록 합시다.

중국의 역사는 상고시대 지금으로부터 약 5천여 년 그 이전에 삼황(三皇)시대. 삼황은 태호복희씨, 염제신농씨, 황제수인씨인데 천황, 지황, 인황이라고도 한다. 그러나 사마천은 삼황을 신화로 단정해 사기(史記)에 싣지 않았다.

사마천은 오제(五帝)인 황제, 전욱, 제곡, 요(堯), 순(舜)시대부터 역사적 사실로 보았다. 요임금과 순임금시대를 사람들이 살기 좋은 태평성대시절이라고 한다. 그 후 그들의 후계자인 우(禹)임금이 하(夏)나라를 세웠다고 한다.

① **하(夏)나라** : 기원전(B.C) 약 2100년 ~ 1600년 멸망

② **상(商)나라** : 기원전(B.C 1600년 ~ 1100년) 은허로 도읍을 옮긴 후 은(殷)나라로 불리운다.(상나라와 은나라는 동일)

③ **주(周)나라** : 본래 상나라의 제후국이었으나 상나라 말기 상나라를 무너뜨리고 중국을 통일한 나라가 주나라이다.

　서주(西周) 기원전 B.C 770년 ~ 256년 멸망.

◦춘추전국시대 : 서주시대부터 주왕실의 권위가 추락하여 춘추전국시대가 된다. 춘추시대는 기원전 B.C 770년 ~ 476년까지 '공자'가 이 시기를 기록한 역사책인 춘추(春秋)에서 이름이 유래 되었다고 한다. 그리고 전국시대는 기원전 B.C 475년 ~ 221년까지를 말하는데 중국전한시대의 유향(劉向)이 동주(東周) 후기인 전국시대의 전략가들의 책략을 편찬한 책에서 유래되었다고 한다.

④ **진(秦)나라(기원전 B.C 221년 ~ 207년 멸망)** : 진시황제에 의하여 세워졌으며 중국의 춘추전국시대를 통일한 왕조임. 진시황제는 흉노의 침입을 막기 위해 '만리장성'을 쌓았으며 무리한 토목공사와 통치와 폭압(고사성어: 분서갱유. 참조)으로 진시황제가 죽자 각지에서 반란이 일어나서 15년 만에 망했다. 그 유명한 '항우'와 '유방'은 진(秦)나라 말기에 서로 싸우다가 결국 '유방'의 역습을 받은 '항우'도 멸망하여 '유방'이 한(漢)나라를 세워 한고조(漢高祖)가 되었다.

⑤ **한(漢)나라** : '항우'를 멸망시킨 '유방'이 세운 한나라는 전한(前漢)과 후한(後漢)으로 구분한다. 전한은 서한이라고도 한다(B.C 206년 ~ A.D 24년 멸망)

　후한은 동한이라고도 한다.(기원후 A.D 25년 ~ A.D 220년 멸망)

◦신(新)나라 : 기원후(A.D 9년 ~ 23년) 전한의 외척인 왕망이 전한을 전복시키고 왕위를 찬달해 신(新)나라를 세웠으나 급격한 개혁으로 민중의 호응을 얻지 못해 오래가지 못했다. 신나라 이전의 한나라를 전한 또한 서한이라고 하고 그 후 광무제가 새로

건국한 한나라를 후한 또는 동한이라고 한다. 한나라도 황건적의 난으로 재기 불능하여 마침내 조조의 아들인 위나라 '조비'에게 멸망되었다.

⑥ 삼국시대

- 위나라(조조) : 기원후 A.D 220년 ~ 265년
- 촉한(유비) : 기원후 A.D 221년 ~ 263년
- 오나라(손권) : 기원후 A.D 222년 ~ 280년

후한이 망하고 정권을 탈취한 위나라 조조의 아들인 조비, 결국 삼국을 통일한 것은 위나라 중신이었던 사마의 사마사, 사마소, 삼부자 그리고 사마사의 아들이자 사마사의 손자인 사마염이 진(晉)나라를 세웠다. ※ 기원 후 A.D는 「서기」와 같은 뜻임

⑦ 진(晋)나라

- 서진 : 서기 265년 ~ 316년
- 동진 : 서기 317년 ~ 420년
- 십육국시대 : 서기 316년 ~ 439년까지 즉 진(晉)나라는 북방기마민족에 의해 멸망되고 이후 수집개의 근소 국가들이 난립한 시대를 오호십육국시대라고 한다.

⑧ 남북조시대

- 남조(南朝)는 송(宋)나라(서기 420년 ~ 479년) 제(齊)나라(서기 479년 ~ 520년), 양(梁)나라(서기 557년 ~ 589년)를 남조라고 한다.
- 북조(北朝)는 북위(北魏) 서기 386년 ~ 534년, 동위, 서기 534년 ~ 550년, 서위, 서기 535년 ~ 556년, 북제(北齊) 서기 550년 ~ 577년, 북주(北周) 서기 557년 ~ 581년, 남북조시대는 북방계통의 북조와 남방계통인 남조의 2개 왕조가 대립하던 시대를 말한다.

⑨ 수(隨)나라 : 서기 581년 ~ 618년, 남북조시대는 수나라가 통일

⑩ 당(唐)나라 : 서기 618년 ~ 907년

⑪ 오대(五代)시대
- 후량(서기 507년 ~ 923년)
- 후당(서기 923년 ~ 936년)
- 후진(서기 936년 ~ 946년)
- 후한(서기 947년 ~ 950년)
- 후주(서기 951년 ~ 960년)
- 당나라 멸망 후 5대 10국이라는 혼란기. 군벌 조광윤이 송나라를 세우고 중국을 통일.

⑫ 송(宋)나라 : 북송(서기 960년 ~ 1127년), 남송(서기 1127년 ~ 1279년)
- 금(金)나라(서기 1115년 ~ 1234년)가 북부영토 정복, 송나라는 양쯔강 남쪽으로 도망가 '남송'유지.

⑬ 원(元)나라 : 서기 1271년 ~ 1368년. 거대한 몽고제국은 징기스칸 사망후 분배되었으며 이 중에서 중국지방이 원나라로 지칭 됨.

⑭ 명(明)나라 : 서기 1368년 ~ 1644년. '주원장'이 한족 왕조 건설. 이자성의 난에 의해 멸망.

⑮ 청(淸)나라 : 서기 1644년 ~ 1911년. 여진족의 무리인 '누르하치'가 청나라 건설
중화민국(中華民國) : 서기 1912년 ~ 1949년
중화인민공화국 성립선언 : 서기 1949년 ~ 현재
서기 1949년 12월 장개석 정부는 대만으로 이주하여 현재는 '타이완'이란 별칭으로 세계적으로 사용되고 있다.

이상과 같이 중국의 역사를 간략하게 알아보았으나 나라가 많아 작은 나라는 다 기록하지 못했으며 나라이름이 같은 나라가 더러 있어 헷갈리는 수가 있다. 그러나 중국은 기나긴 역사를 가진 나라이다.

006

부父 모母 유有 명命 이시면   부俯 수首 경敬 청聽 하라
① ② ④ ③   ② ① ③ ④

부모님께서 명령하시면,   고개(머리)를 숙이고 공경하게 들어라

확인란

● 글자 익히기 한자의 음과 뜻을 읽으면서 필순에 맞게 써 봅시다.

父 아비 **부**	필순(쓰는 순서) ノ ハ グ 父 父						
母 어미 **모**	レ 乙 丹 母 母 母						
有 있을 **유**	一 ナ オ 冇 有 有 有						
命 명령할(목숨) **명**	ノ 人 人 合 合 合 命 命 命						
俯 숙일 **부**	ノ イ イ 广 俨 俨 俯 俯 俯 俯 俯						
首 머리 **수**	` ` ` 丷 艹 羊 产 首 首 首 首						
敬 공경 **경**	` ` ` 艹 艹 芍 芍 苟 苟 苟 敬 敬 敬						
聽 들을 **청**	一 丁 下 斤 巨 耳 耳 耳 耵 耵 耵 聆 聴 聴 聴 聴 聴 聴 聴 聴						

※ 학부모들이나 지도하시는 분은 확인하여 주시기 바랍니다.

007

좌 坐 명 命 좌 坐 청 聽 하고　　입 立 명 命 입 立 청 聽 하라
　　① 　② 　③ 　④ 　　　　① 　② 　③ 　④

앉아서 명령하시면 앉아서 듣고,　　서서 명령하시면 서서 들어라

확인란

● 글자 익히기　한자의 음과 뜻을 읽으면서 필순에 맞게 써 봅시다.

坐 앉을 **좌**	**필순**(쓰는 순서) ノ 亻 亻丶 亻亻 坐 坐 坐							
	坐							
命 명령할(목숨) **명**	ノ 人 人 合 合 合 命 命							
	命							
坐 앉을 **좌**	ノ 亻 亻丶 亻亻 坐 坐 坐							
	坐							
聽 들을 **청**	一 丆 丆 耳 耳 耳 耳 耳 耳 耳 耳 耳 耳 聽 聽 聽 聽 聽 聽 聽 聽							
	聽							
立 설 **립**	丶 亠 亠 立 立							
	立							
命 명령할 **명**	ノ 人 人 合 合 合 命 命							
	命							
立 설 **립**	丶 亠 亠 立 立							
	立							
聽 들을 **청**	一 丆 丆 耳 耳 耳 耳 耳 耳 耳 耳 耳 耳 聽 聽 聽 聽 聽 聽 聽 聽							
	聽							

○ 참고 : 命(목숨 명)자는 목숨이라는 뜻인데, 여기서는 명령(命令)이라는 뜻으로 쓰인다.

원문과 **해석**되어 있는 내용을 소리 내어 읽고 외우기

008 | 부父 모母 출出 입入 하시면 | 매每 필必 기起 립立 하라
① ② ③ ④ | ① ② ③ ④

부모님께서 출입하시면, | 매번 반드시 자리에서 일어나라

확인란

● 글자 익히기 한자의 음과 뜻을 읽으면서 필순에 맞게 써 봅시다.

父 아비 **부**	필순(쓰는 순서) ノ ハ グ 父						
	父						
母 어미 **모**	レ 乙 母 母 母						
	母						
出 날 **출**	l 屮 屮 出 出						
	出						
入 들 **입**	ノ 入						
	入						
每 매양 **매**	ノ ー 仁 占 每 每 每						
	每						
必 반드시 **필**	` ノ 少 必 必						
	必						
起 일어날 **기**	一 十 土 耂 耂 走 走 起 起 起						
	起						
立 설 **립**	` 亠 宀 立 立						
	立						

※ 학부모들이나 지도하시는 분은 확인하여 주시기 바랍니다.

원문과 해석되어 있는 내용을 소리 내어 읽고 외우기

009

부父 모母 의衣 복服을　물勿 유踰 물勿 천踐 하라
① ② ③ ④　② ① ④ ③

부모님의 의복(옷)을, 넘어 다니지도 말고 밟지도 말아라

확인란

글자 익히기 한자의 음과 뜻을 읽으면서 필순에 맞게 써 봅시다.

한자	필순(쓰는 순서)
父 아비 부	㇒ 丷 グ 父
母 어미 모	㇄ 𠃊 勹 母 母
衣 옷 의	丶 亠 𠀎 衣 衣 衣
服 옷 복	丿 刀 月 月 月 肌 服 服
勿 말 물	㇒ 勹 勿 勿
踰 넘을 유	丨 口 口 早 早 𧾷 𧾷 𧾷 跲 跲 跲 踰 踰 踰 踰 踰
勿 말 물	㇒ 勹 勿 勿
踐 밟을 천	丨 口 口 早 早 𧾷 𧾷 𧾷 跱 跱 跱 跱 踐 踐 踐

※ 학부모들이나 지도하시는 분은 확인하여 주시기 바랍니다.

010

부父 모母 유有 병病하시면   우憂 이而 모謀 료療하라
① ② ④ ③   ① ② ④ ③

부모님께서 병환에 드셨으면,   걱정하고 낫게 할 방법을 찾아라

확인란

● 글자 익히기 한자의 음과 뜻을 읽으면서 필순에 맞게 써 봅시다.

父 아비 부	**필순**(쓰는 순서) ノ ハ ク 父						
	父						
母 어미 모	ㄴ 几 乌 母 母						
	母						
有 있을 유	一 ナ オ 冇 有 有						
	有						
病 병들 병	` 一 广 广 疒 疒 疒 病 病 病						
	病						
憂 근심 우	一 一 兀 币 亓 百 亩 百 亘 亘 惪 惪 惪 憂 惪 憂						
	憂						
而 말이을 이	一 一 イ 丙 而 而						
	而						
謀 꾀할 모	` 亠 亠 言 言 言 言 訓 訓 訓 訊 謀 謀 謀						
	謀						
療 병고칠 료	` 亠 广 广 广 疒 疒 疨 疼 疼 疼 痻 瘀 瘀 瘠 瘠 療						
	療						

※ 학부모들이나 지도하시는 분은 확인하여 주시기 바랍니다.

공부한 것 복습하기

006 父 母 有 命이시면　俯 首 敬 聽하라

아비 ◯　어미 ◯　있을 ◯　명령할 ◯　　숙일 ◯　머리 ◯　공경 ◯　들을 ◯

쓰기 | 父 | | | | | 俯 | | | |

①　②　④　③　　②　①　③　④

해석 (　　　　　　　　　　　)　(　　　　　　　　　　　)

---

007 坐 命 坐 聽하고　立 命 立 聽하라

앉을 ◯　명령할 ◯　앉을 ◯　들을 ◯　　설 ◯　명령할 ◯　설 ◯　들을 ◯

쓰기 | | | | | | | | |

①　②　③　④　　①　②　③　④

해석 (　　　　　　　　　　　)　(　　　　　　　　　　　)

---

008 父 母 出 入하시면　每 必 起 立하라

아비 ◯　어미 ◯　날 ◯　들 ◯　　매양 ◯　반드시 ◯　일어날 ◯　설 ◯

쓰기 | | | | | | | | |

①　②　③　④　　①　②　③　④

해석 (　　　　　　　　　　　)　(　　　　　　　　　　　)

---

009 父 母 衣 服을　勿 踰 勿 踐하라

아비 ◯　어미 ◯　옷 ◯　옷 ◯　　말 ◯　넘을 ◯　말 ◯　밟을 ◯

쓰기 | | | | | | | | |

①　②　③　④　　②　①　④　③

해석 (　　　　　　　　　　　)　(　　　　　　　　　　　)

---

010 父 母 有 病하시면　憂 而 謨 療하라

아비 ◯　어미 ◯　있을 ◯　병들 ◯　　근심 ◯　말이을 ◯　꾀할 ◯　병고칠 ◯

쓰기 | | | | | | | | |

①　②　④　③　　①　②　④　③

해석 (　　　　　　　　　　　)　(　　　　　　　　　　　)

▸반성 : 상 (5개 모두 외운다), 중(3~4개), 다시공부하기(1~2개)

각주구검 刻舟求劍

刻: 새길 각, 舟: 배 주, 求: 구할 구, 劍: 칼 검

⊙ 의미(뜻) : 판단력이 둔하여 세상일에 어둡고 어리석음을 이르는 말
⊙ 출　전 : 여씨춘추 찰금편

'각주구검'이라는 성어는 각주(刻舟)는 배에 새긴다는 말이며 구검(求劍)은 칼을 구한다. 즉, 칼을 찾는다는 말로 배에 표시를 해두었다가 나중에 칼을 찾는다는 뜻으로 판단력이 둔하여 세상일에 어둡고 어리석을 때 쓰이는 말이다.

옛날 중국의 춘추전국시대 때 초(楚)나라의 한 젊은이가 한 자루의 칼을 소중하게 껴안고 양자강을 건너가기 위해 배를 탔다. 그런데 여러 사람들의 재미있는 이야기에 정신이 팔려 강 한복판쯤 왔을 때 그렇게도 소중하게 껴안고 있던 칼을 그만 물에 빠트리고 말았다.

"앗! 큰일 났다." 젊은이는 외치며 뱃전에서 몸을 일으켰다. 칼은 물속에서 흔들거리며 깊숙이 가라앉고 말았다. 젊은이의 큰소리에 선객들은 놀라 뒤를 돌아보았다. 그러자 그는 허리춤에서 주머니 칼을 꺼내 지금 칼이 떨어진 장소의 뱃전에 표시를 하고 의아하게 생각하는 사람들을 향해 웃으면서 말했다. "내 칼은 여기서 떨어졌거든 표시를 해 놓았으니까 이제 안심이지." 얼마 후 배는 저쪽 언덕에 닿았다. 젊은이는 곧 표시를 해 놓은 곳에서 물속으로 뛰어들어 칼을 찾아보았으나 칼은 찾을 수가 없었다.

배는 이미 칼을 떨어뜨린 곳에서 떠났기 때문에 칼이 그곳에 있을 리가 없었다. 사람들은 배에 표시를 해서 칼을 찾는다. (각주구검)하면서 젊은이의 어리석음을 비웃었다고 한다.

여씨춘추에 나오는 이야기로서 칼이 물에 빠지자 뱃전에 표시를 해두었다가 나중에 칼을 찾으면 찾을 수 없는 거처럼 판단력이 둔하고 어리석고 융통성이 없을 때 비유하는 말로 쓰이는 말이다.

수주대토 守株待兎

守: 지킬 수, 株: 그루 주, 待: 기다릴 대, 兎: 토끼 토

◉ 의미(뜻) : 변통성이 없어 어리석게 고집하며 지키며 토끼가 나오기만을 기다린다는 뜻으로 되지
　　　　　 않는 일을 고집하는 융통성 없는 처사를 가리키는 말

◉ 출 　전 : 한비자, 오두편

'수주대토'라는 성어는 수주(守株)는 그루터기를 지킨다는 말이며(그루터기란 말은 나무나 풀을 베어낸 위에 남은 뿌리 쪽의 부분을 말함) 대토(待兎)란 토끼를 기다린다는 말로 그루터기를 지키며 토끼가 나오기만을 기다린다는 뜻인데, 아무리 기다려도 토끼가 나오지 않으면 토끼를 잡을 수 없는 것처럼 어떤 착각에 사로잡혀 되지 않는 일을 고집하는 융통성 없는 처사를 가리키는 말로 비유해서 쓰이는 말이다.

중국의 송나라 때 한 농부가 밭을 갈고 있는데 토끼 한 마리가 급히 나오다가 밭 가운데 있는 그루터기에 머리를 박고 죽었다.

토끼를 그냥 얻은 농부는 그 후부터 날마다 농사는 짓지 않고 밭두둑에 앉아 토끼를 기다렸다. 토끼는 그곳에 나타나지 않았다고 한다.

이상과 같은 이야기를 읽고 생각해보면 우리 속담에 '감나무 밑에서 감 떨어지기만을 기다린다.'라는 말과 비슷한데 어떤 일이든지 힘을 들이지 않고는 되는 일이 드물다.

'노력'은 성공의 지름길이라는 말도 있다. 그러므로 공부도 그냥 되는 것이 아니다. 어렵지만 노력하는 마음을 가지고 자기 주도적으로 계획을 세워 예습과 복습을 하는 습관을 갖도록 합시다.

011

대 **對** 안 **案** 불 **不** 식 **食** 하시면   사 **思** 득 **得** 량 **良** 찬 **饌** 하라
② ① ④ ③   ④ ③ ① ②

밥상을 대하고 드시지 않으면,   좋은 음식을 얻을 것을 생각하라

확인란

● **글자 익히기** 한자의 음과 뜻을 읽으면서 필순에 맞게 써 봅시다.

對 대할 대	필순(쓰는 순서) 丨 丨 丬 丬 丄 业 丵 丵 丵 丵 堇 堇 一 對 對										
	對										
案 책상(밥상) 안	丶 丶 宀 宁 安 安 安 窣 案 案										
	案										
不 아니 불	一 丆 不 不										
	不										
食 먹을(밥) 식	丿 人 人 今 今 仐 食 食 食										
	食										
思 생각 사	丨 冂 冃 田 田 田 思 思 思										
	思										
得 얻을 득	丿 彳 彳 彳 彳 犭 犭 得 得 得 得										
	得										
良 좋을 양	丶 彐 刁 彐 臼 良 良										
	良										
饌 반찬 찬	丿 𠆢 𠆢 𠂉 𠂉 今 食 食 食 飠 飣 飣 飩 飩 饀 饎 饌 饌 饌										
	饌										

※ 학부모들이나 지도하시는 분은 확인하여 주시기 바랍니다.

012

출 出 필 必 곡 告 지 之 하고   반 反 필 必 면 面 지 之 하라
　① 　② 　④ 　③ 　　　① 　② 　④ 　③

밖에 나갈 때는 반드시 말씀 드리고,　돌아오면 반드시 얼굴을 보여드려라

확인란

● 글자 익히기　한자의 음과 뜻을 읽으면서 필순에 맞게 써 봅시다.

出 날 **출**	**필순**(쓰는 순서) 丨 屮 屮 出 出							
	出							
必 반드시 **필**	丶 丿 必 必 必							
	必							
告 뵙고청할 **곡**	丿 一 屮 生 牛 告 告							
	告							
之 어조사(갈) **지**	丶 一 亠 之							
	之							
反 돌이킬 **반**	一 厂 厉 反							
	反							
必 반드시 **필**	丶 丿 必 必 必							
	而							
面 낯(뵐) **면**	一 丆 丆 兀 而 而 而 面 面							
	面							
之 어조사(갈) **지**	丶 一 亠 之							
	之							

○ 참고 : 뵙고청할곡(告)자는 알릴 고(告)자와 같은 글자이다.

113

013

신 **愼** 물 **勿** 원 **遠** 유 **遊** 하고　유 **遊** 필 **必** 유 **有** 방 **方** 하라

① ④ ② ③　① ② ④ ③

항상 조심하여 멀리 나가 놀지 말고, 놀 때는 반드시 일정한 장소가 있어야 한다.

확인란

● 글자 익히기　한자의 음과 뜻을 읽으면서 필순에 맞게 써 봅시다.

愼 삼갈 **신**	필순(쓰는 순서) ⟶ ⟍ ⟍ ⟊ ⟊ ⟊ ⟊ 愼 愼 愼 愼 愼 愼
	愼
勿 말 **물**	⟋ ⟅ ⟅ 勿
	勿
遠 멀 **원**	一 十 土 吉 吉 声 幸 袁 袁 遠 遠 遠
	遠
遊 놀 **유**	⟍ ⟍ ⟊ 方 方 方 方 斿 斿 游 游 遊
	遊
遊 놀 **유**	⟍ ⟍ ⟊ 方 方 方 方 斿 斿 游 游 遊
	遊
必 반드시 **필**	⟍ ⟋ 必 必 必
	必
有 있을 **유**	一 ナ 才 冇 有 有
	有
方 모 **방**	⟍ 一 方 方
	方

※ 학부모들이나 지도하시는 분은 확인하여 주시기 바랍니다.

014

출 出 입 入 문 門 호 戶는　　개 開 폐 閉 필 必 공 恭 하라
③　　④　　②　　①　　　　①　　②　　③　　④

집의 문을 출입할 때는,　　　　열고 닫는 것을 반드시 공손하게 하라

확인란

● 글자 익히기　한자의 음과 뜻을 읽으면서 필순에 맞게 써 봅시다.

出 날 **출**	**필순**(쓰는 순서) ｜ 屮 屮 出 出							
	出							
入 들 **입**	ノ 入							
	入							
門 문 **문**	｜ 冂 冂 冂 冂 門 門 門							
	門							
戶 집 **호**	丶 ㇄ ㇌ 戶							
	戶							
開 열 **개**	｜ 冂 冂 冂 冂 門 門 門 門 閈 開 開							
	開							
閉 닫을 **폐**	｜ 冂 冂 冂 冂 門 門 門 閂 閉 閉							
	閉							
必 반드시 **필**	丶 ノ 必 必 必							
	必							
恭 공손할 **공**	一 十 卄 卅 芇 共 恭 恭 恭 恭							
	恭							

※ 학부모들이나 지도하시는 분은 확인하여 주시기 바랍니다.

015

물 勿 립 立 문 門 중 中 하고   물 勿 좌 坐 방 房 중 中 하라
④ ③ ① ②   ④ ③ ① ②

문 가운데 서지 말고,   방 가운데 앉지 말아라

확인란

● 글자 익히기 한자의 음과 뜻을 읽으면서 필순에 맞게 써 봅시다.

勿 말 **물**	필순(쓰는 순서) ノ 勹 勺 勿						
	勿						
立 설 **립**	丶 亠 立 立 立						
	立						
門 문 **문**	丨 冂 冂 冃 冃 門 門 門						
	門						
中 가운데 **중**	丶 冂 口 中						
	中						
勿 말 **물**	ノ 勹 勺 勿						
	勿						
坐 앉을 **좌**	ノ 人 人ノ 人人 坐 坐 坐						
	坐						
房 방 **방**	丶 亠 彐 戸 戸 戸 房 房						
	房						
中 가운데 **중**	丶 冂 口 中						
	中						

※ 학부모들이나 지도하시는 분은 확인하여 주시기 바랍니다.

116

공부한 것 복습하기

011
對 案 不 食하시면　　思 得 良 饌하라

대할 ◯　밥상 ◯　아니 ◯　먹을 ◯　　생각 ◯　얻을 ◯　좋을 ◯　반찬 ◯

쓰기 | 對 | | | | | 思 | | | |
② ① ④ ③　　④ ③ ① ②

해석 (　　　　　　　　　　)　(　　　　　　　　　　)

012
出 必 告 之하고　　反 必 面 之하라

날 ◯　반드시 ◯　알릴 ◯　갈 ◯　　돌이킬 ◯　반드시 ◯　낯 ◯　갈 ◯

쓰기
① ② ④ ③　　① ② ④ ③

해석 (　　　　　　　　　　)　(　　　　　　　　　　)

013
愼 勿 遠 遊하고　　遊 必 有 方하라

삼갈 ◯　말 ◯　멀 ◯　놀 ◯　　놀 ◯　반드시 ◯　있을 ◯　모 ◯

쓰기
① ④ ② ③　　① ② ④ ①

해석 (　　　　　　　　　　)　(　　　　　　　　　　)

014
出 入 門 戶는　　開 閉 必 恭하라

날 ◯　들 ◯　문 ◯　집 ◯　　열 ◯　닫을 ◯　반드시 ◯　공손할 ◯

쓰기
③ ④ ② ①　　① ② ③ ④

해석 (　　　　　　　　　　)　(　　　　　　　　　　)

015
勿 立 門 中하고　　勿 坐 房 中하라

말 ◯　설 ◯　문 ◯　가운데 ◯　　말 ◯　앉을 ◯　방 ◯　가운데 ◯

쓰기
④ ③ ① ②　　④ ③ ① ②

해석 (　　　　　　　　　　)　(　　　　　　　　　　)

▶반성 : 상 (5개 모두 외운다), 중(3~4개), 다시공부하기(1~2개)

교토사양구팽 狡兔死良拘烹

狡: 교활할 교, **兔**: 토끼 토, **死**: 죽을 사, **良**: 어질 양, **拘**: 개 구, **烹**: 삶을 팽

⊙ 의미(뜻) : 교활한 토기가 잡히면 충실한 사냥개를 삶아서 먹는다는 뜻으로 쓸모가 없어지면 없애 버린다는 말이다.

⊙ 출 전 : 사기, 회음후열전

교토사양구팽이란 말은 '교토'는 교활한 토끼를 말하고 '구팽'은 개를 삶아 먹는다는 뜻으로 사람들은 토끼를 잡으면 충실한 사냥개가 필요 없으므로 즉, 사람들은 자기가 필요할 때만 사람을 이용하고 쓸모가 없어지면 내쫓는다는 것을 비유해서 쓰이는 말이다.

이 고사성어는 중국의 초패왕 '항우'가 망하고 '한왕' 유방이 제위에 올라 한고조가 된 그 이듬해(한고조 6년 B.C 201년)의 일로서 조서가 제후에게 내려졌다.

"짐은 이제부터 운몽포로 유행한다. 그대들은 수행준비를 갖추고 초(楚)의 진에 모여라"

이것에는 까닭이 있다. 당시 '한신'이 초왕으로 봉해져 있었으나 그 한신의 밑에 '항우'의 용장이었던 '종리매'가 있었다.

그 전 싸움에서 종리매 때문에 누차 고전을 맛본 한고조는 그를 심히 미워해 그의 체포를 한신에게 명했으나 전부터 종리매와 친교가 있었던 한신은 그 명을 듣지 않았다.

이 사실을 알고 '한신은 모반을 꾀할 뜻이 있다'고 상서한 자가 있었으므로 고조는 진평의 책략에 따라 유행을 구실로 제후의 군을 소집한 것이다.

사태가 이쯤 되자 한신은 '나에게는 아무런 죄도 없다.'고 생각하고 자진해서 배알 하려고 했다. 그러나 그냥가면 잡힐 것 같아 도무지 불안했다.

그러던 어느 날 약삭빠른 가신이 한신에게 속삭였다. "종리매의 목을 가지고 배알하시면 폐하도 기뻐하시고 주군께서도 우려하실 사태가 없어지실 것입니다." 옳다고 생각한 한신은 그 말을 종리매에게 했다.

그러자 종리매는 "고조가 초를 침범하지 못하는 것은 자네 밑에 내가 있기 때문이네. 그런데 자네가 나를 죽여 고조에게 미태를 보인다면 자네도 얼마 안가서 당할 것일세. 자네로서는 정말 한심한 일을 생각했군. 나는 자네를 잘 못 보았네. 좋아, 내가 죽어주지"하고는 스스로 목을 쳤다.

그 목을 가지고 한신은 진으로 갔으나 과연 모반자라는 죄목으로 체포되고 말았다. 한신은 분했다.

"아~ '교토(교활한 토끼)가 죽어서 양구(충실한 개)가 삶아지며 비조(나는 새)가 없어지자 양궁(좋은 활)이 감추어지고 적국이 파멸되어 모신(모사를 잘하는 신하)이 망한다.'고 하는데 참으로 그렇구나. 천하가 평정되니 두려운 적이 없어진 지금. 교활한 토끼를 다 잡아버리면 주인에게 충실한 사냥개가 삶겨져 그 주인에게 먹히듯이 온갖 힘을 다해 한나라를 섬긴 내가 이번에는 고조의 손에 죽는구나."

그런데 고조는 한신을 죽이지 않고 그 대신 초왕에서 회음후로 좌천 시켰기 때문에 이후 한신은 회음후로 불리게 되었다고 한다.

'교토사양구팽'이란 고사성어는 한신이 유방을 도와 '항우'를 멸망시키고 충성을 다하였으나 결국 자기도 한고조에게 죽게 되는구나 하면서 분해서 한 말이라고 한다.

요즈음 사람들은 자기가 필요할 때는 그 사람을 잘 이용하여 쓰고 쓸모가 없다고 생각되면 내 쫓는 경우가 있다. 그럴 때 사람들은 분해서 '토사구팽' 즉, 팽(烹) 당했다고 말하기도 한다.

016

욕 欲 보 報 기 其 덕 德 이면 　 호 昊 천 天 망 罔 극 極 이로다
④ 　 ③ 　 ① 　 ②　　　① 　 ② 　 ④ 　 ③

그 은덕에 보답하고자 하면, 　　　높은 하늘도 끝이 없도다

확인란

● 글자 익히기 　한자의 음과 뜻을 읽으면서 필순에 맞게 써 봅시다.

欲 하고자할 **욕**	필순(쓰는 순서) 丿 丷 夂 夂 夕 谷 谷 谷 谷 欲 欲 欲						
報 갚을 **보**	一 十 土 キ 去 去 幸 幸 幸 報 報 報 報						
其 그 **기**	一 ｜｜ 廿 卄 甘 其 其 其 其						
德 큰(덕) **덕**	丿 夕 彳 彳 彳 彳 德 德 德 德 德 德 德 德 德						
昊 하늘 **호**	丨 冂 冃 日 旦 旱 昊 昊 昊						
天 하늘 **천**	一 二 于 天 天						
罔 없을 **망**	丨 冂 冂 囦 罓 罔 罔 罔 罔						
極 다할 **극**	一 十 才 木 朾 朽 杤 柯 柯 极 極 極 極						

※ 학부모들이나 지도하시는 분은 확인하여 주시기 바랍니다.

017

신 晨 필 必 선 先 기 起 하여   필 必 관 盥 필 必 수 漱 하라
① ② ③ ④   ① ② ③ ④

새벽에는 반드시 먼저 일어나,   반드시 세수하고 반드시 양치질하라

확인란

● 글자 익히기 한자의 음과 뜻을 읽으면서 필순에 맞게 써 봅시다.

晨 새벽 신	필순(쓰는 순서) ＇ 冂 冂 日 旦 尸 尸 尽 晨 晨 晨							
	晨							
必 반드시 필	＇ ソ 必 必 必							
	必							
先 먼저 선	＇ 二 牛 生 失 先							
	先							
起 일어날 기	一 十 土 キ キ 非 走 起 起 起							
	起							
必 반드시 필	＇ ソ 必 必 必							
	必							
盥 씻을 관	＇ ｆ ｆ ｆ 臼 臼 臼 臾 臾 臾 臾 臾 盥 盥 盥 盥							
	盥							
必 반드시 필	＇ ソ 必 必 必							
	必							
漱 양치할 수	＇ ＇ ｉ ｉ ｉ 沪 沪 沖 涑 涑 涑 漱 漱 漱							
	漱							

※ 학부모들이나 지도하시는 분은 확인하여 주시기 바랍니다.

원문과 **해석**되어 있는 내용을 소리 내어 읽고 외우기

018

혼昏 정定 신晨 성省하고   동冬 온溫 하夏 청清하라
① ② ③ ④   ① ② ③ ④

날이 저물면 잠자리를 펴드리고 새벽에는 문안을 살피며, 겨울에는 따뜻하게 여름에는 시원하게 해드려라

확인란

● **글자 익히기** 한자의 음과 뜻을 읽으면서 필순에 맞게 써 봅시다.

昏 날저물 혼	**필순**(쓰는 순서) 一 匚 匸 氏 氏 昏 昏 昏						
	昏						
定 정할 정	丶 丷 宀 宀 宁 宁 定 定						
	定						
晨 새벽 신	丨 冂 冂 日 旦 尸 尸 尼 晨 晨 晨						
	晨						
省 살필 성	丶 丿 小 少 少 尐 省 省 省						
	省						
冬 겨울 동	丿 ク 冬 冬						
	冬						
溫 따뜻할 온	丶 丷 氵 氵 沪 沪 沪 沪 泗 溫 溫 溫 溫						
	溫						
夏 여름 하	一 丆 丆 百 百 百 百 尸 頁 夏 夏						
	夏						
清 서늘할 청	丶 丷 氵 冫 汢 丼 淸 淸 淸 淸 淸						
	清						

○ **참고**: 서늘할 청(淸)자는 점(冫)이 두 개이고, 맑을 청(淸)자는 점(氵)이 세 개다.

원문과 해석되어 있는 내용을 소리 내어 읽고 외우기

019

부父 모母 호呼 아我 하시면　　유唯 이而 추趨 진進 하고
① ② ④ ③　　　　　① ② ③ ④

부모님이 나를 부르시면,　　대답하고 빨리 달려가라

확인란

● 글자 익히기　한자의 음과 뜻을 읽으면서 필순에 맞게 써 봅시다.

父 아버지 부	필순(쓰는 순서) ノ ハ グ 父 父						
母 어머니 모	ㄴ ㄱ 耳 母 母 母						
呼 부를 호	ヽ 冂 口 吖 吖 吁 哱 呼 呼						
我 나 아	ノ ニ 千 手 我 我 我 我						
唯 대답할 유	ヽ 冂 口 吖 吖 呼 咩 咩 唯 唯 唯						
而 말이을 이	ー ナ 尸 丙 而 而 而						
趨 달릴 추	ー + 土 キ キ 走 走 走 起 起 超 超 趋 趋 趨 趨 趨						
進 나아갈 진	ノ 亻 亻 亻 亻 件 隹 隹 淮 淮 進 進						

※ 학부모들이나 지도하시는 분은 확인하여 주시기 바랍니다.

원문과 해석되어 있는 내용을 소리 내어 읽고 외우기

020

부 父 모 母 사 使 아 我 하시면   물 勿 역 逆 물 勿 태 怠 니라
① ② ④ ③   ② ① ④ ③

부모님이 나에게 일을 시키시면,   거역하지 말고 게을리 하지 말아라

확인란

● 글자 익히기   한자의 음과 뜻을 읽으면서 필순에 맞게 써 봅시다.

父 아비 **부**	필순(쓰는 순서) ノ　ハ　グ　父 父						
母 어미 **모**	乚　口　乌　母　母 母						
使 부릴 **사**	ノ　イ　イ　仁　仁　仵　使　使 使						
我 나 **아**	ノ　一　千　手　我　我　我 我						
勿 말 **물**	ノ　勹　匀　勿 勿						
逆 거스릴 **역**	丶　丷　丷　芏　芏　斧　斧　逆　逆 逆						
勿 말 **물**	ノ　勹　匀　勿 勿						
怠 게으를 **태**	乚　厶　台　台　台　台　怠　怠　怠 怠						

※ 학부모들이나 지도하시는 분은 확인하여 주시기 바랍니다.

공부한 것 복습하기

016 欲 報 其 德 이면　昊 天 罔 極 이로다

하고자할 ◯　갚을 ◯　그 ◯　큰 ◯　　하늘 ◯　하늘 ◯　없을 ◯　다할 ◯

쓰기

欲					昊			
④	③	①	②		①	②	④	③

해석 (　　　　　　　　　　)　(　　　　　　　　　　)

017 晨 必 先 起 하여　必 盥 必 漱 하라

새벽 ◯　반드시 ◯　먼저 ◯　일어날 ◯　　반드시 ◯　씻을 ◯　반드시 ◯　양치질할 ◯

쓰기

①	②	③	④	①	②	③	④

해석 (　　　　　　　　　　)　(　　　　　　　　　　)

018 昏 定 晨 省 하고　冬 溫 夏 凊 하라

날저물 ◯　정할 ◯　새벽 ◯　살필 ◯　　겨울 ◯　따뜻할 ◯　여름 ◯　서늘할 ◯

쓰기

①	②	③	④	①	②	③	④

해석 (　　　　　　　　　　)　(　　　　　　　　　　)

019 父 母 呼 我 하시면　唯 而 趨 進 하고

아버지 ◯　어머니 ◯　부를 ◯　나 ◯　　대답할 ◯　말이을 ◯　달릴 ◯　나아갈 ◯

쓰기

①	②	④	③	①	②	③	④

해석 (　　　　　　　　　　)　(　　　　　　　　　　)

020 父 母 使 我 하시면　勿 逆 勿 怠 니라

아버지 ◯　어머니 ◯　부릴 ◯　나 ◯　　말 ◯　거스릴 ◯　말 ◯　게으를 ◯

쓰기

①	②	④	③	②	①	④	③

해석 (　　　　　　　　　　)　(　　　　　　　　　　)

▶ 반성 : 상 (5개 모두 외운다), 중(3~4개), 다시공부하기(1~2개)

125

마이동풍 馬耳東風

馬: 말 마, 耳: 귀 이, 東: 동녘 동, 風: 바람 풍

⊙ 의미(뜻) : 말의 귀에 동풍이 분다는 말로 남의 말을 귀담아 듣지 않고 흘러 버림을 비유하는 말
⊙ 출 전 : 이태백 집

'마이동풍'이란 성어는 마이(馬耳)는 말의 귀를 말하고 동풍(東風)은 동쪽에서 부는 바람을 말하는데, 남의 말을 귀담아 듣지 않고 무관심하게 흘러 버림을 뜻하고, 또한 다른 사람의 의견이나 충고 등을 받아들이지 않는 것을 말하는데, 우리 속담의 우이독경(牛耳讀經: 쇠귀에 경 읽기)과 같은 말이다. 말이나 소의 귀에 아무리 책을 읽어주어도 소용이 없듯이 남의 말을 귀담아 듣지 않을 때 쓰이는 말이다.

이 성어는 중국의 대시인 이백(李白)이 친구인 '왕거일'로부터 시 한수를 받자 이에 화답한 시에 '마이동풍'이라는 구절이 나온다. 이백은 세상 사람들이 시인들의 글을 알아주지 않는다고 울분을 터뜨리며 말하였다.

'우리는 북창(북쪽으로 낸 창)에 기대어 시를 읊거나 글을 지어 걸작이 나오고 그것이 만방에 미치는 걸작이라도 지금 세상에서는 그런 것이 한잔의 물만한 가치도 없다. 아니 그것뿐 만이 아니다. 동쪽바람(東風: 동풍)이 말의 귀(馬耳: 마이)를 스치는 정도 밖에 생각하지 않는다. 우리들 말, 우리들의 걸작에는 고개를 흔들어 귀를 기울이려고 하지 않는다. 그것은 동풍이 귀를 스치는 것과 같다.'고 비분(슬프고 분함)하고 슬퍼한 것이다.

'마이동풍'이란 당나라의 대시인 '이백'이 친구에게 보낸 시중에서 나온 말이라고 하는데, 우리들 일상생활에서 남의 말을 귀담아 듣지 않을 때 즉, 상대방을 무관심하게 대할 때 많이 쓰이는 용어이다.

백아절현 伯牙絶絃

伯: 맏 백, 牙: 어금니 아, 絶: 끊을 절, 絃: 악기줄 현

⊙ 의미(뜻) : 백아가 친구의 죽음을 슬퍼하며 거문고 줄을 끊어 버렸다는 뜻으로 서로 마음이 통하는 절친한 친구의 죽음을 이르는 말

⊙ 출 전 : 열자

'백아절현'이란 성어는 백아(伯牙)는 사람의 이름이고 절현(絶絃)은 악기 줄을 끊어버리는 것을 말하는데, 중국춘추시대에 거문고를 잘 타는 '백아'라는 사람이 있었고 그의 거문고 소리를 잘 들어주는 친구 '종자기'라는 사람이 있었다고 한다.

'백아'가 거문고 악기로 높은 산과 큰 강의 분위기를 연주하면 '종자기'는 그 마음을 알고 '그 소리는 하늘 높이 우뚝 솟은 태산을 보는 것 같군.' '그 소리는 넘칠 듯이 흘러가는 강물 같은 느낌이군.' 백아와 종자기는 이와 같이 마음이 통하는 친구였지만 '종자기'가 그만 병으로 죽고 말았다. 그러자 백아는 거문고의 줄을 끊고 다시는 거문고를 연주하지 않았다고 한다. 자기의 거문고 소리를 듣고 그 마음을 알아줄 사람이 없다고 생각했기 때문이었다.

이 이야기는 어떤 사회에서도 내가 하는 일 그 일을 지탱해 나가고 있는 내 기분을 이해하는 참된 친구를 갖는다는 것은 더 없는 행복이고, 그런 친구를 잃는 것은 불행이다. 사람들은 서로 마음이 통하는 친구의 죽음을 슬퍼할 때 '백아절현'이라고 말하고 있다.

진실로 백아와 종자기와 같은 우인지기(友人知己: 서로 마음이 통하는 친구를 말함)는 그리 많을 수 없다고 할 수 있다. 마음이 서로 통하는 친구는 오래오래 같이 살았으면 좋겠다.

원문과 **해석**되어 있는 내용을 소리 내어 읽고 외우기

021

행 行 물 勿 만 慢 보 步 하고   좌 坐 물 勿 의 倚 신 身 하라
① ④ ② ③   ① ④ ③ ②

걸어 갈 때는 거만하게 걷지 말고, 앉을 때는 몸을 기대지 말아라

확인란

● 글자 익히기 한자의 음과 뜻을 읽으면서 필순에 맞게 써 봅시다.

行 다닐 행	**필순**(쓰는 순서) ノ ク 彳 彳 行 行
勿 말 물	ノ 勹 勺 勿
慢 거만할 만	， ， ， ， ， ， ， ， ， ， ， ，
步 걸음 보	， ， ， ， ， ， 步
坐 앉을 좌	， ， ， ， ， ， 坐
勿 말 물	ノ 勹 勺 勿
倚 기댈 의	， ， ， ， ， ， ， ， 倚
身 몸 신	， ， ， ， ， 身 身

※ 학부모들이나 지도하시는 분은 확인하여 주시기 바랍니다.

128

022 구 口 물 勿 잡 雜 담 談 하고   수 手 물 勿 잡 雜 희 戲 하라
        ① ④ ② ③   ① ④ ② ③

입으로는 잡담을 하지 말고,   손으로는 손장난을 하지 말아라

확인란

● 글자 익히기 한자의 음과 뜻을 읽으면서 필순에 맞게 써 봅시다.

口 입 **구**	**필순**(쓰는 순서) ㅣ 冂 口
	口

勿 말 **물**	ノ 勹 勺 勿
	勿

雜 어수선할 **잡**	丶 亠 产 产 杂 杂 卆 卒 杂 枀 枀 枀 枀 雜 雜 雜
	雜

談 말씀 **담**	丶 亠 ニ 言 言 言 言 談 談 談 談 談 談
	談

手 손 **수**	ノ 二 三 手
	手

勿 말 **물**	ノ 勹 勺 勿
	勿

雜 어수선할 **잡**	丶 亠 产 产 杂 杂 卆 卒 杂 枀 枀 枀 枀 雜 雜 雜
	雜

戲 놀 **희**	ㅑ ㅑ 卢 卢 广 虍 虍 虗 虙 虛 虛 戱 戲 戲 戲
	戲

○ 참고 : 놀 희(戲)자는 '희롱할 희'자와 같음.

023

슬膝 전前 물勿 좌坐하고　친親 면面 물勿 앙仰하라
① ② ④ ③　① ② ④ ③

부모님 무릎 앞에 앉지 말고, 부모님 얼굴을 똑바로 쳐다보지 말아라

확인란

● 글자 익히기　한자의 음과 뜻을 읽으면서 필순에 맞게 써 봅시다.

膝 무릎 슬	필순(쓰는 순서)　月 月 肝 胪 胪 膝 膝						
	膝						
前 앞 전	` ソ ゞ ゛ 广 芀 前 前						
	前						
勿 말 물	′ 勹 勺 勿						
	勿						
坐 앉을 좌	′ ㅅ ㅆ ㅆ ㅄ ㅄ 坐						
	坐						
親 어버이(친할) 친	` ㅛ 辛 亲 新 親 親						
	親						
面 얼굴 면	ˉ ㄱ ㄲ 币 而 而 而 面 面						
	面						
勿 말 물	′ 勹 勺 勿						
	勿						
仰 우러를 앙	′ 亻 亻 仦 仰 仰						
	仰						

※ 학부모들이나 지도하시는 분은 확인하여 주시기 바랍니다.

024

수 須 물 勿 방 放 소 笑 하고   역 亦 물 勿 고 高 성 聲 하라
① ④ ② ③   ① ④ ② ③

모름지기 큰 소리로 웃지 말고,   또한 큰 소리로 말하지 말아라

확인란

● 글자 익히기   한자의 음과 뜻을 읽으면서 필순에 맞게 써 봅시다.

須 모름지기 **수**	필순(쓰는 순서) ノ 彡 彡 疒 須 須 須						
	須						
勿 말 **물**	ノ 勹 勺 勿						
	勿						
放 놓을(클) **방**	` 一 亠 方 方 方 放 放						
	放						
笑 웃을 **소**	ノ ト ホ 竹 竺 竺 竺 竺 笑 笑						
	笑						
亦 또 **역**	` 亠 亣 方 亦 亦						
	亦						
勿 말 **물**	ノ 勹 勺 勿						
	勿						
高 높을 **고**	` 亠 亠 古 古 声 高 高 高 高						
	高						
聲 소리 **성**	士 声 声 殸 殸 聲 聲						
	聲						

※ 학부모들이나 지도하시는 분은 확인하여 주시기 바랍니다.

025

시 **侍** 좌 **坐** 부 **父** 모 **母** 시면   물 **勿** 노 **怒** 책 **責** 인 **人** 하라
③   ④   ①   ②   ④   ①   ③   ②

부모님을 모시고 앉아 있을 때는, 화를 내어 다른 사람을 꾸짖지 마라

확인란

● 글자 익히기 한자의 음과 뜻을 읽으면서 필순에 맞게 써 봅시다.

侍 모실 **시**	필순(쓰는 순서) ノ イ 仁 仁 仕 仕 佳 侍 侍							
	侍							
坐 앉을 **좌**	ノ ㇒ ㇒ ㇒ 坐 坐 坐 坐							
	坐							
父 아비 **부**	ノ ハ グ 父							
	父							
母 어미 **모**	㇄ 口 母 母 母							
	母							
勿 말 **물**	ノ ㇆ 勺 勿							
	勿							
怒 성낼 **노**	㇄ 女 如 奴 奴 怒 怒							
	怒							
責 꾸짖을 **책**	一 ㇒ 主 青 青 責 責							
	責							
人 사람 **인**	ノ 人							
	人							

※ 학부모들이나 지도하시는 분은 확인하여 주시기 바랍니다.

공부한 것 복습하기

021 行 勿 慢 步하고　坐 勿 倚 身하라

다닐 ○　말 ○　거만할 ○　걸음 ○　　앉을 ○　말 ○　기댈 ○　몸 ○

쓰기　| 行 | | | | | 坐 | | | |

① ④ ② ③　　① ④ ③ ②

해석　(　　　　　　　　)　(　　　　　　　　)

022 口 勿 雜 談하고　手 勿 雜 戲하라

입 ○　말 ○　어수선할 ○　말씀 ○　　손 ○　말 ○　어수선할 ○　놀 ○

쓰기

① ④ ② ③　　① ④ ② ③

해석　(　　　　　　　　)　(　　　　　　　　)

023 膝 前 勿 坐하고　親 面 勿 仰하라

무릎 ○　앞 ○　말 ○　앉을 ○　　어버이 ○　얼굴 ○　말 ○　우러를 ○

쓰기

① ② ④ ③　　① ② ④ ③

해석　(　　　　　　　　)　(　　　　　　　　)

024 須 勿 放 笑하고　亦 勿 高 聲하라

모름지기 ○　말 ○　클 ○　웃을 ○　　또 ○　말 ○　높을 ○　소리 ○

쓰기

① ④ ② ③　　① ④ ② ③

해석　(　　　　　　　　)　(　　　　　　　　)

025 侍 坐 父 母시면　勿 怒 責 人하라

모실 ○　앉을 ○　아비 ○　어미 ○　　말 ○　성낼 ○　꾸짖을 ○　사람 ○

쓰기

③ ④ ① ②　　④ ① ③ ②

해석　(　　　　　　　　)　(　　　　　　　　)

▶반성 : 상 (5개 모두 외운다), 중(3~4개), 다시공부하기(1~2개)

모순 矛盾

矛: 창 모, 盾: 방패 순

⊙ 의미(뜻) : 창과 방패란 말로, 말이나 행동이 앞뒤가 서로 맞지 않는 것을 말한다.
⊙ 출　　전 : 한비자, 난일난세 편

'모순'이란 말은 모(矛)는 창을 말하고 순(盾)은 방패를 말하는데, 말이나 행동이 앞뒤가 맞지 않을 때 쓰이는 말이다.

옛날 중국 전국시대 때 어느 도시의 길가에서 창과 방패를 땅에 늘어놓고 파는 사나이가 있었다.

"자! 모두들 구경하시오. 내가 여기 내보이는 방패 이것은 언뜻 보기에는 보통 방패와 다름없으나 아무리 날카로운 창으로 찔러도 끄덕도 하지 않습니다.

적이 언제 공격해 올지 모르지 않소. 자! 어서 사시오." 이렇게 큰 소리를 친 사나이는 이번에는 곁에 두었던 창을 들고 더 큰소리로 "자! 여러분 이번에는 이 창을 보시라. 이창에 찔리면 제 아무리 튼튼한 방패라도 뚫리고 말지요. 이 창을 이겨낼 방패가 있다면 누구든지 가져와 보시오."

그러자 말없이 듣고 있던 한 노인이 입을 열었다. "과연 그대가 가지고 있는 창으로 그대의 방패를 찌르면 어느 쪽이 이기는 건가? 그 점을 다시 한번 말해보시오." 사나이는 말문이 막혀 버렸다. 말도 못하고 서있던 사나이는 급히 도구를 챙겨 가지고 슬금슬금 사람들 속으로 모습을 감추고 말았다고 한다. 그 뒷모습을 보고 여러 사람들이 웃고 있었다.

여기에서 나온 '모순'은 창과 방패란 말이지만 앞뒤가 서로 맞지 않을 때 또는 행동을 할 때 우리들이 많이 쓰는 말이다.

'자가당착' 자기모순과 같은 말이다.

미생지신 尾生之信

尾: 꼬리 미, 生: 날 생, 之: 갈 지, 信: 믿을 신

⊙ 의미(뜻) : 미생의 믿음이란 뜻으로 약속을 굳게 지킴을 비유하는 말. 또한 너무 고지식하여 융통성이 없어 하나만 알고 둘을 모르는 사람을 비유해서도 쓰이는 말이다.

⊙ 출 전 : 장자, 도척편

'미생지신'이란 말은 미생(尾生)은 사람의 이름이며 지신(之信)은 믿음이란 말로 미생의 믿음이란 말인데 중국 노나라에 미생(이름은 高: 고 라고도 함)이라는 아주 정직한 사람이 있었다. 남하고 약속을 하면 꼭 지키는 사람이었다. 그런데 어느 날 그 사나이가 애인과 만나기로 약속을 하였다.

'내일 밤 개울 다리 밑에서 만나요.'라는 약속에 1분도 늦지 않게 그는 약속장소로 나갔다. 그런데 여자는 그 시간에 그 장소에 나타나지 않았다. 미생이 그녀를 기다리고 있을 때 갑자기 장대비가 쏟아져 개울물이 순식간에 불어나기 시작했다. 물이 계속 불어나 몸을 가누기 힘든 지경이 되었으나 미생은 약속장소를 떠나지 않았다. 나중에는 물이 머리 위까지 올라와 다리를 끌어안은 채 물에 빠져죽고 말았다.

미생지신은 두 가지 의미로 사용된다.

하나는 약속을 어기지 않고 잘 지키는 좋은 사람을 비유하는 것이고,

다른 하나는 융통성이 없는 사람을 비유하는 말로 사용된다.

다리 옆에서 기다려도 될 것을 끝까지 다리 밑에서 다리를 붙잡고 물에 빠져 죽는 것은 잘못된 것이라는 말이다. 그러니까 죽으면서도 신의가 두터운 사나이라고 탄복하거나 정직도 이쯤되면 바보 같다고 비평하거나 그것은 여러분이 생각해 보기 바란다. 사람마다 다를 수가 있을 것이다.

'미생지신'이란 말은 두 가지 뜻을 가지고 있다.

하나는 약속을 잘 지키는 것이고,

또 하나는 융통성이 없이 하나만 알고 둘은 모르는 사람을 비유해서 쓰이는 말이다.

원문과 **해석**되어 있는 내용을 소리 내어 읽고 외우기

> **026**
>
> 의**衣** 복**服** 대**帶** 화**靴**를   물**勿** 실**失** 물**勿** 열**裂**하라
> ①   ②   ③   ④   ②   ①   ④   ③
>
> 의복(옷)과 허리띠와 신발을,   잃어버리지도 말고 찢지도 말아라

확인란

● 글자 익히기   한자의 음과 뜻을 읽으면서 필순에 맞게 써 봅시다.

衣 옷 **의**	**필순**(쓰는 순서) ` 一 ナ ナ 衣 衣 衣						
	衣						
服 옷 **복**	ノ 刀 月 月 䏍 肛 服 服						
	服						
帶 띠 **대**	一 丨 丨丨 川 川 卅 卅 带 帶 帶						
	帶						
靴 신발 **화**	一 丨 廿 廿 甘 昔 苴 革 革 革 靬 靴						
	靴						
勿 말 **물**	ノ 勹 勺 勿						
	勿						
失 잃을 **실**	ノ 丶 一 二 失 失						
	失						
勿 말 **물**	ノ 勹 勺 勿						
	勿						
裂 찢을 **열**	一 丆 歹 歹 列 列 列 裂 裂 裂 裂						
	裂						

※ 학부모들이나 지도하시는 분은 확인하여 주시기 바랍니다.

027

부 父 모 母 애 愛 지 之 시면   희 喜 이 而 불 不 망 忘 하고
① ② ④ ③   ① ② ④ ③

부모님께서 나를 사랑해 주시면,   기뻐하며 잊지 말고

확인란

● 글자 익히기 한자의 음과 뜻을 읽으면서 필순에 맞게 써 봅시다.

父 아비 **부**	필순(쓰는 순서) ⺈ ⺈ ⺈ 父						
	父						
母 어미 **모**	ㄴ ㄌ ㄖ 母 母						
	母						
愛 사랑 **애**	⺈ ⺈ 忌 忌 愛 愛 愛						
	愛						
之 어조사 **지**	⺈ ⺈ 之						
	之						
喜 기쁠 **희**	一 十 士 吉 吉 吉 吉 吉 壴 壴 喜 喜						
	喜						
而 말이을 **이**	一 ⺍ ⺈ 丙 而 而						
	而						
不 아니 **불**	一 ⺊ 不 不						
	不						
忘 잊을 **망**	⺈ ⺈ 亡 亡 忘 忘 忘						
	忘						

※ 학부모들이나 지도하시는 분은 확인하여 주시기 바랍니다.

137

원문과 **해석**되어 있는 내용을 소리 내어 읽고 외우기

028

부 父 모 母 책 責 지 之 시면 반 反 성 省 물 勿 원 怨 하라
① ② ④ ③ ① ② ④ ③

부모님께서 나를 꾸짖으시면, 반성하고 원망하지 말아라

확인란

글자 익히기 한자의 음과 뜻을 읽으면서 필순에 맞게 써 봅시다.

父 아비 **부**	**필순**(쓰는 순서) ノ ハ ク 父							
	父							
母 어미 **모**	L 𠂎 𠂎 毋 母							
	母							
責 꾸짖을 **책**	一 十 丰 青 青 青 責							
	責							
之 어조사 **지**	丶 亠 ㇇ 之							
	之							
反 돌이킬 **반**	一 厂 𠂆 反							
	反							
省 살필 **성**	丨 小 小 少 少 省 省 省 省							
	省							
勿 말 **물**	ノ 勹 勺 勿							
	勿							
怨 원망할 **원**	ノ ク 夕 夘 夗 怨 怨							
	怨							

※ 학부모들이나 지도하시는 분은 확인하여 주시기 바랍니다.

029

물 勿 등 登 고 高 수 樹 하라   부 父 모 母 우 憂 지 之 요
④ ③ ① ②   ① ② ④ ③

높은 나무에 올라가지 말아라,   부모님께서 걱정하신다.

확인란

● 글자 익히기   한자의 음과 뜻을 읽으면서 필순에 맞게 써 봅시다.

勿 말 **물**	**필순**(쓰는 순서) ノ 勹 勺 勿
	勿

登 오를 **등**	ﾌ ﾌ ﾌ ﾉﾈ 癶 癶 癶 吷 吷 吢 登
	登

高 높을 **고**	丶 ㇐ 亠 古 古 户 高 高 高 高
	高

樹 나무 **수**	㇐ ㇐ 木 木 朴 村 柿 柿 植 植 植 樹 樹
	樹

父 아비 **부**	㇉ ㇏ 八 父
	父

母 어미 **모**	㇄ 口 日 母 母
	母

憂 근심 **우**	㇐ ㇐ 丆 丙 百 百 百 直 直 惪 惪 惪 憂 憂 憂
	憂

之 어조사 **지**	丶 ㇊ 之
	之

※ 학부모들이나 지도하시는 분은 확인하여 주시기 바랍니다.

030

물 **勿** 영 **泳** 심 **深** 연 **淵** 하라　부 **父** 모 **母** 염 **念** 지 **之** 시니라
　④　　③　　①　　②　　　　①　　②　　④　　③

깊은 연못에서 헤엄치지 말아라,　　　부모님께서 염려하신다.

확인란

● 글자 익히기　한자의 음과 뜻을 읽으면서 필순에 맞게 써 봅시다.

勿 말 **물**	**필순**(쓰는 순서)　／　勹　勿　勿						
	勿						
泳 헤엄칠 **영**	`、、氵氵汀汾汾泳泳`						
	泳						
深 깊을 **심**	`、、氵氵氵宀氵氵深深深`						
	深						
淵 못 **연**	`、、氵氵汀汀汫淋淵淵淵`						
	淵						
父 아비 **부**	`ノ　八　グ　父`						
	父						
母 어미 **모**	`ㄴ　ㄅ　ㅂ　毋　母`						
	母						
念 생각할 **염**	`ノ　ㅅ　人　今　今　念　念　念`						
	念						
之 어조사 **지**	`、　ㅗ　冫　之`						
	之						

※ 학부모들이나 지도하시는 분은 확인하여 주시기 바랍니다.

공부한 것 복습하기

026 衣 服 帶 靴를 勿 失 勿 裂하라

옷◯ 옷◯ 띠◯ 신발◯ 말◯ 잃을◯ 말◯ 찢을◯

쓰기 | 衣 ① | ② | ③ | ④ ‖ 勿 ② | ① | ④ | ③

해석 ( ) ( )

---

027 父 母 愛 之시면 喜 而 不 忘하고

아비◯ 어미◯ 사랑◯ 어조사◯ 기쁠◯ 말이을◯ 아니◯ 잊을◯

쓰기 | ① | ② | ④ | ③ ‖ ① | ② | ④ | ③

해석 ( ) ( )

---

028 父 母 責 之시면 反 省 勿 怨하라

아비◯ 어미◯ 꾸짖을◯ 어조사◯ 돌이킬◯ 살필◯ 말◯ 원망할◯

쓰기 | ① | ② | ④ | ③ ‖ ① | ② | ③ | ④

해석 ( ) ( )

---

029 勿 登 高 樹하라 父 母 憂 之요

말◯ 오를◯ 높을◯ 나무◯ 아비◯ 어미◯ 근심◯ 어조사◯

쓰기 | ④ | ③ | ① | ② ‖ ① | ② | ④ | ③

해석 ( ) ( )

---

030 勿 泳 深 淵하라 父 母 念 之시니라

말◯ 헤엄칠◯ 깊을◯ 못◯ 아비◯ 어미◯ 생각할◯ 어조사◯

쓰기 | ④ | ③ | ① | ② ‖ ① | ② | ④ | ③

해석 ( ) ( )

▶반성 : 상 (5개 모두 외운다), 중(3~4개), 다시공부하기(1~2개)

배수지진 背水之陣

背: 등 배, 水: 물 수, 之:갈 지, 陣: 진칠 진

⊙ 의미(뜻) : 물을 등지고 진을 친다는 뜻으로 목숨을 걸고 어떤 일에 대처하는 경유를 비유해서 하는 말이다.
⊙ 출　전 : 사기, 회음후열전

'배수지진'이란 성어는 배수(背水)는 '물을 등지고'라는 말이며 지진(之陣)은 진을 친다는 말로 옛날에 전쟁을 할 때 병사들이 도망가지 못하도록 강물을 뒤에 두고 싸우도록 진을 치는 것을 '배수지진'이라고 한다.

때는 한고조(漢高祖)가 왕위에 오르기 2년 전(기원전 204년)의 일이다. 한신은 위나라를 쳐부순 다음 조(趙)나라로 쳐들어갔다. 그러자 조나라에서는 길목인 협도 출구 쪽에 방어선을 구축했다.

한신은 밤이 깊어지자 2천명의 기병을 조나라의 성채 바로 뒷산에 매복시키고 이렇게 명했다. "본대는 내일 싸움에서 거짓으로 도망간다. 그러면 조나라 군사가 추격하느라 성채를 비울 것이다. 그러면 그때 성채를 기습하여 점령하고 한나라 깃발을 세우도록 하라." 그리고 만여 명의 군사는 강을 등지고 진을 치게 했다.

날이 밝자 싸움이 벌어졌다. 조나라 군사는 성채를 나와 대응했다. 성채를 비운사이 기병대는 성채를 점령했으며 강물을 등지고 있는 한신의 군대는 후퇴 할래야 강물이 있어 후퇴할 수 없어 용감히 싸워 승리를 거뒀다고 한다.

싸움이 끝나자 장수들이 '배수진'을 친 이유를 묻자 "이번에 우리 군사는 급하게 보강된 군사들이 대부분이라 이들을 사지(死地: 살아나올 길이 없는 곳)에 두어야 살기 위해 필사적으로 싸우는 법이야. 그래서 강을 등지고 진을 친 것이라네."라고 한신이 말했다고 한다.

기우 杞憂

杞: ①산버들 기 ②갯버들 기 ③약이름 기 : 구기자 기 ④나라이름 기, **憂:**근심 우

⊙ 의미(뜻) : 쓸데없는 근심과 걱정을 비유하여 기우라고 한다.
⊙ 출   전 : 열자, 천서편

'기우'라고 하는 말은 기인지우(杞人之憂)의 준말로서 기인(杞人)이란 기나라 사람을 말하고, 지우(之憂)는 근심이란 뜻으로 쓸데없는 걱정이나 근심을 비유해서 하는 말인데, 기국(杞國)이란 중국 주나라시대에 있었던 작은 나라를 말하는데 그 나라에 어떤 사나이가 있었다.

그 사나이는 만약 천지(하늘과 땅)가 붕괴된다면 몸 둘 곳이 없어진다고 걱정하며 밤에도 잠도 못자고 밥도 목으로 넘기질 못하여 걱정만 하고 있었다. 그러자 사정을 딱하게 여긴 친구가 찾아와 이렇게 설명했다. "하늘은 공기가 쌓인 것 뿐으로 공기가 없는 곳이란 있을 수 없지. 하늘이 무너진다는 걱정은 할 필요가 없네."

"하늘이 정말 공기가 쌓인 곳이라면 해, 달, 별 같은 것이 떨어지지 않겠는가?"

"해와 달, 별 역시 공기 속에서 빛나고 있는 것으로 떨어진다고 해도 맞아서 다치는 일은 없네."

"왜 땅은 파괴되지 않지?"

"땅(대지)은 흙덩어리가 쌓인 것뿐이라네. 걱정하지 말게."

그러자 그 사나이는 속이 후련해져서 크게 기뻐했다고 한다.

열자는 이 소리를 듣고 웃으면서 말했다고 한다.

'천지(하늘과 땅)'가 파괴되지 않는다고 말하는 자도 역시 잘못이다. 우리로서는 알 수 없는 것이다. 파괴된다고 하는 자나 안 된다고 하는 자에게도 하나의 도리가 있다. 하늘과 땅이 파괴되느니 안 되느니 하는 것을 우리가 어떻게 마음에 넣어 생각하겠는가? 라고 열자가 말했다고 한다. '기우'라는 말은 우리들이 많이 쓰는 말로서 쓸데없는 걱정을 할 때 쓰는 말이다.

031

의衣 복服 수雖 악惡 이라도   여與 지之 필必 착著 하라
① ② ③ ④   ② ① ③ ④

의복(옷)이 비록 나쁘더라도, 이는 부모님이 주신 것이므로 반드시 입어라.

확인란

● **글자 익히기** 한자의 음과 뜻을 읽으면서 필순에 맞게 써 봅시다.

衣 옷 의	**필순**(쓰는 순서) ` 一 ナ 衣 衣 衣 衣						
服 옷 복	) 刀 月 月 肌 朋 服 服 服						
雖 비록 수	口 吕 吊 虽 虽 雖 雖 雖						
惡 악할 악	一 丆 댠 쯔 亞 惡 惡 惡						
與 줄 여	亅 ﾄ ﾄ 甶 甶 與 與 與						
之 어조사(갈) 지	` 丶 亠 之 之						
必 반드시 필	` ノ 必 必 必 必						
著 입을 착	` 十 艹 艹 艹 芏 芏 芋 莑 著 著 著 著						

○ 참고 : 著(나타날저, 또는 붙을 착)옆의 글자는 현대에 와서는 「속자」인 着(착)이 정자처럼 쓰이고
「나타날저」 자인 경우에만 著자를 쓰는 경향이라고 한다.

032

음 **飲** 식 **食** 수 **雖** 염 **厭** 이라도   여 **與** 지 **之** 필 **必** 식 **食** 하라
① ② ③ ④   ② ① ③ ④

음식이 비롯 먹기 싫어도,   부모님께서 주시면 반드시 먹어라

확인란

● 글자 익히기   한자의 음과 뜻을 읽으면서 필순에 맞게 써 봅시다.

飲 마실 **음**	**필순**(쓰는 순서) ノ ノ ㇉ ㇉ ㇉ 刍 刍 自 食 食 飮 飮 飮						
	飲						
食 밥 **식**	ノ 人 ㇏ 今 今 今 食 食 食						
	食						
雖 비록 **수**	口 吕 吊 虽 虽 雖 雖						
	雖						
厭 싫어할 **염**	一 厂 厍 厍 厭 厭 厭						
	厭						
與 줄 **여**	㇠ ㇟ 臼 臼 臼 臼 與 與						
	與						
之 어조사 **지**	㇏ ㇏ ㇋ 之						
	之						
必 반드시 **필**	㇏ ㇏ ㇀ 必 必 必						
	必						
食 먹을 **식**	ノ 人 ㇏ 今 今 今 食 食 食						
	食						

※ 학부모들이나 지도하시는 분은 확인하여 주시기 바랍니다.

원문과 **해석**되어 있는 내용을 소리 내어 읽고 외우기

033

부 父 모 母 무 無 의 衣 시면　물 勿 사 思 아 我 의 衣 하고
①　②　④　③　　④　③　①　②

부모님께서 입을 만한 옷이 없으면,　내가 입을 옷을 생각하지 말고

확인란

글자 익히기　한자의 음과 뜻을 읽으면서 필순에 맞게 써 봅시다.

한자	훈음	필순(쓰는 순서)	따라 쓰기
父	아비 **부**	㇒ 八 ⺈ 父	父
母	어미 **모**	㇄ 𠂉 毋 毋 母	母
無	없을 **무**	㇒ 𠂉 𠂉 ... 無	無
衣	옷 **의**	丶 亠 ナ 衣 衣 衣	衣
勿	말 **물**	㇒ 勹 勿 勿	勿
思	생각 **사**	丨 冂 冃 田 田 思 思 思 思	思
我	나 **아**	㇒ 二 于 手 我 我 我	我
衣	옷 **의**	丶 亠 ナ 衣 衣 衣	衣

※ 학부모들이나 지도하시는 분은 확인하여 주시기 바랍니다.

034

부 父 모 母 무 無 식 食 이시면 물 勿 사 思 아 我 식 食 이니라
① ② ④ ③ ④ ③ ① ②

부모님께서 드실 음식이 없으면, 내가 먹을 것을 생각하지 말아라

확인란

● 글자 익히기 한자의 음과 뜻을 읽으면서 필순에 맞게 써 봅시다.

父 아비 **부**	**필순**(쓰는 순서) ノ ハ グ 父
母 어미 **모**	し 口 口 母 母
無 없을 **무**	ノ ト ニ 乒 乒 無 無 無 無 無 無
食 음식 **식**	ノ 人 入 今 今 令 食 食 食
勿 말 **물**	ノ 勹 勹 勿
思 생각 **사**	し 口 曰 田 田 田 思 思 思
我 나 **아**	ノ 二 千 手 我 我 我
食 음식 **식**	ノ 人 入 今 今 令 食 食 食

※ 학부모들이나 지도하시는 분은 확인하여 주시기 바랍니다.

147

035

신 **身** 체 **體** 발 **髮** 부 **膚** 는 물 **勿** 훼 **毀** 물 **勿** 상 **傷** 하고
① ② ③ ④ ② ① ④ ③

내 신체와 머리털과 피부는, 훼손하지도 말고 상하게 하지 말아라

확인란

● 글자 익히기 한자의 음과 뜻을 읽으면서 필순에 맞게 써 봅시다.

身 몸 신	필순(쓰는 순서) ′ ′ ′ ′ ′ ′ ′ 身 身						
	身						
體 몸 체	′ 骨 骨 骨 體 體 體						
	體						
髮 머리 발	′ ′ ′ ′ ′ 髮 髮 髮						
	髮						
膚 살갗 부	′ 广 户 膚 膚 膚 膚						
	膚						
勿 말 물	′ ′ ′ 勿						
	勿						
毀 헐 훼	′ ′ ′ ′ ′ 毀 毀						
	毀						
勿 말 물	′ ′ ′ 勿						
	勿						
傷 상할 상	′ ′ ′ ′ ′ 傷 傷						
	傷						

※ 학부모들이나 지도하시는 분은 확인하여 주시기 바랍니다.

공부한 것 복습하기

031 衣 服 雖 惡 이라도　　與 之 必 著 하라

옷◯ 옷◯ 비록◯ 나쁠◯　　줄◯ 갈◯ 반드시◯ 입을◯

쓰기

衣			
①	②	③	④

與			
②	①	③	④

해석 (　　　　　　　　　　) 　　(　　　　　　　　　　)

032 飮 食 雖 厭 이라도　　與 之 必 食 하라

마실◯ 밥◯ 비록◯ 싫어할◯　　줄◯ 갈◯ 반드시◯ 먹을◯

쓰기

①	②	③	④

②	①	③	④

해석 (　　　　　　　　　　) 　　(　　　　　　　　　　)

033 父 母 無 衣 시면　　勿 思 我 衣 하고

아비◯ 어미◯ 없을◯ 옷◯　　말◯ 생각◯ 나◯ 옷◯

쓰기

①	②	④	③

④	③	①	②

해석 (　　　　　　　　　　) 　　(　　　　　　　　　　)

034 父 母 無 食 이시면　　勿 思 我 食 이니라

아비◯ 어미◯ 없을◯ 음식◯　　말◯ 생각◯ 나◯ 음식◯

쓰기

①	②	④	③

④	③	①	②

해석 (　　　　　　　　　　) 　　(　　　　　　　　　　)

035 身 體 髮 膚 는　　勿 毁 勿 傷 하고

몸◯ 몸◯ 머리◯ 살갗◯　　말◯ 헐◯ 말◯ 상할◯

쓰기

①	②	③	④

②	①	④	③

해석 (　　　　　　　　　　) 　　(　　　　　　　　　　)

▶반성 : 상 (5개 모두 외운다), 중(3~4개), 다시공부하기(1~2개)

백문불여일견 百聞不如一見

百: 일백 백, **聞**: 들을 문, **不**: 아니 불, **如**: 같을 여, **一**: 한 일, **見**: 볼 견

⊙ 의미(뜻) : 백번 듣는 것이 한번 보는 것만 못하다는 뜻으로 어떤 일이든 경험하는 것보다 좋은 것
    이 없다는 말
⊙ 출 전 : 한서, 조충국전

'백문불여일견'이란 성어는 '백문'은 백번 듣는다는 말이며 '불여일견'은 한번 보는 것만 못하다는 말로 어떤 일이든 경험하는 것이 듣는 것보다 좋다는 말이다.

이 말은 중국 전한(前漢)의 황제인 선제 때 서북쪽에 사는 유목민인 강족(羌族)이 반란을 일으켰다.

이 때 '선제'는 어사대부(벼슬이름) 병길(丙吉)을 후장군 조충국(趙充國)에게 보내어 누구를 토벌군의 대장으로 삼았으면 좋겠느냐고 물었다.

'조충국'은 이때 나이 70을 넘고 있었다.
그는 젊었을 때부터 즉, 선제 황제 앞의 임금인 '무제'때 이사장군 이광리(李廣利)의 휘하 장수로 흉노토벌에 나갔다가 전군이 포위되고 말았다.

이때 '조충국'은 군사 백여 명을 이끌고 돌진하여 몸에 20여 군데나 상처를 받으면서도 마침내 포위를 뚫고 전군을 구했다.

'무제'는 그 상처를 보고 놀라 거기 장군에 임명 했다. 이때부터 오랑캐 토벌 전에 선봉장이 되었던 것이다.

'병길'은 왕의 명을 받고 '조충국'에게 찾아가 말했다.

"강족을 토벌하는데 가장 적합한 사람이 누군지 장군에게 물어보라고 어명을 받고 왔습니다." 조충국은 대답했다.

"노신(老臣: 늙은 신하인 자기 자신을 말함)보다 더 훌륭한 자는 없습니다."
'병길'이 '선제'에게 보고하자 조충국은 선제에게 불려나가 다시 질문을 받았다.

"장군이 강족을 친다면 어떤 계략을 쓸 것이며 또 어느 정도의 군대가 필요한가?"
조충국이 대답했다.

"폐하 백번 듣는 것보다 한번 보는 것이 더 잘 알 수 있습니다. 즉, 백문이 불여일견입니다. 군사란 실제 상황을 보지 않고 멀리서는 계획하기 어렵기 때문에 저를 금성군으로 보내주시면 도면을 그려 방책을 올리겠습니다."

그리하여 다시 자기에게 일임해주기를 청했다.
'선제'는 웃으면서 허락하자 '조충국'은 금성에 도착한 후 자세하게 그 정세를 조사한 다음 둔전병(屯田兵)을 두는 것이 제일 좋은 상책이라고 보고했다.

둔전병이란 군대가 어느 지방에 머물러 있으면서 군인들이 먹는 식량(군량)을 자급자족하기 위해 마련한 밭을 가꾸는 군사를 말한다.

그리하여 기병(말을 타고 싸우는 군사)은 철수시키고 보병 일만여 명을 남겨 평시에는 밭을 경작하고 유사시는 나라를 지키는 '둔전병'이 채택되어 '조충국'은 거의 일년 동안 그곳에 머물며 마침내 강족의 반란을 진정시켰다고 한다.

'백문이 불여일견' 또는 '백문불여일견'이라는 말은 '조충국'이 선제 임금에게 한 말이라고 하는데 아마도 민간의 속담이 아니었던가한다.

백번 듣는 것보다 한번 보는 것이 더 낫다는 백문이 불여일견이라는 말은 우리 일상생활에서 많이 쓰이고 있는 말이다.

036

시侍 좌坐 친親 전前이어든   물勿 거踞 물勿 와臥하라
③ ④ ① ②   ② ① ④ ③

부모님 앞에 앉아 있을 때는,   걸터 앉거나 눕지 말아라

확인란

● 글자 익히기 한자의 음과 뜻을 읽으면서 필순에 맞게 써 봅시다.

侍 모실 시	필순(쓰는 순서) ノ イ 亻 忄 侁 侍 侍 侍 侍						
坐 앉을 좌	ノ 人 亻 从 业 坐 坐 坐						
親 어버이 친	` 亠 立 ㅛ 立 辛 亲 亲 新 新 新 親 親 親 親						
前 앞 전	` ` ` ` ` ` ` ` 前 前 前						
勿 말 물	ノ 勺 勺 勿 勿						
踞 걸터앉을 거	` 口 口 口 尸 尸 足 趴 趴 趴 跙 跙 踞 踞 踞 踞						
勿 말 물	ノ 勺 勺 勿 勿						
臥 누을 와	一 チ 于 于 臣 臤 臥 臥						

※ 학부모들이나 지도하시는 분은 확인하여 주시기 바랍니다.

037

헌獻 물物 부父 모母에는   궤跪 이而 진進 지之 하고
④   ③   ①   ②   ①   ②   ④   ③

부모님께 물건을 드릴 때는, 무릎을 꿇고 두 손으로 드려야 합니다.

확인란

● 글자 익히기 한자의 음과 뜻을 읽으면서 필순에 맞게 써 봅시다.

獻 드릴 헌	丨 ㅏ ㅏ 广 庐 庐 虍 虍 虍 虍 虍 虍 虍 虍 虍 - 獻 獻 獻
物 물건 물	丿 ㅜ ㅓ 牛 牛 牜 物 物 物
父 아비 부	丿 丷 ハ 父
母 어미 모	乚 口 母 母 母
跪 꿇어앉을 궤	丶 ㄇ ㅁ 口 口 足 足 足 距 距 距 跪
而 말이을 이	一 丆 ㅠ 丙 而 而
進 나아갈 진	丿 亻 个 个 个 隹 隹 隹 隹 進 進
之 어조사(갈) 지	丶 丷 ヶ 之

※ 학부모들이나 지도하시는 분은 확인하여 주시기 바랍니다.

153

원문과 **해석**되어 있는 내용을 소리 내어 읽고 외우기

038

여 與 아 我 음 飮 식 食 이시면   궤 跪 이 而 수 受 지 之 니라
　④　　①　　②　　③　　　　①　　②　　④　　③

나에게 음식을 주시면,　　　　무릎을 꿇고 앉아서 받아라

확인란

● 글자 익히기 한자의 음과 뜻을 읽으면서 필순에 맞게 써 봅시다.

與 더불(줄) 여	필순(쓰는 순서) ノ ヒ ヒ 臼 臼 臼 與 與 與						
我 나 아	ノ 二 千 手 扎 我 我 我						
飮 마실 음	ノ ノ ケ ケ 今 今 貪 食 食 飮 飮 飮 飮						
食 밥 식	ノ 人 人 今 今 今 食 食 食 食						
跪 꿇어앉을 궤	` 口 口 ワ ワ 足 迟 迟 距 距 跭 跪 跪						
而 말이을 이	一 丆 丆 丙 而 而 而						
受 받을 수	` ` ` ` ` ` 또 또 严 受 受 受						
之 어조사 지	` 一 ラ 之 之						

※ 학부모들이나 지도하시는 분은 확인하여 주시기 바랍니다.

039

기 器 유 有 음 飮 식 食 에   불 不 여 與 물 勿 식 食 하고
① ④ ② ③   ② ① ④ ③

그릇에 음식이 있어도,   주지 않으면 먹지를 말아라

확인란

● 글자 익히기 한자의 음과 뜻을 읽으면서 필순에 맞게 써 봅시다.

器 그릇 기	**필순**(쓰는 순서) 口 吅 吅 哭 哭 器 器							
	器							
有 있을 유	一 ナ ナ 冇 有 有							
	有							
飮 마실 음	丿 𠂉 𠂉 𠂦 𠂦 𠂦 𠂦 𠂦 𠂦 飮 飮 飮							
	飮							
食 밥 식	丿 人 人 今 今 今 食 食 食							
	食							
不 아니 불	一 丁 丆 不							
	不							
與 더불어(줄) 여								
	與							
勿 말 물	丿 勹 勺 勿							
	勿							
食 먹을 식	丿 人 人 今 今 今 食 食 食							
	食							

※ 학부모들이나 지도하시는 분은 확인하여 주시기 바랍니다.

원문과 **해석**되어 있는 내용을 소리 내어 읽고 외우기

040

약 若 득 得 미 美 미 味 면   귀 歸 헌 獻 부 父 모 母 하라
① ④ ② ③   ① ④ ② ③

만약 맛있는 음식을 얻으면,   집에 들어가 부모님께 드려라

확인란

● 글자 익히기 한자의 음과 뜻을 읽으면서 필순에 맞게 써 봅시다.

若 만약 **약**	필순(쓰는 순서) 十 艹 艹 芊 芊 若 若					
	若					
得 얻을 **득**	´ ㇑ 彳 彳 彳 彵 彵 彴 徂 得 得					
	得					
美 아름다울 **미**	丷 艹 半 兰 美 美					
	美					
味 맛 **미**	丨 冂 口 口 叮 叮 味 味					
	味					
歸 돌아갈 **귀**	亻 𠂤 𠂤 𠂤 歸 歸 歸					
	歸					
獻 드릴 **현**	亠 广 虍 虘 虘 膚 獻					
	獻					
父 아비 **부**	´ 丷 夕 父					
	父					
母 어미 **모**	㇕ 𠃌 母 母 母					
	母					

※ 학부모들이나 지도하시는 분은 확인하여 주시기 바랍니다.

공부한 것 복습하기

036 侍 坐 親 前에는 勿 踞 勿 臥하라

모실 ◯ 앉을 ◯ 어버이 ◯ 앞 ◯　　말 ◯ 걸터 앉을 ◯ 말 ◯ 누을 ◯

쓰기 | 侍 | | | | | 勿 | | | |

① ② ③ ④　　② ① ③ ④

해석 (　　　　　　　) (　　　　　　　)

037 獻 物 父 母에는 跪 而 進 之하고

드릴 ◯ 물건 ◯ 아비 ◯ 어미 ◯　　꿇어앉을 ◯ 말이을 ◯ 나갈 ◯ 갈 ◯

쓰기 | | | | | | | | | |

④ ③ ① ②　　① ② ④ ③

해석 (　　　　　　　) (　　　　　　　)

038 與 我 飮 食이시면 跪 而 受 之니라

줄 ◯ 나 ◯ 마실 ◯ 밥 ◯　　꿇어앉을 ◯ 말이을 ◯ 받을 ◯ 갈 ◯

쓰기 | | | | | | | | | |

④ ① ② ③　　① ② ④ ③

해석 (　　　　　　　) (　　　　　　　)

039 器 有 飮 食에 不 與 勿 食하고

그릇 ◯ 있을 ◯ 마실 ◯ 밥 ◯　　아니 ◯ 줄 ◯ 말 ◯ 먹을 ◯

쓰기 | | | | | | | | | |

① ④ ② ③　　② ① ④ ③

해석 (　　　　　　　) (　　　　　　　)

040 若 得 美 味면 歸 獻 父 母하라

만약 ◯ 얻을 ◯ 아름다울 ◯ 맛 ◯　　돌아갈 ◯ 드릴 ◯ 아비 ◯ 어미 ◯

쓰기 | | | | | | | | | |

① ④ ② ③　　① ④ ② ③

해석 (　　　　　　　) (　　　　　　　)

▶반성 : 상 (5개 모두 외운다), 중(3~4개), 다시공부하기(1~2개)

백미 白眉

白: 흰 백, 眉: 눈썹 미

⊙ 의미(뜻) : 하얀 눈썹. 여럿 중에서 가장 뛰어난 사람이나 물건을 가리키는 말
⊙ 출 전 : 삼국지, 촉지마량전

'하얀 눈썹'을 '백미'라고 말하는데 그 뜻은 여럿 중에서 가장 뛰어난 사람이나 물건을 가르키는 말로 쓰이고 때로는 예술 작품 중에서 뛰어난 것을 지칭할 때도 쓰이는 말이다.

중국의 삼국시대 즉, 위(魏)나라, 오(吳), 촉(蜀)의 삼국이 정립하여 패를 다투고 있던 시절에 촉나라에는 마량(馬良)이라는 이름난 참모가 있었다.
마량은 호북성 출신으로 유비가 촉한을 세워 즉위하자 시중(벼슬이름)에 임명되었다.

그는 제갈량과 친구로 지냈는데 덕성과 지혜가 탁월한 사람이었다. 마량은 다섯 형제인데 장남으로 태어날 때부터 눈썹에 하얀 털이 섞여 있었다. 그래서 고향 사람들은 그에게 백미(白眉)라는 별명을 붙였다.

그런데 오형제가 다 영리하고 학문도 잘해서 모두 뛰어났지만 그 중에서도 '백미'가 가장 뛰어 났다며 마량을 칭찬했다.

이때부터 백미라는 말은 비슷한 여럿 중에서 가장 뛰어난 사람이나 물건을 가리키는 말로 사용되고 있다.

그러니까 백미라는 말은 양 눈썹사이에 흰털이 난 마량의 별명이 고사성어가 된 것이라고 할 수 있다.

천고마비 天高馬肥

天: 하늘 천, **高**: 높을 고, **馬**: 말 마, **肥** : 살찔 비

⊙ 의미(뜻) : 가을 하늘은 맑게 개어 높고 말은 살찐다는 뜻으로 가을이 좋은 시절임을 이르는 말
⊙ 출   전 : 당의 두심언의 오언배율

천고마비라고 하는 성어는 천고(天高)는 하늘은 높다는 말이며 마비(馬肥)는 말이 살찐다는 말이다. 즉, 하늘은 높고 말은 살찐다는 뜻으로 가을이 좋은 계절임을 나타낼 때 흔히 쓰는 말이나 원래는 옛날에 중국에서는 이 좋은 계절인 가을만 되면 흉노족이 침입하여 물건을 약탈해 갔으므로 흉노족의 침입을 경계하고자 나온 말이라고 한다.

옛날의 중국은 가끔 '흉노'라는 북방 민족이 변경을 침범하고 혹은 본토까지 침략해 왔으므로 역대 왕조는 이를 막기 위해 언제나 골치를 썩이고 있었다. 이 흉노는 몽고민족 혹은 터어키 족의 일파로 은나라 초(기원전 B.C 1700년)에 일어나 주(周)나라 진(秦), 한(漢)의 세 왕조를 거쳐 육조(六朝)에 이르기까지 약 이천년 동안 변경의 농경지대를 끊임없이 침략했던 유목민족이었다.

흉노는 말을 잘 타고 말위에서 화살도 잘 쏴 바람같이 사라지는 것이 그 전술이었다. 그래서 중국의 군주들은 북방변경에 성벽을 쌓았고 천하를 통일한 진시황제는 만리장성을 쌓아 오늘날까지 전한다. 그럼에도 불구하고 흉노의 침략은 멈추지 않았다.

흉노족은 긴 겨울을 살아야 할 식량이 필요했다. 그러브로 가을이 되면 언제 습격해 올지 모른다. 그래서 천고마비의 계절인 가을만 되면 중국의 북방에 사는 사람들은 언제 흉노족이 침략해 올지 몰라 두려워서 조심했다고 한다.

그래서 '천고마비'라는 말은 가을이 되고 식욕이 왕성해져 살이 찐다는 뜻이 강한듯하나 원래는 흉노족의 침입을 경계하고자 하는 데에서 나온 말이라고 한다.

041

물勿 여與 인人 투鬪하라   부父 모母 불不 안安이시니라
④   ②   ①   ③   ①   ②   ③   ④

다른 사람들과 다투지 말아라,   부모님께서 불안해 하신다

확인란

● 글자 익히기 한자의 음과 뜻을 읽으면서 필순에 맞게 써 봅시다.

勿 말 물	필순(쓰는 순서) ノ ク ク 勿							
	勿							
與 더불 여	⺮ ⺮ 自 自 自 與 與							
	與							
人 사람 인	ノ 人							
	人							
鬪 싸울 투	⺊ ⺊ ⺊ ⺊ ⺊ 鬥 鬪 鬪 鬪 鬪							
	鬪							
父 아비 부	ノ ハ グ 父							
	父							
母 어미 모	ㄴ 口 母 母 母							
	母							
不 아니 불	一 ア 不 不							
	不							
安 편안 안	丶 丷 宀 宀 安 安							
	安							

※ 학부모들이나 지도하시는 분은 확인하여 주시기 바랍니다.

042

실室 당堂 유有 진塵이면   상常 필必 쇄灑 소掃하라
① ② ④ ③   ① ③ ② ④

집안에 티끌이 있으면,   항상 물 뿌리고 청소하라

확인란

● 글자 익히기   한자의 음과 뜻을 읽으면서 필순에 맞게 써 봅시다.

室 집 실	필순(쓰는 순서) 丶 丶 宀 宀 宁 宀 室 室						
	室						

堂 집 당	丨 丷 丷 严 严 堂 堂						
	堂						

有 있을 유	一 ナ 才 冇 有 有						
	有						

塵 티끌 진	丶 广 庐 庐 鹿 鹿 塵						
	塵						

常 항상 상	丨 丷 丷 尚 尚 常 常						
	常						

必 반드시 필	丶 丿 必 必 必						
	必						

灑 물뿌릴 쇄	丶 丶 氵 氵 氵 沪 沪 灑 灑 灑 灑 灑 灑 灑 灑 灑 灑 灑 灑						
	灑						

掃 쓸 소	一 扌 扌 扌 扣 掃 掃						
	掃						

※ 학부모들이나 지도하시는 분은 확인하여 주시기 바랍니다.

043

사 事 필 必 품 稟 행 行 하고   무 無 감 敢 자 自 전 專 하라
① ③ ④ ②   ④ ① ② ③

일을 할 때는 반드시 부모님께 여쭙고, 감히 자기 멋대로 하지 말아라

확인란

● 글자 익히기 한자의 음과 뜻을 읽으면서 필순에 맞게 써 봅시다.

事 일 사	필순(쓰는 순서) 一 丆 戸 自 写 写 写 事							
	事							
必 반드시 필	丶 ソ 必 必 必							
	必							
稟 아뢸 품	丶 亠 广 亠 向 向 向 向 亩 亩 稟							
	稟							
行 행할 행	丿 彳 彳 彳 彳 行							
	行							
無 없을 무	丿 一 上 上 午 午 無 無 無 無 無							
	無							
敢 감히 감	丁 干 干 王 耳 耴 敢							
	敢							
自 스스로 자	丿 自 自 自 自 自							
	自							
專 오로지 전	一 丆 勹 勹 甲 甫 車 重 重 專 專							
	專							

※ 학부모들이나 지도하시는 분은 확인하여 주시기 바랍니다.

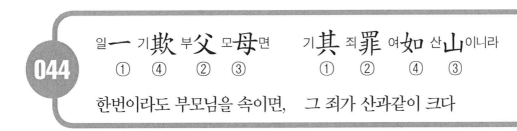

044

일一 기欺 부父 모母면   기其 죄罪 여如 산山이니라
① ④ ② ③   ① ② ④ ③

한번이라도 부모님을 속이면,   그 죄가 산과같이 크다

확인란

● 글자 익히기   한자의 음과 뜻을 읽으면서 필순에 맞게 써 봅시다.

一 한 **일**	**필순**(쓰는 순서) 一 一							
欺 속일 **기**	丨 十 卄 廿 甘 甚 其 其 其 欺 欺 欺 欺							
父 아비 **부**	丿 ハ ク 父 父							
母 어미 **모**	乚 凵 母 母 母 母							
其 그 **기**	丨 丨丨 卄 廿 甘 其 其 其 其							
罪 허물 **죄**	丶 冂 罒 罒 罒 严 罪 罪 罪 罪 罪 罪 罪							
如 같을 **여**	く タ 女 如 如 如 如							
山 뫼 **산**	丨 凵 山 山							

※ 학부모들이나 지도하시는 분은 확인하여 주시기 바랍니다.

045 설雪 리裏 구求 순筍은   맹孟 종宗 지之 효孝요
① ② ④ ③   ① ② ③ ④

눈 속에서 죽순을 구하는 것은,   맹종의 효도요

확인란

● 글자 익히기 한자의 음과 뜻을 읽으면서 필순에 맞게 써 봅시다.

雪 눈 설	필순(쓰는 순서) 一 一 一 一 一 一 一 一 一 雪 雪 雪						
	雪						
裏 속 리	` 一 广 古 声 声 审 軍 軍 裏 裏 裏 裏						
	裏						
求 구할 구	一 十 十 寸 求 求 求						
	求						
筍 죽순 순	´ ′ ″ ″ ″ ″ 竹 竹 竹 笞 笞 筍 筍 筍						
	筍						
孟 맏 맹	¬ 了 子 子 舌 舌 孟						
	孟						
宗 마루 종	` ` 宀 宀 宀 宇 宗 宗						
	宗						
之 어조사 지	` 一 ラ 之						
	之						
孝 효도 효	一 十 土 耂 老 孝 孝						
	孝						

※ 학부모들이나 지도하시는 분은 확인하여 주시기 바랍니다.

공부한 것 복습하기

041 勿 與 人 鬪하라　父 母 不 安이시니라

말 ◯ 더불 ◯ 사람 ◯ 싸울 ◯　아비 ◯ 어미 ◯ 아니 ◯ 편안 ◯

쓰기	勿					父			
④	②	①	③		①	②	③	④

해석 (　　　　　　　　　　)　(　　　　　　　　　　　)

042 室 堂 有 塵이면　常 必 灑 掃하라

집 ◯ 집 ◯ 있을 ◯ 티끌 ◯　항상 ◯ 반드시 ◯ 물뿌릴 ◯ 쓸 ◯

쓰기 | | | | | | | | | |
|---|---|---|---|---|---|---|---|---|
| ① | ② | ④ | ③ | | ① | ③ | ② | ④ |

해석 (　　　　　　　　　　)　(　　　　　　　　　　　)

043 事 必 稟 行하고　無 敢 自 專하라

일 ◯ 반드시 ◯ 아뢸 ◯ 행할 ◯　없을 ◯ 감히 ◯ 스스로 ◯ 오로지 ◯

쓰기 | | | | | | | | | |
|---|---|---|---|---|---|---|---|---|
| ① | ④ | ③ | ② | | ④ | ① | ② | ③ |

해석 (　　　　　　　　　　)　(　　　　　　　　　　　)

044 一 欺 父 母면　其 罪 如 山이니라

한 ◯ 속일 ◯ 아비 ◯ 어미 ◯　그 ◯ 허물 ◯ 같을 ◯ 뫼 ◯

쓰기 | | | | | | | | | |
|---|---|---|---|---|---|---|---|---|
| ① | ④ | ② | ③ | | ① | ② | ④ | ③ |

해석 (　　　　　　　　　　)　(　　　　　　　　　　　)

045 雪 裏 求 筍은　孟 宗 之 孝요

눈 ◯ 속 ◯ 구할 ◯ 죽 ◯　맏 ◯ 마루 ◯ 갈 ◯ 효도 ◯

쓰기 | | | | | | | | | |
|---|---|---|---|---|---|---|---|---|
| ① | ② | ④ | ③ | | ① | ② | ③ | ④ |

해석 (　　　　　　　　　　)　(　　　　　　　　　　　)

▸반성 : 상 (5개 모두 외운다), 중(3~4개), 다시공부하기(1~2개)

분서갱유 焚書坑儒

焚: 불사를 분, 書: 글 서, 坑: 묻을 갱, 儒: 선비 유

⊙ 의미(뜻) : 책을 불사르고 선비들은 산채로 구덩이에 파묻는다는 말로 중국 진나라 진시황의 가혹한 법과 정치를 이르는 말
⊙ 출　전 : 사기, 진시황 본기

중국의 진(秦)나라 진시황 때(기원전 B.C 213년)에 있었던 일이라고 한다. 주(周)나라의 봉건제도를 폐지하고 중앙집권의 군현제도를 실시했다. 어느 날 황제가 잔치를 베푸는 자리에서 군현제도를 찬양하는 '주정신'과 봉건제도의 부활을 주장하는 '순우월'이 시황 앞에서 대립된 의견을 놓고 말다툼을 했다.

시황은 신하들에게 이 문제를 토의하게 했다. 이때 군현제도를 제안했던 이사(李斯)가 말했다. '봉건시대에는 제후들 사이에 전쟁이 끊이지 않아 혼란했지만 지금은 통일이 되어 안정 되었으며 법령도 한곳에서 나오고 있습니다.

그러나 과거의 책으로 공부한 사람들 가운데 책에 나온 것만을 옳게 여기고 정부를 비난하는 선비들이 있습니다. 이번기회에 백성들에게 꼭 필요한 의약, 농업에 관한 책, 점치는 책, 진나라 역사책, 이외에는 모두 불태워버리는 것이 좋을 듯합니다.' 진시황은 이 말을 받아 들여 책들을 불태웠는데 이것을 가리켜 분서(焚書)라고 한다.

진시황은 불로장생의 신선술을 가진 방사(方士)들을 불러 모았다.
그 가운데 '후생'과 '노생'을 우대하였는데 그들은 시황의 처사에 불안을 느꼈던지 시황을 비난하고 자취를 감춰버렸다. 한편 관리로부터 진시황을 비방하는 선비들을 잡아 들였다는 보고가 들어왔다. 진시황은 그들을 모두 산채로 구덩이에 파묻었는데 이 일을 갱유(坑儒)라고 한다.

분서갱유는 책을 불사르고 선비들을 생매장(즉, 산채로 구덩이에 파묻는 말)한 진시황의 가혹한 법과 정치를 비유해서 쓰는 말이다.

쉬어가기 고사성어를 읽고 그 뜻을 생각하여 봅시다

사족 蛇足

蛇: 뱀 사, 足: 발 족

⊙ 의미(뜻) : 뱀의 발이란 뜻으로 하지 않아도 될 쓸데없는 일을 하다가 실패함. 공연스레 필요이상의 일을 하는 것을 비유해서 하는 말이다.

⊙ 출 전 : 사기, 초세가

'사족'이란 뱀의 발을 말하는데, 뱀은 발이 없는 동물인데 이 말은 중국 초나라 희왕 때 영윤(그 당시 최고의 벼슬이름)인 '소양'이 위나라를 격파하고 제나라를 공격하려고 했다. 제나라 민왕은 진진(陣軫)에게 어떻게 하면 좋을지 의논을 했다.

그러자 진진은 "제가 소양을 만나 싸움을 중지하도록 하겠습니다."

진진은 곧 초군으로 달려가 '소양'과 회견하며 말했다. "초나라에서는 적군을 격파하여 공을 세운 자에게는 어떤 상을 내리십니까?"

"상주국에 임명합니까?" "그보다 더위인 고관이 있습니까?"

"영윤입니다." "지금 당신은 영윤입니다. 예를 하나 들어보죠."

'어떤 사람이 하인들에게 큰 술 한잔을 내 놓으면서 나누어 마시라고 했는데 하인들이 제 각기 말했습니다. 여러 사람이 이것을 마시면 마음껏 마실 수가 없다.

땅에 뱀을 제일 먼저 그린 자가 혼자서 마시기로 하자. 그래서 각자 땅바닥에 뱀을 그리기 시작했다. 얼마 지나지 않아 한 하인이 술잔을 잡고 말했다. "이 술은 내가 마시겠네. 난 시간이 남아 다리도 그렸다네." 이때 옆에 있던 하인이 재빠르게 술잔을 빼앗아 단숨에 마셔버렸다.

"이 사람아 발 달린 뱀이 세상에 어디 있단 말인가?" 가장 먼저 뱀을 그린 사람은 쓸데 없는 짓을 했다고 후회했지만 소용이 없었다고 합니다.'

이미 당신은 초나라의 최고 벼슬인 '영윤'입니다. 싸움을 해보았자 디 올라갈 자리가 없습니다.

만일 잘못되면 어떻게 될지 생각해 보십시오. 마침내 소양은 군사를 거두고 그 곳을 떠났다고 합니다.

'사족'공연스레 필요이상의 일을 하는 것을 비유해서 하는 말이다.

046

부剖 빙氷 득得 리鯉는　　왕王 상祥 지之 효孝라
② ① ④ ③　　　① ② ③ ④

얼음을 깨고 잉어를 잡는 것은,　　왕상의 효도다

확인란

● 글자 익히기　한자의 음과 뜻을 읽으면서 필순에 맞게 써 봅시다.

剖 가를 **부**	**필순**(쓰는 순서)　丶 亠 亠 立 产 咅 咅 咅 剖							
	剖							
氷 얼음 **빙**	丿 丬 氺 氷							
	氷							
得 얻을 **득**	丿 夕 彳 彳 彳 彳 彳 彳 得 得							
	得							
鯉 잉어 **리**	丿 勹 夕 夕 夕 角 角 角 魚 魚 魚 魚 魚 鮣 鮣 鮣 鯉 鯉 鯉							
	鯉							
王 임금 **왕**	一 丁 干 王							
	王							
祥 상서로울 **상**	丶 ラ 礻 礻 礻 礻 衤 衤 衤 祥							
	祥							
之 어조사 **지**	丶 亠 宀 之							
	之							
孝 효도 **효**	一 十 土 耂 耂 孝 孝							
	孝							

※ 학부모들이나 지도하시는 분은 확인하여 주시기 바랍니다.

047

아我 신身 능能 현賢이면   예譽 급及 부父 모母하고
① ② ④ ③   ① ④ ② ③

내 몸이 어질어지면,   명예가 부모님께 미치고

확인란

● 글자 익히기 한자의 음과 뜻을 읽으면서 필순에 맞게 써 봅시다.

我 나 아	필순(쓰는 순서) ' 一 千 手 扎 我 我							
	我							

身 몸 신	' ' 亻 竹 自 自 身 身							
	身							

能 능할 능	' ' 台 自 自 能 能							
	能							

賢 어질 현	' 厂 厂 戸 戸 臣 臤 臤 臤 臤 賢 賢 賢 賢 賢							
	賢							

譽 명예 예	' 臼 臼 闸 與 與 譽							
	譽							

及 미칠 급	ノ 乃 乃 及							
	及							

父 아비 부	' ' ハ ハ 父							
	父							

母 어미 모	ㄴ �凵 口 母 母 母							
	母							

※ 학부모들이나 지도하시는 분은 확인하여 주시기 바랍니다.

048

아 我 신 身 불 不 현 賢 이면　　욕 辱 급 及 부 父 모 母 니라
　① 　② 　④ 　③ 　　　　① 　④ 　② 　③

내 몸이 어질지 못하면,　　　욕됨이 부모님께 미친다.

확인란

● 글자 익히기　한자의 음과 뜻을 읽으면서 필순에 맞게 써 봅시다.

我 나 아	필순(쓰는 순서) 　´　一　二　千　手　我　我　我
	我

身 몸 신	´　亻　竹　自　自　身　身
	身

不 아니 불	一　ブ　不　不
	不

賢 어질 현	一　丌　丌　臣　臣　臣　臤　臤　臤　腎　腎　腎　賢　賢
	賢

辱 욕될 욕	一　厂　戸　厇　辰　辱　辱
	辱

及 미칠 급	ノ　ア　乃　及
	及

父 아비 부	´　ハ　グ　父
	父

母 어미 모	乚　口　口　母　母
	母

※ 학부모들이나 지도하시는 분은 확인하여 주시기 바랍니다.

049

추追 원遠 보報 본本하여　제祭 사祀 필必 성誠하라
② ① ④ ③　① ② ③ ④

조상을 추모하고 근본에 보답하여, 제사를 반드시 정성스럽게 지내라

확인란

● 글자 익히기　한자의 음과 뜻을 읽으면서 필순에 맞게 써 봅시다.

追 쫓을 **추**	필순(쓰는 순서) ´ ㇇ ㇆ ㇆ ㇆ 自 自 追 追				
	追				
遠 멀 **원**	一 十 土 士 吉 吉 声 声 声 袁 袁 遠 遠				
	遠				
報 갚을 **보**	一 十 土 ㇉ ㇉ 幸 幸 幸 郣 報 報				
	報				
本 근본 **본**	一 十 才 木 本				
	本				
祭 제사 **제**	´ ㇇ ㇉ 夕 夘 奴 奴 癸 祭 祭				
	祭				
祀 제사 **사**	` ㇇ ㇉ ㇏ ㇏ 祀 祀				
	祀				
必 반드시 **필**	` ㇏ ㇀ 必 必 必				
	必				
誠 정성 **성**	` ㇇ ㇀ 言 言 言 言 訂 訏 試 誠 誠				
	誠				

※ 학부모들이나 지도하시는 분은 확인하여 주시기 바랍니다.

171

050

비非 유有 선先 조祖 면　　　아我 신身 갈曷 생生 이리오
④　③　①　②　　　　　①　②　③　④

선조가 있지 않았다면,　　　내 몸은 어디서 태어났겠는가?

확인란

● 글자 익히기　한자의 음과 뜻을 읽으면서 필순에 맞게 써 봅시다.

非 아닐 비	필순(쓰는 순서)　ノ ー ヺ ヺ 非 非 非						
	非						
有 있을 유	一 ナ 才 右 有 有						
	有						
先 먼저 선	ノ ト ├ 生 歩 先						
	先						
祖 조상 조	` 亠 ラ ネ ネ 礻 初 初 祖 祖						
	祖						
我 나 아	ノ ー 二 千 手 我 我 我						
	我						
身 몸 신	ノ ſ ╷ ⃝ 阜 身 身						
	身						
曷 어찌 갈	l ⼝ ⼞ 日 尸 尸 昜 昜 曷						
	曷						
生 날 생	ノ ⼂ 仁 牛 生						
	生						

※ 학부모들이나 지도하시는 분은 확인하여 주시기 바랍니다.

공부한 것 복습하기

046 剖 氷 得 鯉는   王 祥 之 孝라

가를 ○ 얼음 ○ 얻을 ○ 잉어 ○   임금 ○ 상서로울 ○ 갈 ○ 효도 ○

쓰기 | 勿 | | | | | 父 | | | |
② ① ④ ③   ① ② ③ ④

해석 (   )   (   )

---

047 我 身 能 賢이면   譽 及 父 母하고

나 ○ 몸 ○ 능할 ○ 어질 ○   명예 ○ 미칠 ○ 아비 ○ 어미 ○

쓰기 | | | | | | | | | |
① ② ④ ③   ① ④ ② ③

해석 (   )   (   )

---

048 我 身 不 賢이면   辱 及 父 母니라

나 ○ 몸 ○ 아니 ○ 어질 ○   욕될 ○ 미칠 ○ 아비 ○ 어미 ○

쓰기 | | | | | | | | | |
① ② ④ ③   ① ④ ② ③

해석 (   )   (   )

---

049 追 遠 報 本하여   祭 祀 必 誠하라

쫓을 ○ 멀 ○ 갚을 ○ 근본 ○   제사 ○ 제사 ○ 반드시 ○ 정성 ○

쓰기 | | | | | | | | | |
② ① ④ ③   ① ② ③ ④

해석 (   )   (   )

---

050 非 有 先 祖면   我 身 曷 生이리오

아닐 ○ 있을 ○ 먼저 ○ 조상 ○   나 ○ 몸 ○ 어찌 ○ 날 ○

쓰기 | | | | | | | | | |
④ ③ ① ②   ① ② ③ ④

해석 (   )   (   )

▶반성 : 상 (5개 모두 외운다), 중(3~4개), 다시공부하기(1~2개)

173

불혹 不惑

不: 아니 불, 惑: 미혹할 혹

⊙ 의미(뜻) : 미혹하지 않음. 마흔살의 나이를 일컫는다.
⊙ 출 전 : 논어 위정편

'불혹'이란 성어는 불(不)은 아니하다 라는 말이며, 혹(惑)은 미혹이라는 말이므로 미혹하지 않는다는 말이된다.

미혹이란 말은 마음이 흐려서 홀리는 것. 즉, 정신이 헷갈려 갈팡질팡 하는 것을 미혹이라고 한다. 그러므로 불혹이란 말은 정신이 헷갈려 갈팡질팡하지 않는것을 말한다.

이 불혹이란 말은 공자님이 하신 말씀으로 공자님 자신의 학문과 수양의 과정을 설명한 글에서 "나는 마흔살에 미혹하지 않았고"라고 말씀 하셨는데 그 후 많은 사람들에 의해 나이를 칭하는 용어로 사용되어 불혹은 마흔살을 가리키는 말이 되었다고 한다.

※참고: 남자 20세의 나이를 약관(弱冠)이라고 하고, 40세를 불혹(不惑), 환갑(還甲)은 예순한 살(61살) 즉, 만 60세를 말하며, 회갑(回甲)이라고도 한다.

진갑(進甲)은 회갑이듬해(62세, 만 61세)에 맞는 생일을 말한다. 고희(古稀)는 70세를 말한다. 희수(稀壽)라고도 한다.

◦육순(六旬)은 60세 때의 생신. 칠순(七旬)은 70세, 팔순(八旬)은 80세, 구순(九旬) 또는 졸수(卒壽)는 90세, 백수(白壽)는 99세 때의 생신을 말한다. (만 연령이 아님)

◦66세 때의 생신을 미수(美壽), 77세 때는 희수(喜壽), 88세는 미수(米壽), 99세 때의 생신을 백수(白壽)라고 한다.

◦66세 때와 88세 때의 생신을 '미수'라고 하는데 66세 때는 한자가 아름다울 미(美)자를 쓰고, 88세는 쌀미(米)자를 쓴다.

천재일우 千載一遇

千: 일천 천, 載: 해 재, 一: 한 일, 遇: 만날 우

⊙ 의미(뜻) : 천년에 한번 만남. 좀처럼 얻기 어려운 좋은 기회를 일컫는 말이다.
⊙ 출　전 : 문선

'천재일우'라고 하는 성어는 천재(千載)는 천년의 해를 말하고, 일우(一遇)는 한번 만난다는 뜻으로 천년에 한번 만날 수 있는 좋은 기회로 좀처럼 만나기 어려운 좋은 기회를 이르는 말이다.

중국 동진(東晉)의 학자 원굉(袁宏)은 시 300여 편을 남겼는데, 그 가운데 유명한 것은 '문선'에 수록된 삼국명신서찬(三國名臣序贊)이다.

이것은 삼국지에 실려 있는 20명의 명신에 대한 행적을 기록한 것이다. 그 가운데 위(魏)나라의 '순문약'을 찬양한 글에서 다음과 같이 기록했다.

"백락을 만나지 못하면 천년을 가도 천리마 하나 생겨나지 않는다."고 말하여 훌륭한 임금과 신하가 서로 만나기 어려운 것을 비유한 다음 계속해서 "만년에 한번 기회가 온다는 것은 사람이 살고 있는 세상의 공통된 원칙이요 천년에 한번 만나게 된다는 것은 어진 사람과 지혜로운 사람이 용케 만나는 것이다.

이런 기회를 만나면 그 누가 기뻐하지 않으며 이를 놓치면 그 누가 한탄하지 않겠는가."라고 했다.

결국 평생을 두고 한번 있을 듯 없을 듯 좀처럼 만나기 어려운 좋은 기회를 천재일우라고 말한다.

051

사事 친親 여如 차此 면 가可 위謂 효孝 의矣 요
② ① ④ ③ ② ③ ① ④

부모님 섬기는 것을 이와 같이 한다면, 효도한다고 말할 수 있을 것이다.

확인란

● 글자 익히기 한자의 음과 뜻을 읽으면서 필순에 맞게 써 봅시다.

事 섬길(일) 사	필순(쓰는 순서) 一 ㄇ ㅁ 亘 写 写 事						
	事						
親 어버이 친	` ㇒ ㇖ ㅠ ㅠ 辛 亲 亲 亲 亲 亲 親 親 親						
	親						
如 같을 여	く タ 女 如 如 如						
	如						
此 이 차	ㅣ ㅑ ㅑ 止 止 此						
	此						
可 옳을 가	一 ㅜ ㅠ ㅁ 可						
	可						
謂 말할 위	ㄥ 言 訂 評 評 謂 謂						
	謂						
孝 효도 효	一 ㅓ 土 耂 孝 孝 孝						
	孝						
矣 어조사 의	㇝ ㅿ 厶 年 乡 矢 矣						
	矣						

※ 학부모들이나 지도하시는 분은 확인하여 주시기 바랍니다.

052

불**不** 능**能** 여**如** 차**此**면　　금**禽** 수**獸** 무**無** 이**異**니라
④　　③　　②　　①　　　　①　　②　　④　　③

이와 같이 하지 못하면,　　　새나 짐승과 다를 것이 없느니라

확인란

● 글자 익히기　한자의 음과 뜻을 읽으면서 필순에 맞게 써 봅시다.

不 아니 불	**필순**(쓰는 순서) 一 丆 不 不							
	不							
能 능할 능	ㄥ ㄥ 自 自 自 能 能							
	能							
如 같을 여	く 夕 女 如 如 如							
	如							
此 이 차	l ㅑ ㅑ 止 止 此							
	此							
禽 날짐승 금	ノ 人 亼 夺 夺 禽 禽							
	禽							
獸 짐승 수	ㅁ ㅂ 罒 單 單 獸 獸							
	獸							
無 없을 무	ノ ← ㄷ ㄷ 午 無 無 無 無 無 無							
	無							
異 다를 이	l 口 曰 曰 田 田 甲 畀 畀 異 異							
	異							

※ 학부모들이나 지도하시는 분은 확인하여 주시기 바랍니다.

원문과 해석되어 있는 내용을 소리 내어 읽고 외우기

053

학學 우優 즉則 사仕하여　　위爲 국國 진盡 충忠하고
① ② ③ ④　　② ① ④ ③

학문이 넉넉하면 벼슬길에 나아가고,　　나라를 위해 충성을 다하고

확인란

● 글자 익히기　한자의 음과 뜻을 읽으면서 필순에 맞게 써 봅시다.

學 배울 **학**	필순(쓰는 순서) 學						
	學						
優 넉넉할 **우**	優						
	優						
則 곧 **즉**	則						
	則						
仕 벼슬 **사**	仕						
	仕						
爲 위할 **위**	爲						
	爲						
國 나라 **국**	國						
	國						
盡 다할 **진**	盡						
	盡						
忠 충성 **충**	忠						
	忠						

※ 학부모들이나 지도하시는 분은 확인하여 주시기 바랍니다.

178

원문과 **해석**되어 있는 내용을 소리 내어 읽고 외우기

054

경敬 신信 절節 용用하여 애愛 민民 여如 자子하라
① ② ③ ④ ④ ① ③ ②

공경스럽고 믿음직스러우며 재물을 아껴쓰고, 백성을 자식처럼 사랑하라

확인란

● 글자 익히기 한자의 음과 뜻을 읽으면서 필순에 맞게 써 봅시다.

敬 공경 **경**	**필순**(쓰는 순서) 丶 ⺊ 艹 艹 艹 芍 芍 苟 苟 苟 苟 敬 敬							
	敬							
信 믿을 **신**	丿 亻 亻 信 信 信 信							
	信							
節 절약할 **절**	丿 ⺈ ⺮ ⺮ ⺮ 笞 筲 筤 筤 節 節 節 節							
	節							
用 쓸 **용**	丿 冂 月 月 用							
	用							
愛 사랑 **애**	爫 爫 恶 恶 愛 愛 愛							
	愛							
民 백성 **민**	乛 コ 尸 尸 民							
	民							
如 같을 **여**	〈 女 女 如 如 如							
	如							
子 아들 **자**	乛 了 子							
	子							

※ 학부모들이나 지도하시는 분은 확인하여 주시기 바랍니다.

055

인人 륜倫 지之 중中에   충忠 효孝 위爲 본本이니
① ② ③ ④   ① ② ④ ③

인륜 가운데에,   충과 효가 근본이 되므로

확인란

● 글자 익히기 한자의 음과 뜻을 읽으면서 필순에 맞게 써 봅시다.

人 사람 인	**필순**(쓰는 순서) ノ 人						
	人						
倫 인륜 윤	ノ 亻 亻 伶 伶 伶 伶 倫 倫						
	倫						
之 어조사 지	丶 亠 ナ 之						
	之						
中 가운데 중	丶 冂 口 中						
	中						
忠 충성 충	丶 冂 口 中 忠 忠 忠						
	忠						
孝 효도 효	一 十 土 耂 耂 考 孝						
	孝						
爲 될 위	丶 丶 丿 爫 厂 戸 戸 爲 爲 爲 爲 爲						
	爲						
本 근본 본	一 十 才 木 本						
	本						

※ 학부모들이나 지도하시는 분은 확인하여 주시기 바랍니다.

공부한 것 복습하기

051 事 親 如 此면　可 謂 孝 矣요

섬길◯ 어버이◯ 같을◯ 이◯　옳을◯ 말할◯ 효도◯ 어조사◯

쓰기 | 事 | | | | | 可 | | | |

② ① ④ ③　② ③ ① ④

해석 (　　　　　　　　)　(　　　　　　　　)

---

052 不 能 如 此면　禽 獸 無 異니라

아니◯ 능할◯ 같을◯ 이◯　날짐승◯ 짐승◯ 없을◯ 다를◯

쓰기 | | | | | | | | | |

④ ③ ② ①　① ② ④ ③

해석 (　　　　　　　　)　(　　　　　　　　)

---

053 學 優 則 仕하여　爲 國 盡 忠하고

배울◯ 넉넉할◯ 곧◯ 벼슬◯　위할◯ 나라◯ 다할◯ 충성◯

쓰기 | | | | | | | | | |

① ② ③ ④　② ① ④ ③

해석 (　　　　　　　　)　(　　　　　　　　)

---

054 敬 信 節 用하여　愛 民 如 子하라

공경◯ 믿을◯ 절약할◯ 쓸◯　사랑◯ 백성◯ 같을◯ 아들◯

쓰기 | | | | | | | | | |

① ② ③ ④　④ ① ③ ②

해석 (　　　　　　　　)　(　　　　　　　　)

---

055 人 倫 之 中에　忠 孝 爲 本이니

사람◯ 인륜◯ 어조사◯ 가운데◯　충성◯ 효도◯ 될◯ 근본◯

쓰기 | | | | | | | | | |

① ② ③ ④　① ② ④ ③

해석 (　　　　　　　　)　(　　　　　　　　)

▶반성 : 상 (5개 모두 외운다), 중(3~4개), 다시공부하기(1~2개)

살신성인 殺身成仁

殺: 죽일 살, 身: 몸 신, 成: 이룰 성, 仁: 어질 인

⊙ 의미(뜻) : 자신의 목숨을 버려서 인(仁)을 완성한다는 뜻으로 대의를 위해 목숨을 바친다는 말.
⊙ 출　전 : 논어, 위령공편

'살신성인'이란 성어는 살신(殺身)은 자신의 몸을 희생한다는 뜻이며, 성인(成仁)은 인을 완성한다는 말이다.

즉 자신의 몸을 희생하여 인을 완성한다. 또는 자신의 몸을 바쳐 옳은 도리를 행한다. 대의를 위해 목숨을 바친다는 뜻으로 사용된다.

중국의 최고의 성인인 공자의 사상 가운데 최고의 경지는 인(仁)에 이르는 것이다. 그렇기 때문에 공자께서는 '인'에 대하여 자주 역설하였으며 모든 사람이 그렇게 되기를 희망했다. 이 말은 공자의 사상을 한마디로 집약한 최고의 명언이다.

'논어' 위령공편에 다음과 같은 말이 나온다.

"뜻있는 선비와 어진 사람은 살기 위하여 '인'을 저버리지 않고 스스로 목숨을 바쳐서 '인'을 완성하는 경우도 있다."

사람이 목숨을 소중히 여기는 것은 누구나 똑같지만 목숨보다 소중한 것은 어진 마음을 가지고 인을 완성하는 것이다. 위기에 처했을 때 목숨을 바쳐 지조를 지키는 것이 곧 살신성인의 정신이다.

보통 남을 위해 자신의 목숨을 희생시키는 것을 살신성인이라고 말한다.

결론적으로 지사(志士: 굳은 뜻을 지닌 선비를 말함)나 인자(仁者: 덕을 이룬 사람)의 마음은 항상 인(仁)을 위해서 존재하는 것임을 강조한 말이라고 할 수 있다. 사람들은 보통 남을 위해 목숨을 희생할 때 그 사람을 살신성인했다고 말하고들 있다.

새옹지마 塞翁之馬

塞: 변방 새, 翁: 늙은이 옹, 之: 갈 지, 馬: 말 마

⊙ 의미(뜻) : 변방 늙은이의 말에서 나온 이야기로 인생의 길흉화복은 예측할 수 없다는 말.

⊙ 출   전 : 회남자, 인간훈

옛날 중국 북방 오랑캐들이 사는 호지와의 국경에 점을 잘 치는 노인이 살고 있었다. 그런데 이 노인이 키우던 말이 어느 날 오랑캐 땅으로 도망치고 말았다. 마을 사람들은 이 노인을 위로했다. 하지만 노인은 태연하게 말했다.

"전화위복이란 말이 있지 않습니까? 이 일이 복이 될지 누가 알겠는가?" 과연 몇 달이 지난 어느 날 그 말이 좋은 말 한 마리를 데리고 집으로 돌아왔다. 마을 사람들은 곧 축하하러왔다. 노인은 기뻐하지 않고 "이게 또 무슨 화가 될지 누가 알겠는가?" 노인은 조금도 반가운 기색을 보이지 않았다.

그런데 말 타기를 좋아하는 그의 아들은 데리고 온 좋은 말을 타다가 낙마(말에서 떨어짐)하여 절름발이가 되고 말았다.

마을 사람들이 위로하자 노인은 태연하게 말했다. "이 일이 복이 될지 누가 알겠는가?" 그 후 1년 쯤 지나서 오랑캐가 침입하여 마을의 장정들이 모두 싸움터로 나가서 전사하고 말았다. 그러나 노인의 아들은 다리를 다쳤기 때문에 무사했다고 한다.

살아가면서 기쁘고 슬픈 일들이 많이 찾아온다. 기쁜 일이 생겨도 너무 기뻐할 것이 아니고, 슬픈 일이 있어도 너무 슬퍼할 일이 아니다 언제 기쁨이 슬픔으로 변하고, 슬픔이 기쁨으로 바뀔지 모르기 때문이다.

이 새옹지마는 '새옹득실', '새옹화복', '인간만사 새옹지마'라는 말로도 사용되고 있다. '인간의 모든 일은 새옹의 말과 같다'라는 시구도 있다.

사람들은 인간만사(만 가지 일)는 새옹지마와 같다고 비유하여 말하고 있다.

056

효 孝 당 當 갈 竭 력 力 하고   충 忠 즉 則 진 盡 명 命 하라
① ② ④ ③   ① ② ④ ③

효도에 마땅히 힘을 다하고,   충성함에 목숨을 다 바쳐라

확인란

● 글자 익히기 한자의 음과 뜻을 읽으면서 필순에 맞게 써 봅시다.

孝 효도 효	필순(쓰는 순서) 一 十 土 尹 考 考 孝						
	孝						
當 마땅 당	ㅣ � � 丷 些 告 告 告 告 営 當 當						
	當						
竭 다할 갈	丶 亠 亠 立 立 立 竘 竘 竘 竭 竭 竭 竭						
	竭						
力 힘 력	乛 力						
	力						
忠 충성 충	丶 口 口 中 忠 忠 忠						
	忠						
則 곧 즉	ㅣ 冂 冂 冃 目 貝 貝 則 則						
	則						
盡 다할 진	乛 ㄱ ㅋ 丰 丰 聿 聿 聿 盡 盡 盡 盡 盡						
	盡						
命 목숨 명	丿 人 人 스 슈 命 命 命						
	命						

※ 학부모들이나 지도하시는 분은 확인하여 주시기 바랍니다.

057

부 夫 부 婦 지 之 륜 倫은   이 二 성 姓 지 之 합 合이니
　①　　②　　③　　④　　　　①　　②　　③　　④

부부의 도리는(윤리는),　　　　이성이 결합된 것이니

확인란

● 글자 익히기　한자의 음과 뜻을 읽으면서 필순에 맞게 써 봅시다.

夫 지아비 **부**	**필순**(쓰는 순서) 一 二 ㇇ 夫						
	夫						
婦 아내 **부**	㇙ ㇛ 女 女 ㇗ 婦 婦						
	婦						
之 어조사 **지**	丶 ㇀ ㇂ 之						
	之						
倫 인륜 **륜**	丿 亻 伫 佮 佮 佮 倫						
	倫						
二 두 **이**							
	二						
姓 성 **성**	㇙ ㇛ 女 女 女 奻 姓 姓						
	姓						
之 어조사 **지**	丶 ㇀ ㇂ 之						
	之						
合 합할 **합**	丿 人 亼 合 合 合						
	合						

※ 학부모들이나 지도하시는 분은 확인하여 주시기 바랍니다.

185

058 내 內 외 外 유 有 별 別 하여   상 相 경 敬 여 如 빈 賓 하라
① ② ④ ③   ① ② ④ ③

안과 밖이 구별되어야 하고,   서로 공경하기를 손님처럼 하라.

확인란

● 글자 익히기   한자의 음과 뜻을 읽으면서 필순에 맞게 써 봅시다.

內 안 내	필순(쓰는 순서) ㅣ 冂 内 内						
	內						
外 밖 외	ノ ク タ 列 外						
	外						
有 있을 유	一 ナ ナ 右 有 有						
	有						
別 다를 별	ㅣ 冂 口 另 另 別 別						
	別						
相 서로 상	一 十 才 村 村 相 相						
	相						
敬 공경 경	丶 艹 艹 艹 艹 芍 芍 苟 苟 茍 敬 敬 敬						
	敬						
如 같을 여	乂 女 女 如 如 如						
	如						
賓 손님 빈	丶 宀 宀 宀 宀 宗 宇 宇 宵 宵 賓 賓						
	賓						

※ 학부모들이나 지도하시는 분은 확인하여 주시기 바랍니다.

원문과 **해석**되어 있는 내용을 소리 내어 읽고 외우기

059
부 **夫** 도 **道** 화 **和** 의 **義** 요   부 **婦** 덕 **德** 유 **柔** 순 **順** 이니
① ② ③ ④   ① ② ③ ④

남편의 도리는 온화하고 의로운 것이고,   아내의 덕은 부드럽고 순한 것이다.

확인란

● **글자 익히기** 한자의 음과 뜻을 읽으면서 필순에 맞게 써 봅시다.

夫 지아비 **부**	**필순**(쓰는 순서) 一 二 夫 夫						
	夫						
道 도리(길) **도**	丶 丷 𠂇 ㇒ 产 芣 芮 首 首 ㇒首 道 道						
	道						
和 화할 **화**	二 千 禾 禾 禾 和 和						
	和						
義 옳을 **의**	丶 丷 ㇒ 丷 芊 羊 羊 羊 羊 義 義 義						
	義						
婦 아내 **부**	乚 女 女 妒 妒 婦 婦						
	婦						
德 덕(큰) **덕**	彳 彳 待 待 徳 徳 徳						
	德						
柔 부드러울 **유**	㇇ ㇇ 丆 矛 柔 柔 柔						
	柔						
順 순할 **순**	丿 川 川 順 順 順 順						
	順						

※ 학부모들이나 지도하시는 분은 확인하여 주시기 바랍니다.

060

부 夫 창 唱 부 婦 수 隨 면　　가 家 도 道 성 成 의 矣 리라
① 　② 　③ 　④ 　　　　① 　② 　③ 　④

남편이 먼저 부르고 아내가 따라서 하면,　가정의 도리가 이루어진다.

확인란

● 글자 익히기　한자의 음과 뜻을 읽으면서 필순에 맞게 써 봅시다.

夫 지아비 부	**필순**(쓰는 순서) 一 二 井 夫							
	夫							
唱 부를 창	冂 口 吅 吅 吅 唱 唱							
	唱							
婦 아내 부	く 女 女 女 婦 婦 婦							
	婦							
隨 따를 수	阝 阝 阝 阝 阝 阝 阝 隋 隋 隋 隋 隋 隨							
	隨							
家 집 가	丶 宀 宀 宁 宇 家 家							
	家							
道 도리(길) 도	丶 丷 丷 丷 产 首 首 首 首 道 道							
	道							
成 이룰 성	一 厂 万 成 成 成							
	成							
矣 어조사 의	厶 厶 矣 矣 矣 矣 矣							
	矣							

※ 학부모들이나 지도하시는 분은 확인하여 주시기 바랍니다.

공부한 것 복습하기

056 孝 當 竭 力하고　忠 則 盡 命하라

효도◯　마땅◯　다할◯　힘◯　　충성◯　곧◯　다할◯　목숨◯

쓰기　[孝][ ][ ][ ]　　[忠][ ][ ][ ]

①　②　④　③　　①　②　④　③

해석　(　　　　　　　　　　)　(　　　　　　　　　　)

057 夫 婦 之 倫은　二 姓 之 合이니

지아비◯　아내◯　어조사◯　인륜◯　　두◯　성◯　어조사◯　합할◯

쓰기　[ ][ ][ ][ ]　　[ ][ ][ ][ ]

①　②　③　④　　①　②　③　④

해석　(　　　　　　　　　　)　(　　　　　　　　　　)

058 內 外 有 別하여　相 敬 如 賓하라

안◯　밖◯　있을◯　다를◯　　서로◯　공경◯　같을◯　손님◯

쓰기　[ ][ ][ ][ ]　　[ ][ ][ ][ ]

①　②　④　③　　①　②　④　③

해석　(　　　　　　　　　　)　(　　　　　　　　　　)

059 夫 道 和 義요　婦 德 柔 順이니라

지아비◯　도리◯　화할◯　옳을◯　　아내◯　큰◯　부드러울◯　순할◯

쓰기　[ ][ ][ ][ ]　　[ ][ ][ ][ ]

①　②　③　④　　①　②　③　④

해석　(　　　　　　　　　　)　(　　　　　　　　　　)

060 夫 唱 婦 隨면　家 道 成 矣이오

지아비◯　부를◯　아내◯　따를◯　　집◯　길◯　이룰◯　어조사◯

쓰기　[ ][ ][ ][ ]　　[ ][ ][ ][ ]

①　②　③　④　　①　②　③　④

해석　(　　　　　　　　　　)　(　　　　　　　　　　)

▶반성 : 상 (5개 모두 외운다), 중(3~4개), 다시공부하기(1~2개)

순망치한 脣亡齒寒

脣: 입술 순, 亡: 망할 망, 齒: 이 치, 寒:찰 한

⊙ 의미(뜻) : 입술이 없어지면 이가 시리다는 뜻으로 곧 서로 이웃한 사람 중에서 한 사람이 망하면 다른 한 사람에게도 영향이 있음을 이르는 말

⊙ 출 전 : 춘추좌씨전

'순망치한'이란 말은 입술이 없어지면(망하면) 이가 시리다(차다)라는 뜻으로 서로 도우는 밀접한 관계로써 한쪽이 망하면 다른 한쪽도 같은 운명에 처하게 됨을 비유하는 말인데 앞으로 말하고자 하는 것은 중국 진(晉)나라 '헌공'이 주위의 소국(작은 나라)인 우나라와 괵나라를 멸망 시켰을 때의 이야기이다.

'헌공'은 전부터 괵나라를 치려고 했었으나 그러자면 우나라를 지나야만 했다. 전에 많은 뇌물을 '우공'에게 보내어 길을 빌려 괵나라를 친 일이 있었다. 이번에도 다시 길을 빌릴 것을 우나라에 신청했다.

우나라에서는 궁지기(宮之奇)라는 신하가 반대하면서 말했다. "괵은 우나라와 일체이므로 괵나라가 망하면 우나라도 망할 것입니다.

속담에도 순망치한(입술이 없어지면 이가 시리다)이란 말이 있습니다. 바로 우나라와 괵나라 관계를 말한 것입니다.

원수라고도 생각할 수 있는 진(晉)나라에 길을 빌려주면 안 됩니다." 아무리 설득을 해도 뇌물에 눈이 어두워진 '우공'은 궁지기의 말을 따르지 않고 진(晉)나라에 길을 빌려주고 말았다.

궁지기는 화가 미칠 것을 알았기에 가족을 이끌고 우나라를 떠났다. 그 해 12월 진(晉)나라는 우나라 영토에서 괵나라를 공격하여 멸망시키고 돌아오는 도중에 우나라를 기습하여 우나라까지 멸망시키고 말았다고 한다.

순망치한이란 입술과 잇몸처럼 서로 도우며 떨어질 수 없는 사이를 말한다.

식자우환 識字憂患

識: 알 식, 字: 글자 자, 憂: 근심 우, 患:근심 환

⊙ 의미(뜻) : 글자를 섣불리 알았던 것이 도리어 화의 근원이 되었다는 뜻. 서투른 지식 때문에 도리어 일을 망치게 되는 경우에 사용한다.

⊙ 출 전 : 삼국지

'식자우환'이란 말은 '식자'는 글을 안다는 뜻이며 '우환'은 근심과 걱정이 되는 일이라는 뜻으로 글자를 섣불리 알았던 것이 오히려 근심과 걱정이 된다는 뜻으로 이 고사(옛날에 있었던 일)는 중국 삼국시대 때 '유비'가 제갈량을 얻기 전에는 서서(徐庶)가 유비의 군사(軍師)로 있으면서 많은 일을 하고 있었다고 한다.

'조조'는 그의 모사(온갖 꾀를 잘 내는 사람을 말함)인 '정욱'의 말에 '서서'가 효자라는 것을 알고 그의 어머니 손을 빌려 서서를 자기편으로 불러 들이려는 계획을 꾸몄다.

그러나 서서의 어머니인 '위부인'은 학식이 높고 의리가 투철한 여장부였기 때문에 아들을 불러 들이키기는 커녕 도리어 자기 걱정은 하지 말고 한 군주를 섬기도록 격려하였다.

그래서 조조는 하는 수없이 위 부인이 서서에게 보내는 답장을 가로채 글씨를 모방하여 조조의 호의로 잘 있으니 위나라로 돌아오라는 내용의 편지를 '서서'에게 보냈다.

편지를 보고 집으로 돌아온 아들을 보자 위부인은 왜 왔느냐고 했다.

아들의 말을 듣고 나서야 그것이 자신의 글씨를 모방한 거짓 편지 때문이었음을 알게 되었다.

그래서 위부인은 '여자식자우환'이구나 하면서 한탄하였다고 한다. 서투른 지식 때문에 도리어 일을 망치게 되는 경우에 쓰이는 '식자우환'이란 말은 많이 쓰이는 말이다.

061

형兄 제弟 자姊 매妹는   동同 기氣 이而 생生이니
① ② ③ ④   ① ② ③ ④

형제와 자매는,   같은 기운을 받고 태어났으니

확인란

● 글자 익히기 한자의 음과 뜻을 읽으면서 필순에 맞게 써 봅시다.

兄 맏 형	필순(쓰는 순서)) ㄇ ㅁ 尸 兄						
	兄						
弟 아우 제	` ` ㅛ ㅛ 吕 弟 弟						
	弟						
姊 누이 자	ㄑ ㄣ 女 女 女 妒 妒 姊						
	姊						
妹 누이 매	ㄑ ㄣ 女 妒 姊 妹 妹						
	妹						
同 같을 동	ㅣ ㄇ 冂 冋 同 同						
	同						
氣 기운 기	ㄱ ㄷ 气 气 気 氧 氣						
	氣						
而 말이을 이	ㄧ ㄱ ㄷ 丏 而 而						
	而						
生 날 생	ㄱ ㅏ ㅑ 牛 生						
	生						

※ 학부모들이나 지도하시는 분은 확인하여 주시기 바랍니다.

062

형兄 우友 제弟 공恭하여　　불不 감敢 원怨 노怒하라
① ② ③ ④　　　④ ① ③ ②

형은 우애하고 동생은 공경하여,　감히 원망하거나 화를 내지 말아라

확인란

● 글자 익히기　한자의 음과 뜻을 읽으면서 필순에 맞게 써 봅시다.

兄 맏 **형**	**필순**(쓰는 순서) ㇒ ㇕ 口 尸 兄							
	兄							
友 벗 **우**	一 ナ 方 友							
	友							
弟 아우 **제**	㇒ ㇔ ㅄ ㅄ 弟 弟 弟							
	弟							
恭 공손할 **공**	一 十 卄 步 共 共 芣 恭 恭							
	恭							
不 아니 **불**	一 ㇒ 不 不							
	不							
敢 감히 **감**	工 干 千 千 百 耵 敢							
	敢							
怨 원망할 **원**	㇒ ㇇ 夕 夗 夗 怨 怨							
	怨							
怒 성낼 **노**	㇄ 女 奴 奴 奴 怒 怒							
	怒							

※ 학부모들이나 지도하시는 분은 확인하여 주시기 바랍니다.

063

골骨 육肉 수雖 분分이나　본本 생生 일一 기氣며
① ② ③ ④　① ④ ② ③

뼈와 살은 비록 나누어져 있지만,　본래 한 기운을 받고 태어났으니

확인란

● 글자 익히기　한자의 음과 뜻을 읽으면서 필순에 맞게 써 봅시다.

骨 뼈 **골**	필순(쓰는 순서) 冂 凸 咼 咼 骨 骨 骨 骨						
	骨						
肉 고기 **육**	丨 冂 内 内 肉 肉						
	肉						
雖 비록 **수**	口 吕 虽 虽 虽 虽 雖						
	雖						
分 나눌 **분**	丿 八 分 分						
	分						
本 근본 **본**	一 十 才 木 本						
	本						
生 날 **생**	丿 ⺊ ⺧ 牛 生						
	生						
一 한 **일**	一						
	一						
氣 기운 **기**	丿 ⺈ ⺈ 气 气 氖 氧 氣						
	氣						

※ 학부모들이나 지도하시는 분은 확인하여 주시기 바랍니다.

064

형形 체體 수雖 이異나   소素 수受 일一 혈血이니라
① ② ③ ④   ① ④ ② ③

형체는 비록 다르지만,   본래 한 핏줄을 받고 태어났다.

확인란

● 글자 익히기 한자의 음과 뜻을 읽으면서 필순에 맞게 써 봅시다.

形 모양 형	필순(쓰는 순서) 一 二 于 开 开 形 形					
	形					
體 몸 체	冂 骨 骨 骨 骨 體 體 體					
	體					
雖 비록 수	口 吊 吊 虽 虽 虽 雖					
	雖					
異 다를 이	丨 冂 曱 円 田 田 申 里 里 異 異					
	異					
素 본디 소	一 二 キ 主 丰 表 素 素 素 素					
	素					
受 받을 수	一 一 一 一 一 一 受 受					
	受					
一 한 일	一					
	一					
血 피 혈	一 丿 白 白 血 血					
	血					

※ 학부모들이나 지도하시는 분은 확인하여 주시기 바랍니다.

065

비比 지之 어於 목木 하면   동同 근根 이異 지枝 요
④ ① ③ ②   ② ① ④ ③

이를 나무에 비유하면,   뿌리는 같고 가지가 다른 것이다.

확인란

● 글자 익히기   한자의 음과 뜻을 읽으면서 필순에 맞게 써 봅시다.

比 견줄 비	필순(쓰는 순서) 一 ヒ ヒ 比 比						
之 어조사 지	丶 ㅗ 之 之 之						
於 어조사 어	丶 ㅗ 亠 方 扩 於 於 於 於						
木 나무 목	一 十 才 木 木						
同 같을 동	丨 冂 冃 同 同 同 同						
根 뿌리 근	一 十 才 木 杧 杧 杧 根 根 根 根						
異 다를 이	丨 冂 日 田 田 甲 甼 畢 異 異 異						
枝 가지 지	一 十 才 木 杧 杧 枝 枝 枝						

※ 학부모들이나 지도하시는 분은 확인하여 주시기 바랍니다.

공부한 것 복습하기

---

061 兄 弟 姉 妹 는 　　　 同 氣 而 生 이니

맏 ◯　아우 ◯　누이 ◯　누이 ◯　　　같을 ◯　기운 ◯　말이을 ◯　날 ◯

쓰기 | 兄 | | | | | 同 | | |
①　②　③　④　　　　①　②　③　④

해석 (　　　　　　　　　　) 　　　 (　　　　　　　　　　)

---

062 兄 友 弟 恭 하여 　　　 不 敢 怨 怒 하라

맏 ◯　벗 ◯　아우 ◯　공손할 ◯　　　아니 ◯　감히 ◯　원망할 ◯　성낼 ◯

쓰기 | | | | | | | | |
①　②　③　④　　　　④　①　③　②

해석 (　　　　　　　　　　) 　　　 (　　　　　　　　　　)

---

063 骨 肉 雖 分 이나 　　　 本 生 一 氣 며

뼈 ◯　고기 ◯　비록 ◯　나눌 ◯　　　근본 ◯　날 ◯　한 ◯　기운 ◯

쓰기 | | | | | | | | |
①　②　③　④　　　　①　④　②　③

해석 (　　　　　　　　　　) 　　　 (　　　　　　　　　　)

---

064 形 體 雖 異 나 　　　 素 受 一 血 이니라

모양 ◯　몸 ◯　비록 ◯　다를 ◯　　　본디 ◯　받을 ◯　한 ◯　피 ◯

쓰기 | | | | | | | | |
①　②　③　④　　　　①　④　②　③

해석 (　　　　　　　　　　) 　　　 (　　　　　　　　　　)

---

065 比 之 於 木 하면 　　　 同 根 異 枝 요

견줄 ◯　어조사 ◯　어조사 ◯　나무 ◯　　　같을 ◯　뿌리 ◯　다를 ◯　가지 ◯

쓰기 | | | | | | | | |
④　①　③　②　　　　②　①　④　③

해석 (　　　　　　　　　　) 　　　 (　　　　　　　　　　)

▶반성 : 상 (5개 모두 외운다), 중(3~4개), 다시공부하기(1~2개)

어부지리 漁父之利

漁: 고기잡을 어, 父: 지아비 부, 之: 갈 지, 利: 이로울 리

⊙ 의미(뜻) : 두 사람이 싸우는 틈을 타서 제 삼자가 애쓰지 않고 이득을 보게 되는 것을 말한다.
⊙ 출 전 : 전국책

'어부지리'라고 하는 성어는 어부(漁父)는 고기를 잡는 사람을 말하고 지리(之利)는 이득을 본다는 말로 어부가 이득을 본다는 말인데 강가에서 도요새와 민물조개가 서로 다투다가 둘 다 어부에게 잡히는 것과 같이 두 사람이 한 치의 양보도 없이 다투는 동안에 제 3자가 이득을 보게 되는 것을 말한다.

이 이야기는 중국 전국시대의 연(燕)나라는 중국 북동쪽에 있는 나라인데 서쪽은 조(趙)나라와 남쪽은 제(濟)나라에 접하고 있었으므로 끊임없이 이 두 나라에 위협을 느끼고 있었다.

어느 해 연나라가 흉년이 들어 백성들이 먹을 것이 없어 곤경에 처해 있을 때 조나라가 그 틈을 타서 침략하려고 했다.

연나라는 많은 군대를 제나라에 보내고 있을 때인 만큼 조나라와 일을 벌이고 싶지 않았다. 그래서 소대(蘇代)에게 부탁하여 조나라 왕을 설득해 보기로 하였다.

소대는 합종책(合從策: 중국 전국시대에 소진이 주장한 육국 즉, 여섯 나라가 동맹을 맺어 서쪽의 진(秦)나라를 대항하자는 의견을 합종책이라고 한다)으로 유명한 소진(蘇秦)의 동생으로 형이 죽은 후 제나라에 있으면서 여러모로 연나라를 위해 힘을 쓴 사람이다.

그는 형인 '소진'만큼 큰일은 하지 못했으나 그 동생답게 조나라로 건너가 조나라 혜문왕을 자신 있게 설득했다.

"저는 오늘 귀국으로 올 때 역수(易水: 연나라와 조나라의 국경을 이루는 강을 말함)를 지났습니다만 무심코 강변을 본즉 민물조개가 입을 벌리고 햇볕을 쬐고 있었습니다.

그때 도요새가 날아와 그 민물조개의 살을 쪼았습니다. 민물조개는 깜짝 놀라 급히 껍질을 닫아 그 새의 부리를 물고 놓지 않았습니다.

어떻게 될까하고 저도 걸음을 멈추고 보고 있으려니깐 도요새가 말했습니다.
'이대로 있다가는 오늘도 비가 오지 않고 내일도 비가 오지 않으면 너는 죽을 수밖에 없다.'고 했습니다.
민물조개도 지지 않고 '내가 오늘도 놓지 않고 내일도 놓지 않으면 너는 죽는다.'고 말했습니다.
양쪽이 다 고집을 부리고 말다툼을 할 뿐 서로 화해하려고 하지 않았습니다.
그럭저럭 하고 있을 때 지나가던 어부가 그것을 보고 둘 다 간단히 어부에게 잡히고 말았습니다.
제 머리 속을 번개 같이 어떤 생각이 스쳐 갔습니다. 왕께서 연나라를 공격하실 생각이시지만 연나라가 민물조개라면 조나라는 도요새입니다.
연나라와 조나라가 헛되이 다투어서 백성들을 피폐시킨다면 저 강대한 진(秦)나라가 어부가 되어 힘 안들이고 두 나라를 집어 삼킬 것입니다."

조나라의 혜문왕도 '소대'의 말을 못 알아들을 리 없었다. 조나라와 접하고 있는 진(秦)나라의 위력을 생각하자 연나라를 공격하는 것은 득책이 아니라고 생각하고 침공을 중지 시켰다.

이 이야기는 전국책에 나와 있으며 '어부지리'는 어부에게 이익을 준다, 즉 양쪽이 다투고 있을 때 제 삼자가 이익을 차지하게 되는 것을 말한다.

우리들이 일상생활을 하는 가운데 어부지리 같은 일이 많이 일어나고 있으며 중국 전국시대 때 합종책으로 유명한 '소진'의 동생 '소대'가 조나라의 혜문왕을 설득하는 과정에서 나온 이야기라고 한다.

066

비比 지之 어於 수水하면 　 동同 원源 이異 류流니라
④　①　③　②　　　　②　①　④　③

이를 물에 비유하면,　　　　근원은 같고 물줄기가 다른 것이다

확인란

● 글자 익히기　한자의 음과 뜻을 읽으면서 필순에 맞게 써 봅시다.

比 견줄 비	필순(쓰는 순서) 　一　ヒ　トレ　比						
	比						
之 어조사 지	丶　亠　ラ　之						
	之						
於 어조사 어	丶　亠　ナ　方　方　於　於　於						
	於						
水 물 수	刀　力　水　水						
	水						
同 같을 동	l　冂　冂　同　同　同						
	同						
源 근원 원	氵　氵　沪　沪　沪　源　源　源						
	源						
異 다를 이	l　口　日　田　田　甲　甲　異　異　異　異						
	異						
流 흐를 류	丶　氵　汇　汁　泸　泸　流						
	流						

※ 학부모들이나 지도하시는 분은 확인하여 주시기 바랍니다.

067 형兄 제弟 이怡 이怡하여   행行 즉則 안雁 행行하고
　　① 　② 　③ 　④ 　　① 　② 　③ 　④

형제간에 서로 화합하고,　　걸어갈 때는 기러기처럼 나란히 걸어가라

확인란

● 글자 익히기　한자의 음과 뜻을 읽으면서 필순에 맞게 써 봅시다.

兄 맏 **형**	**필순**(쓰는 순서) 丶 冂 口 尸 兄						
	兄						
弟 아우 **제**	丶 丷 䒑 䒑 弟 弟 弟						
	弟						
怡 화할 **이**	丶 丶 忄 忄 忄 怡 怡						
	怡						
怡 화할 **이**	丶 丶 忄 忄 忄 怡 怡						
	怡						
行 다닐 **행**	丿 丿 彳 彳 行 行						
	行						
則 곧 **즉**	丨 冂 冎 月 目 貝 貝 貝 則						
	則						
雁 기러기 **안**	一 厂 厂 厃 厃 厊 厊 厈 厈 雁 雁 雁						
	雁						
行 다닐 **행**	丿 丿 彳 彳 行 行						
	行						

※ 학부모들이나 지도하시는 분은 확인하여 주시기 바랍니다.

068

침寢 즉則 연連 금衾하고　식食 즉則 동同 상牀하라
① ② ③ ④　　① ② ③ ④

잠을 잘 때에는 같은 이불을 덮고, 밥을 먹을 때는 같은 밥상에서 먹는다.

확인란

● 글자 익히기　한자의 음과 뜻을 읽으면서 필순에 맞게 써 봅시다.

寢 잘 **침**	필순(쓰는 순서) 宀 宀 宀 宀 宀 宀 寢						
	寢						
則 곧 **즉**	丨 冂 冃 月 目 貝 貝 則 則						
	則						
連 이을 **연**	一 ㄷ 冂 丐 亘 車 車 連 連						
	連						
衾 이불 **금**	丿 人 人 今 今 会 今 余 衾 衾						
	衾						
食 밥 **식**	丿 人 人 今 今 会 食 食 食						
	食						
則 곧 **즉**	丨 冂 冃 月 目 貝 貝 則 則						
	則						
同 같을 **동**	丨 冂 冂 同 同 同						
	同						
牀 평상 **상**	丨 丬 丬 丬 丬 牀 牀 牀						
	牀						

※ 학부모들이나 지도하시는 분은 확인하여 주시기 바랍니다.

원문과 해석되어 있는 내용을 소리 내어 읽고 외우기

069

분分 무毋 구求 다多하며 유有 무無 상相 통通하라
① ④ ③ ② ① ② ③ ④

나눌 때는 서로 많이 차지하려고 하지 말고, 있든 없든 서로 함께해야한다.

확인란

글자 익히기 한자의 음과 뜻을 읽으면서 필순에 맞게 써 봅시다.

한자	필순(쓰는 순서)
分 나눌 **분**	丿 八 分 分
毋 말 **무**	ㄥ 𠂉 毋 毋
求 구할 **구**	一 十 寸 才 求 求 求
多 많을 **다**	丿 ク 夕 多 多 多
有 있을 **유**	一 ナ 𠂇 有 有 有
無 없을 **무**	丿 𠂉 𠂉 無 無 無 無 無 無 無 無 無
相 서로 **상**	一 才 木 木 相 相 相
通 통할 **통**	㇇ 乛 龴 甬 甬 甬 甬 甬 涌 通

※ 학부모들이나 지도하시는 분은 확인하여 주시기 바랍니다.

070

사私 기其 의衣 식食이면   이夷 적狄 지之 도徒니라
④ ① ② ③   ① ② ③ ④

형제간에 그 옷과 음식을 사사롭게 하면,   오랑캐의 무리이다.

확인란

● 글자 익히기 한자의 음과 뜻을 읽으면서 필순에 맞게 써 봅시다.

私 사사로울 사	필순(쓰는 순서) ´ ㆍ 千 千 私 私							
	私							
其 그 기	ㅣ ㅐ 卄 ㅐ 甘 其 其 其							
	其							
衣 옷 의	` ㆍ ㅜ ㅈ 衣 衣							
	衣							
食 먹을 식	ノ 人 人 今 今 今 食 食 食							
	食							
夷 오랑캐 이	一 ㄱ ㅌ 弓 夷 夷							
	夷							
狄 오랑캐 적	ノ ㅓ ㅕ ㅕ 犭 犲 狄							
	狄							
之 어조사 지	` ㆍ ㅜ 之							
	之							
徒 무리 도	´ ㅓ ㅓ 社 往 往 徒							
	徒							

※ 학부모들이나 지도하시는 분은 확인하여 주시기 바랍니다.

공부한 것 복습하기

066 比 之 於 水하면　同 源 異 流니라

견줄 ◯　어조사 ◯　어조사 ◯　물 ◯　　같을 ◯　근원 ◯　다를 ◯　흐를 ◯

쓰기

比					同			
④	①	③	②		②	①	④	③

해석 (　　　　　　　　　　　)　　(　　　　　　　　　　　)

---

067 兄 弟 怡 怡하여　行 則 雁 行하고

맏 ◯　아우 ◯　화할 ◯　화할 ◯　　다닐 ◯　곧 ◯　기러기 ◯　다닐 ◯

쓰기

①	②	③	④	①	②	③	④

해석 (　　　　　　　　　　　)　　(　　　　　　　　　　　)

---

068 寢 則 連 衾하고　食 則 同 牀하라

잘 ◯　곧 ◯　이을 ◯　이불 ◯　　밥 ◯　곧 ◯　같을 ◯　평상 ◯

쓰기

①	②	③	④	①	②	③	④

해석 (　　　　　　　　　　　)　　(　　　　　　　　　　　)

---

069 分 毋 求 多하며　有 無 相 通하라

나눌 ◯　말 ◯　구할 ◯　많을 ◯　　있을 ◯　없을 ◯　서로 ◯　통할 ◯

쓰기

①	④	③	②	①	②	③	④

해석 (　　　　　　　　　　　)　　(　　　　　　　　　　　)

---

070 私 其 衣 食이면　夷 狄 之 徒니라

사사로움 ◯　그 ◯　옷 ◯　먹을 ◯　　오랑캐 ◯　오랑캐 ◯　어조사 ◯　무리 ◯

쓰기

④	①	②	③	①	②	③	④

해석 (　　　　　　　　　　　)　　(　　　　　　　　　　　)

▶반성 : 상 (5개 모두 외운다), 중(3~4개), 다시공부하기(1~2개)

양두구육 羊頭狗肉

羊: 양 양, 頭: 머리 두, 狗: 개 구, 肉: 고기 육

⊙ 의미(뜻) : 밖에서는 양의 머리를 내어 놓고 안에서는 개고기를 판다는 뜻으로 겉으로는 훌륭하게 내세우나 속은 음흉한 생각을 품고 있다는 뜻이 된다.

⊙ 출 전 : 안자춘추

'양두구육'이란 성어는 '양두'는 양의 머리를 말하고, '구육'은 개의 고기를 말하는데 양의 머리를 걸어 놓고 안에서는 개고기를 판다. 즉 겉과 속이 일치 하지 않을 때 비유해서 쓰이는 말이다.

이 말은 중국 춘추시대 때 제나라의 '영공'은 궁중의 여자들에게 남장을 시켜 놓고 즐기는 이상한 취미를 가지고 있었다.

그런데 궁중의 이 같은 풍습은 곧 민간에까지 퍼져 제나라에는 남장을 하는 여자들이 날로 늘어나고 있었다. 영공은 궁중 밖에서 남장하는 여자들을 처벌하도록 명령했다. 하지만 유행은 멈추지 않았다.

영공은 안자에게 물었다. 그러자 안자는 "전하께서는 궁중의 여인들에게는 남장을 시켜놓고 궁중 밖의 여자에게는 하지 못하도록 하였습니다.

이것은 밖에는 양의 머리를 내어 걸고 안에서는 개고기를 파는 것과 같습니다.

지금부터라도 궁중의 여자들에게 남장을 하지 못하도록 하셔야 합니다. 그러면 궁중 밖의 여자들도 남장을 하지 않을 것입니다." 제나라 영공이 안자의 충고에 따라 궁중의 여자들에게 남장을 금지 하도록 하였다.

그랬더니 제나라에서는 남장한 여자들을 찾아 볼 수 없게 되었다는 이야기이다.

겉과 속이 일치하지 않을 때 '양두구육'이라고 흔히 사용되는 말이다.

양상군자 梁上君子

梁: 들보 량, 上: 위 상, 君: 임금 군, 子: 아들 자

⊙ 의미(뜻) : 대들보 위의 군자. 집안에 들어온 도둑을 비유해서 쓰는 말. 또는 천장위의 쥐를 일컫는 말이다.

⊙ 출 전 : 후한서, 진식전

'양상군자'라는 성어는 '양상'은 대들보 위를 말하고 '군자'라는 말은 학식과 덕행이 높은 사람을 말하므로 대들보위의 군자라는 말이 된다.

이 말이 집안에 들어온 도둑을 가리키는 말이 된 고사(옛날에 있었던 일)는 중국 후한 말 '진식'이란 사람이 '태구현'의 장(長)으로 부임해 왔다.

그가 집에서 책을 읽고 있는데 한 사나이가 방안으로 숨어 들어와 대들보 위에 엎드렸다. 도둑이라고 생각한 진식은 모르는 척 하고 있다가, 잠시 후 아들과 손자들을 불러 훈계했다.

"사람은 스스로 노력하지 않으면 안 된다. 나쁜 사람이라도 본래의 성질은 나쁜 사람이 아니다. 예를 들어 지금 대들보 위에 있는 군자도 그렇다."

이 말을 들은 도둑은 대들보에서 내려와 방바닥에 엎드려 벌을 받기를 자청했다. 진식은 말하였다.

"자네의 얼굴이나 모습을 보니 나쁜 사람 같지는 않네." 하면서 도둑에게 비단 두필을 주어 돌려보냈다고 한다.

그 일이 있은 후부터 그의 관할 구역에는 도둑의 그림자가 끊어졌다고 한다.

'양상군자'라고 하는 도둑을 가리키는 말은 여기서 생겼다고 한다. 또 천장위의 쥐를 말할 때도 쓰인다. 그로부터 군자라는 말이 다소 비꼬는 느낌을 주어 오히려 맘에 들었는지 후세에 곧잘 도둑을 비유해서 쓰이게 되었다.

071

형兄 무無 의衣 복服이면   제弟 필必 헌獻 지之하고
① ④ ② ③   ① ② ④ ③

형이 의복이 없으면,   동생이 반드시 옷을 드리고

확인란

● 글자 익히기　한자의 음과 뜻을 읽으면서 필순에 맞게 써 봅시다.

兄 맏 **형**	필순(쓰는 순서) ＇ ７ 口 尸 兄 兄							
無 없을 **무**	＇ ᅳ 仁 仨 仨 無 無 無 無 無 無 無							
衣 옷 **의**	＼ 一 ナ 才 衣 衣 衣							
服 옷 **복**	） 刀 月 月 肝 服 服 服 服							
弟 아우 **제**	＼ ＼ ＂ 쓰 쓰 弟 弟 弟							
必 반드시 **필**	＼ ＼ ＇ ソ 必 必 必 必							
獻 드릴 **헌**	＇ 广 广 卢 虍 虍 虚 虏 虏 虏 虏 虏 虏 虏 献 獻 獻 獻							
之 어조사 **지**	＼ 一 ナ 之 之							

※ 학부모들이나 지도하시는 분은 확인하여 주시기 바랍니다.

072

제 弟 무 無 음 飲 식 食 이면   형 兄 필 必 여 與 지 之 하라
① ④ ② ③   ① ② ④ ③

동생이 먹을 것(음식)이 없으면,   형이 반드시 먹을 것을 주어라

확인란

● 글자 익히기   한자의 음과 뜻을 읽으면서 필순에 맞게 써 봅시다.

弟 아우 제	필순(쓰는 순서) ` `` ``` ``` 브 弟 弟							
	弟							
無 없을 무	ノ ト ヒ チ 뜨 無 無 無 無 無 無							
	無							
飲 마실 음	ノ ハ ケ ち 与 自 自 自 創 創 創 飲							
	飲							
食 먹을 식	ノ 人 へ 今 今 今 食 食 食							
	食							
兄 맏 형	` 冂 口 尸 兄							
	兄							
必 반드시 필	` ソ 必 必 必							
	必							
與 줄 여	ζ Γ Γ 臼 臼 朗 與 與							
	與							
之 어조사 지	` 丶 ラ 之							
	之							

※ 학부모들이나 지도하시는 분은 확인하여 주시기 바랍니다.

073

일一 배杯 지之 수水라도   필必 분分 이而 음飮하고
①   ②   ③   ④   ①   ②   ③   ④

한 잔의 물이라도,   반드시 나누어 마시고

확인란

● 글자 익히기   한자의 음과 뜻을 읽으면서 필순에 맞게 써 봅시다.

一 한 일	**필순**(쓰는 순서) 一							
	一							
杯 잔 배	一 十 オ 木 杧 村 村 杯							
	杯							
之 어조사 지	、 亠 宀 之							
	之							
水 물 수	亅 刀 水 水							
	水							
必 반드시 필	、 ノ 义 必 必							
	必							
分 나눌 분	ノ 八 分 分							
	分							
而 말이을 이	一 ニ イ 厂 厅 而 而							
	而							
飮 마실 음	ノ ハ ト 乍 乍 乌 乌 乌 乌 乌 飮 飮 飮							
	飮							

※ 학부모들이나 지도하시는 분은 확인하여 주시기 바랍니다.

074

일一 립粒 지之 식食이라도   필必 분分 이而 식食하라
② ① ③ ④   ① ② ③ ④

쌀 한 알의 밥이라도,   반드시 나누어 먹어라

확인란

● 글자 익히기   한자의 음과 뜻을 읽으면서 필순에 맞게 써 봅시다.

一 한 일	필순(쓰는 순서) 一							
	一							
粒 쌀알 립	丶 丶 丷 立 쓰 米 米 粉 粒 粒							
	粒							
之 어조사 지	丶 丶 ㇇ 之							
	之							
食 먹을 식	丿 人 人 今 今 今 食 食 食							
	食							
必 반드시 필	丶 丿 必 必 必							
	必							
分 나눌 분	丿 八 今 分							
	分							
而 말이을 이	一 丆 丆 丙 而 而							
	而							
食 먹을 식	丿 人 人 今 今 今 食 食 食							
	食							

※ 학부모들이나 지도하시는 분은 확인하여 주시기 바랍니다.

075

형兄 수雖 책責 아我 라도   막莫 감敢 항抗 노怒 하고
① ② ④ ③   ④ ① ② ③

형이 만일 나를 꾸짖더라도,   감히 대들거나 화내지 말고

확인란

● 글자 익히기 한자의 음과 뜻을 읽으면서 필순에 맞게 써 봅시다.

兄 맏 **형**	**필순**(쓰는 순서) ㇏ ㄇ ㅁ 尸 兄 兄							
雖 비록 **수**	ㅁ 吕 吊 吊 蜉 雖 雖 雖							
責 꾸짖을 **책**	一 十 主 靑 靑 靑 責 責							
我 나 **아**	㇒ 二 千 手 我 我 我 我							
莫 말 **막**	十 艹 芑 苩 莒 莫 莫 莫							
敢 감히 **감**	工 干 千 ᵈ 貢 敢 敢 敢							
抗 저항할 **항**	一 十 扌 扩 扩 抗 抗 抗							
怒 성낼 **노**	夕 女 如 奴 奴 怒 怒 怒							

※ 학부모들이나 지도하시는 분은 확인하여 주시기 바랍니다.

공부한 것 복습하기

071 兄 無 衣 服 이면　　弟 必 獻 之 하고

맏 ◯　없을 ◯　옷 ◯　옷 ◯　　아우 ◯　반드시 ◯　드릴 ◯　어조사 ◯

쓰기 | 兄 | | | | | 弟 | | | |
① ④ ② ③　　① ② ④ ③

해석 (　　　　　　　　　)　(　　　　　　　　　)

072 弟 無 飮 食 이면　　兄 必 與 之 하라

아우 ◯　없을 ◯　마실 ◯　먹을 ◯　　맏 ◯　반드시 ◯　줄 ◯　어조사 ◯

쓰기 | | | | | | | | | |
① ④ ② ③　　① ② ④ ③

해석 (　　　　　　　　　)　(　　　　　　　　　)

073 一 杯 之 水 라도　　必 分 而 飮 하고

한 ◯　잔 ◯　어조사 ◯　물 ◯　　반드시 ◯　나눌 ◯　말이을 ◯　마실 ◯

쓰기 | | | | | | | | | |
① ② ③ ④　　① ② ③ ④

해석 (　　　　　　　　　)　(　　　　　　　　　)

074 一 粒 之 食 이라도　　必 分 而 食 하라

한 ◯　알 ◯　어조사 ◯　먹을 ◯　　반드시 ◯　나눌 ◯　말이을 ◯　먹을 ◯

쓰기 | | | | | | | | | |
② ① ③ ④　　① ② ③ ④

해석 (　　　　　　　　　)　(　　　　　　　　　)

075 兄 雖 責 我 라도　　莫 敢 抗 怒 하고

맏 ◯　비록 ◯　꾸짖을 ◯　나 ◯　　말 ◯　감히 ◯　저항할 ◯　성낼 ◯

쓰기 | | | | | | | | | |
① ② ④ ③　　④ ① ② ③

해석 (　　　　　　　　　)　(　　　　　　　　　)

▸반성 : 상 (5개 모두 외운다), 중(3~4개), 다시공부하기(1~2개)

양약고구 良藥苦口

良: 좋을 양, 藥: 약 약, 苦: 쓸 고, 口: 입 구

⊙ 의미(뜻) : 좋은 약은 입에 쓰다는 말로 충성스런 말은 귀에 거슬린다는 뜻.
⊙ 출　전 : 사기, 공자가어

'양약고구'라고 하는 성어는 양약(良藥)은 좋은 약을 말하고 고구(苦口)는 입에 쓰다는 말로 좋은 약은 입에는 쓰나 병에는 잘 듣는다는 말인데, 충성스런 말은 귀에 거슬리나 행실에는 이로운(利)것이 된다는 말로 쓰이고 있다.

이 고사(옛날에 있었던 일)는 기원전(B.C) 26년의 일이다.

중국 진(秦)나라 근거지인 중원에 제일 먼저 들어간 '유방'은 진나라 '자영'이 바친 제왕의 도장(印)을 받고 수도 함양으로 들어갔다.

술과 여자를 좋아하는 유방은 진나라 아방궁으로 들어가자 몇천 명의 궁녀에 눈이 어지러워져 정신을 차리지 못했다. 이런 유방의 마음을 알아차림 '번쾌'가 유방에게 간언했다.

"이 궁전에서 나가셔야 합니다." 그러나 유방은 듣지 않았다.

그것을 안 참모인 장량(張良)이 궁전을 보인 것이 잘못이라고 생각하면서 유방에게로 갔다.

"진나라는 폭정으로 백성들의 원한을 샀습니다. 그런데 궁궐에 들어오자 재물과 여색에 빠져 진왕의 폭정을 배우려고 하신다면 안 됩니다. 원래 충성스러운 말은 귀에 거슬리나 행실에는 이롭고, 좋은 약은 입에는 쓰나 병에는 이롭다고 합니다. 부디 번쾌의 말을 들어야 합니다."

겨우 제정신으로 돌아간 유방은 진나라의 창고를 봉인하고 다시 폐상으로 돌아가 천하를 통일하고 한(漢)나라의 '한고조'가 되었다고 합니다.

오십보백보 五十步百步

五: 다섯 오, 十: 열 십, 步: 걸음 보, 百: 일백 백, 步: 걸음 보

⊙ 의미(뜻) : 오십 보를 도망간 사람이나 백보를 도망간 사람이나 정도의 차이는 있을지라도 본질적으로 마찬가지라는 뜻

⊙ 출 전 : 맹자, 양혜왕전

'오십보백보'라는 성어는 '오십 보'는 50걸음을 말하고 '백보'는 100걸음을 말하는데 50보 도망간 사람이 100보 도망간 사람을 비웃는다는 말은 행동의 차이는 있지만 결과는 같다고 하는 말이다. 이 말은 '맹자'가 위(魏)나라 왕인 '혜왕'에게 초청을 받았을 때 한 이야기라고 한다.

중국의 위나라는 당시 진(秦)나라의 압박을 견디기 어려웠고 이웃나라인 제(齊)나라와의 전쟁에서도 항상 지는 바람에 국력이 떨어진 상태였다. 고민하던 혜왕은 맹자를 초빙하여 물었다.

"과인은 나라를 다스리는데 마음을 다하고 있습니다. 그런데 이웃나라는 백성이 줄어들지 않고 있는데, 과인의 백성은 늘어나지 않는 것은 무슨 까닭입니까?" 맹자께서 말씀하셨다.

"왕께서 전쟁을 좋아하시니 전쟁을 비유해서 말씀드리겠습니다. 전쟁터에서 병사들이 싸움을 하다가 어떤 사람은 백보를 도망가고 어떤 사람은 오십 보를 도망간 다음에 멈추어서 백보를 도망간 사람을 비웃는다면 어떻습니까?" 왕이 대답했다.
"50보나 100보나 도망치기는 마찬가지 아니오."

"왕께서 그것을 아셨다면 인접국가보다 백성이 많아지기를 바라지 마십시오."라고 맹자가 말했다고 한다.

맹자의 왕도(王道)에서 보면 아무리 혜왕이 백성을 생각한다 해도 50보나 100보의 차이로 별 차이가 없다는 뜻으로 말한 것이라고 한다.

076

제 **弟** 수 **雖** 유 **有** 과 **過**라도   수 **須** 물 **勿** 성 **聲** 책 **責**하라
①   ②   ④   ③   ①   ④   ②   ③

동생에게 비록 잘못이 있더라도,   모름지기 큰 소리로 꾸짖지 말아라

확인란

🔵 **글자 익히기** 한자의 음과 뜻을 읽으면서 필순에 맞게 써 봅시다.

弟 아우 제	필순(쓰는 순서)　丶　丷　丬　丬　彐　弟　弟						
	弟						
雖 비록 수	口　吕　吊　虽　剴　蜌　雖						
	雖						
有 있을 유	一　ナ　オ　右　有　有						
	有						
過 허물 과	丨　冂　冃　咼　咼　過　過						
	過						
須 모름지기 수	丿　彡　彡　彡　須　須　須						
	須						
勿 말 물	丿　勹　勺　勿						
	勿						
聲 소리 성	士　吉　声　殸　殸　聲						
	聲						
責 꾸짖을 책	一　十　丰　青　青　責　責						
	責						

※ 학부모들이나 지도하시는 분은 확인하여 주시기 바랍니다.

077

형 兄 제 弟 유 有 선 善 이면   필 必 예 譽 우 于 외 外 하고
① ② ④ ③   ① ④ ③ ②

형제에게 선함이 있으면,   반드시 밖으로 드러내고

확인란

● 글자 익히기   한자의 음과 뜻을 읽으면서 필순에 맞게 써 봅시다.

兄 맏 **형**	**필순**(쓰는 순서) ㅣ ㅁ ㅁ ㄹ 兄							
	兄							
弟 아우 **제**	` ` ` ` ` ` 弟 弟							
	弟							
有 있을 **유**	一 ナ オ 右 有 有							
	有							
善 착할 **선**	` ` ` ` ` 羊 盖 善							
	善							
必 반드시 **필**	` ` ノ 必 必 必							
	必							
譽 칭찬할 **예**	` ` ` ` ` 與 與 譽							
	譽							
于 어조사 **우**	一 二 于							
	于							
外 밖 **외**	` ` ク タ 列 外							
	外							

※ 학부모들이나 지도하시는 분은 확인하여 주시기 바랍니다.

078

형兄 제弟 유有 실失이면   은隱 이而 물勿 양揚하고
① ② ④ ③   ① ② ④ ③

형제에게 과실이 있으면,   감춰주고 드러내지 말아라

확인란

● 글자 익히기   한자의 음과 뜻을 읽으면서 필순에 맞게 써 봅시다.

兄 맏 형	필순(쓰는 순서) ㇑ ㄇ ㅁ 尸 兄						
	兄						
弟 아우 제	㇒ ㇔ ㅘ 뽜 뽜 弟 弟						
	弟						
有 있을 유	一 ナ 才 右 有 有						
	有						
失 잘못 실	㇒ ㇒ ㅌ 失 失						
	失						
隱 숨을 은	㇈ ㇌ ㇌ ㇌ ㇌ ㇌ 阡 阼 阼 隂 隂 隱 隱 隱 隱						
	隱						
而 말이을 이	一 ㇀ ㇉ 丙 而 而						
	而						
勿 말 물	㇒ ㇆ 勹 勿						
	勿						
揚 날릴 양	扌 扌 捛 捛 捛 揚 揚						
	揚						

※ 학부모들이나 지도하시는 분은 확인하여 주시기 바랍니다.

원문과 **해석**되어 있는 내용을 소리 내어 읽고 외우기

079

형兄 제弟 유有 난難이면   민憫이而 사思 구救하라
① ② ④ ③   ① ② ④ ③

형제에게 어려운 일이 있으면,   근심하고 구해줄 것을 생각하라

확인란

● 글자 익히기   한자의 음과 뜻을 읽으면서 필순에 맞게 써 봅시다.

兄 맏 **형**	**필순**(쓰는 순서) ㅣ 口 口 尸 兄							
	兄							
弟 아우 **제**	丶 丷 뱌 쓰 弟 弟 弟							
	弟							
有 있을 **유**	一 ナ 才 冇 有 有							
	有							
難 어려울 **난**	艹 苩 苩 茣 萛 蕒 難							
	難							
憫 민망할 **민**	ㅣ ㅣ ㅏ 忄 忄 忄 们 惘 惘 惆 惆 惆 憫 憫 憫							
	憫							
而 말이을 **이**	一 ㄱ 厂 冇 而 而							
	而							
思 생각 **사**	ㅣ 口 日 田 田 田 思 思 思							
	思							
救 구원할 **구**	一 十 寸 才 求 求 求 求 求 救 救							
	救							

※ 학부모들이나 지도하시는 분은 확인하여 주시기 바랍니다.

080

형兄 능能 여如 차此면   제弟 역亦 효效 지之니라
① ② ④ ③   ① ② ④ ③

형이 능히 이와 같이 하면,   동생도 또한 이것을 본 받을 것이다.

확인란

● 글자 익히기 한자의 음과 뜻을 읽으면서 필순에 맞게 써 봅시다.

兄 맏 **형**	필순(쓰는 순서) ｜ ⼝ ⼝ ⼫ 兄						
	兄						
能 능할 **능**	⼁ ⼂ ⼃ 肖 肖 肖 能 能						
	能						
如 같을 **여**	⼁ ⼥ ⼥ 如 如 如						
	如						
此 이 **차**	｜ ⼁ ⼁ 此 此 此						
	此						
弟 아우 **제**	⼂ ⼲ ⼲ ⼳ 弟 弟 弟						
	弟						
亦 또 **역**	⼂ ⼆ ⼴ 亣 亦 亦						
	亦						
效 본받을 **효**	⼂ ⼂ 亥 亥 効 効 效						
	效						
之 어조사 **지**	⼂ ⼂ ⼀ 之						
	之						

※ 학부모들이나 지도하시는 분은 확인하여 주시기 바랍니다.

공부한 것 복습하기

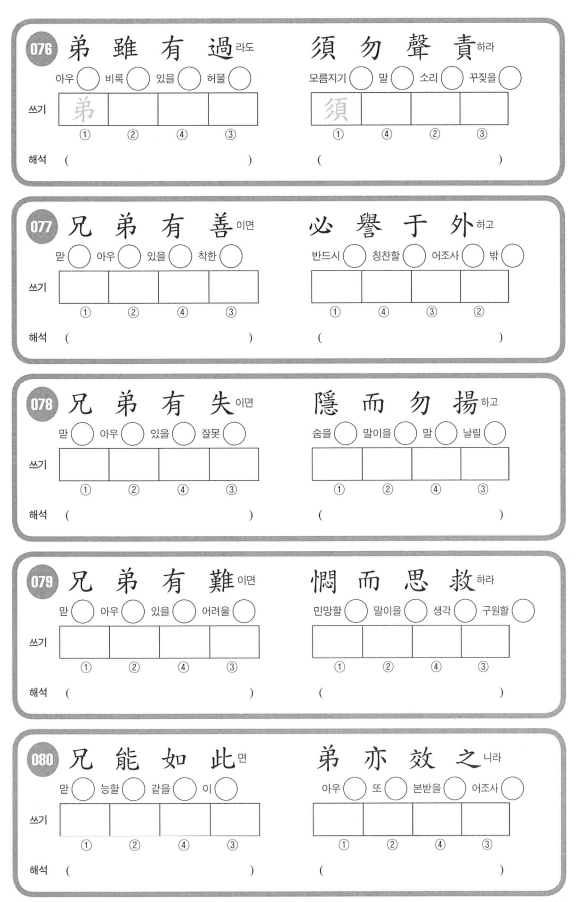

076 弟 雖 有 過라도　須 勿 聲 責하라

아우 ◯　비록 ◯　있을 ◯　허물 ◯　　모름지기 ◯　말 ◯　소리 ◯　꾸짖을 ◯

쓰기 | 弟 | | | | | 須 | | | |

① ② ④ ③　　① ④ ② ③

해석 (　　　　　　　) 　(　　　　　　　　)

077 兄 弟 有 善이면　必 譽 于 外하고

맏 ◯　아우 ◯　있을 ◯　착한 ◯　　반드시 ◯　칭찬할 ◯　어조사 ◯　밖 ◯

쓰기

① ② ④ ③　　① ④ ③ ②

해석 (　　　　　　　) 　(　　　　　　　　)

078 兄 弟 有 失이면　隱 而 勿 揚하고

맏 ◯　아우 ◯　있을 ◯　잘못 ◯　　숨을 ◯　말이을 ◯　말 ◯　날릴 ◯

쓰기

① ② ④ ③　　① ② ④ ③

해석 (　　　　　　　) 　(　　　　　　　　)

079 兄 弟 有 難이면　憫 而 思 救하라

맏 ◯　아우 ◯　있을 ◯　어려울 ◯　　민망할 ◯　말이을 ◯　생각 ◯　구원할 ◯

쓰기

① ② ④ ③　　① ② ④ ③

해석 (　　　　　　　) 　(　　　　　　　　)

080 兄 能 如 此면　弟 亦 效 之니라

맏 ◯　능할 ◯　같을 ◯　이 ◯　　아우 ◯　또 ◯　본받을 ◯　어조사 ◯

쓰기

① ② ④ ③　　① ② ④ ③

해석 (　　　　　　　) 　(　　　　　　　　)

▶반성 : 상 (5개 모두 외운다), 중(3~4개), 다시공부하기(1~2개)

온고지신 溫故知新

溫: 따뜻할 온, 故: 옛 고, 知: 알 지, 新: 새 신

⊙ 의미(뜻) : 옛 것을 익히고 새 것을 안다. 선현의 옛 문물을 잘 익혀 새로운 문물을 안다는 뜻.
　　　　　온고이지신이라고도 한다.
⊙ 출　전 : 논어, 위정편

'온고이지신'이라는 성어는 온고(溫故)는 옛것을 따뜻하게 한다는 말인데, 온(溫)에 대하여 여러 가지 해석이 이루어지고 있다.

정현(鄭玄)은 '심온'과 같다고 했는데 심이란 고기를 뜨거운 물속에 넣어 따뜻하게 하는 것을 말한다. 즉, 옛것을 배워 가슴속을 따뜻하게 하는 것을 말한다.

주자(朱子)는 '심역'하는 것이라고 했다. 곧 찾아서 연구한다는 뜻이다.

공자는 논어 위정편에서 "옛것을 익혀서 새것을 알면 다른 사람의 스승이 될 수 있다."고 말씀 하셨다.

온고지신이란 말은 과거와 동시에 현재를 알아야 한다는 뜻도 되지만 과거를 알아야 현실을 더 확실하게 알 수 있다는 의미가 더 강하게 깔려 있다.

어른들은 옛것은 잘 알지만 새로운 지식에는 부족하고 젊은 사람은 새로운 학문은 잘 알지만 옛 학문에 대해서는 부족하다.

따라서 이 두 가지를 모두 익혀야만 다른 사람의 스승이 될 수 있을 것이라고 한다. 그러므로 옛것을 익히고 새로운 것을 안다는 것은 분명히 쉬운 일이 아니지만 고전(古典)의 근본정신을 잘 알아서 새로운 지식을 바르게 알 수 있도록 찾아서 연구하기를 바랍니다.

일거양득 一擧兩得

一: 한 일, 擧: 들 거, 兩: 두 량, 得: 얻을 득

⊙ 의미(뜻) : 한 가지 일을 해서 두 가지 이익을 얻음. 즉 한 가지 일을 잘 처리하면 그로 인해 여러 가지 이익을 얻을 수 있다는 말로 쓰인다.

⊙ 출 전 : 춘추후어, 전국책

'일거양득'이라는 성어는 '일거'는 한 가지 일이며 '양득'은 두 가지를 얻는다는 말로 일전쌍조(一箭雙鳥: 화살 한 개로 두 마리의 새를 잡는 것을 말함)와 일석이조(一石二鳥: 돌 한 개로 두 마리 새를 잡는 것을 말함)와도 뜻이 통하는 말이다.

옛날 '변장자'라는 힘이 센 사나이가 여관에 투숙하고 있었다. 호랑이가 나타났다고 하는 말을 듣고 잡으러 나가려고 하자 여관의 심부름하는 아이가 말렸다.

"조금 기다리세요. 호랑이 두 마리가 소를 잡아먹으려고 하거든요. 그런데 먼저 먹으려고 싸울 것입니다. 그러면 이긴 놈도 상처도 입고 힘도 빠질 것입니다. 그 때 허덕이는 놈을 찔러 죽이면 한 번에 두 마리의 호랑이를 잡게 됩니다. '일거양득'입니다."

변장자는 그 말이 옳다고 생각하여 허덕이는 호랑이를 아주 쉽게 그것도 한 번에 두 마리를 잡았다고 한다.

중국 전국시대에 한(韓)과 위(魏) 두 나라가 1년 이상 싸움을 하고 있었다.

진(秦)나라 혜왕은 어느 한쪽을 돕고자 부하들과 의논을 했는데 진진(陳軫)이란 부하가 이 '일거양득'에 얽힌 이야기를 했다.

그래서 혜왕은 잠시 방관하고 있다가 한쪽이 지고, 이긴 쪽도 기진맥진한 틈을 타서 공격한 끝에 한 번에 두 나라(韓, 魏)를 다 멸망시키고 말았다고 한다.

'일거양득'이란 고사성어는 한 가지 일로서 두 가지 이득을 얻을 때 쓰이는 말로 우리 일상생활에서 많이 쓰이는 말이다.

081

아我 유有 환歡 락樂이면   형兄 제弟 역亦 락樂하고
① ④ ② ③   ① ② ③ ④

나에게 기쁨과 즐거움이 있으면,   형제 또한 즐거워하고

확인란

● 글자 익히기 한자의 음과 뜻을 읽으면서 필순에 맞게 써 봅시다.

我 나 아	필순(쓰는 순서) ノ ニ 千 手 我 我 我					
	我					
有 있을 유	一 ナ 才 右 有 有					
	有					
歡 기쁠 환	⺿ 吂 萨 菷 藋 歡 歡					
	歡					
樂 즐거울 락	ノ ⺓ 幻 继 繳 樂 樂					
	樂					
兄 맏 형	丶 冂 口 尸 兄					
	兄					
弟 아우 제	丶 丷 ⺌ 肖 肖 弟 弟					
	弟					
亦 또 역	丶 ㅗ 广 方 亣 亦					
	亦					
樂 즐거울 락	ノ ⺓ 幻 继 繳 樂 樂					
	樂					

※ 학부모들이나 지도하시는 분은 확인하여 주시기 바랍니다.

082

아我 유有 우憂 환患이면   형兄 제弟 역亦 우憂니라
① ④ ② ③   ① ② ③ ④

나에게 근심과 걱정이 있으면, 형제 또한 걱정한다.

확인란

● 글자 익히기 한자의 음과 뜻을 읽으면서 필순에 맞게 써 봅시다.

我 나 아	**필순**(쓰는 순서) 一 二 千 手 我 我 我							
	我							
有 있을 유	一 ナ オ 有 有 有							
	有							
憂 근심 우	一 一 ア 币 币 百 百 直 直 憂 憂 憂 憂 憂 憂							
	憂							
患 근심 환	一 口 口 吕 吕 串 串 患							
	患							
兄 맏 형	丶 口 口 尸 兄							
	兄							
弟 아우 제	丶 丷 屮 弟 弟 弟 弟							
	弟							
亦 또 역	丶 一 广 疒 亦 亦							
	亦							
憂 근심 우	一 一 ア 币 币 百 百 直 直 憂 憂 憂 憂 憂 憂							
	憂							

※ 학부모들이나 지도하시는 분은 확인하여 주시기 바랍니다.

083

수雖 유有 타他 친親이나　　　기豈 약若 형兄 제弟리오
① ④ ② ③　　　　　① ④ ② ③

비록 다른 친척이 있어도,　　　어찌 형제와 같겠는가?

확인란

● 글자 익히기　한자의 음과 뜻을 읽으면서 필순에 맞게 써 봅시다.

雖 비록 **수**	필순(쓰는 순서) 口　吊　吊　虽　虽　雖　雖							
	雖							
有 있을 **유**	一　ナ　ナ　冇　有　有							
	有							
他 다를 **타**	ノ　亻　仁　他　他							
	他							
親 친할 **친**	亠　立　辛　亲　新　親　親							
	親							
豈 어찌 **기**	丨　山　屵　豈　豈　豈　豈							
	豈							
若 같을 **약**	十　艹　艹　艺　若　若　若							
	若							
兄 맏 **형**	丶　口　口　尸　兄							
	兄							
弟 아우 **제**	丶　丷　斗　肖　弟　弟　弟							
	弟							

※ 학부모들이나 지도하시는 분은 확인하여 주시기 바랍니다.

084

형兄 제弟 화和 목睦하면   부父 모母 희喜 지之 시니라
① ② ③ ④   ① ② ④ ③

형제가 화목하면,   부모님께서 기뻐하신다.

확인란

● 글자 익히기 한자의 음과 뜻을 읽으면서 필순에 맞게 써 봅시다.

兄 맏 형	**필순**(쓰는 순서) 丶 口 口 尸 兄						
	兄						
弟 아우 제	丶 丷 弐 弚 弟 弟 弟						
	弟						
和 화할 화	二 千 才 禾 和 和 和						
	和						
睦 화목할 목	丨 冂 月 月 目 目 旷 胩 睦 睦 睦 睦 睦						
	睦						
父 아비 부	丿 八 グ 父						
	父						
母 어미 모	乚 口 母 母 母						
	母						
喜 기쁠 희	一 十 士 吉 吉 吉 吉 吉 壴 喜 喜 喜						
	喜						
之 어조사 지	丶 亠 ㇇ 之						
	之						

※ 학부모들이나 지도하시는 분은 확인하여 주시기 바랍니다.

085

사事 사師 여如 친親하여　필必 공恭 필必 경敬하라
② ① ④ ③　　① ② ③ ④

스승 섬기기를 부모님처럼 하여,　반드시 공손하고 반드시 공경하라

확인란

● 글자 익히기　한자의 음과 뜻을 읽으면서 필순에 맞게 써 봅시다.

事 섬길 사	필순(쓰는 순서) 一 ㄇ ㅁ �097 写 写 事						
	事						
師 스승 사	丿 亻 亽 亽 師 師 師						
	師						
如 같을 여	ㄥ ㄥ 女 如 如 如						
	如						
親 어버이 친	丶 亠 立 辛 亲 亲 親 親 親 親 親						
	親						
必 반드시 필	丶 丿 必 必 必						
	必						
恭 공손할 공	一 十 卄 芇 芇 共 恭 恭 恭						
	恭						
必 반드시 필	丶 丿 必 必 必						
	必						
敬 공경 경	丶 艹 艻 芍 苟 苟 苟 敬 敬						
	敬						

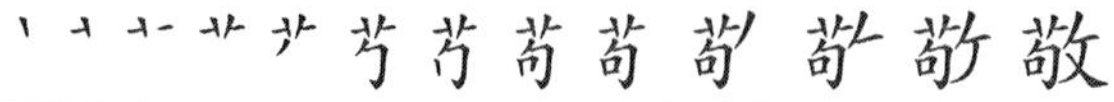

※ 학부모들이나 지도하시는 분은 확인하여 주시기 바랍니다.

228

공부한 것 복습하기

081 我 有 歡 樂 이면   兄 弟 亦 樂 하고

나 ◯ 있을 ◯ 기쁠 ◯ 즐거울 ◯   맏 ◯ 아우 ◯ 또 ◯ 즐거울 ◯

쓰기 | 我 | | | | | 兄 | | | |
① ④ ② ③   ① ② ③ ④

해석 (   )   (   )

082 我 有 憂 患 이면   兄 弟 亦 憂 니라

나 ◯ 있을 ◯ 근심 ◯ 근심 ◯   맏 ◯ 아우 ◯ 또 ◯ 근심 ◯

쓰기 | | | | | | | | | |
① ④ ② ③   ① ② ③ ④

해석 (   )   (   )

083 雖 有 他 親 이나   豈 若 兄 弟 리오

비록 ◯ 있을 ◯ 다를 ◯ 친할 ◯   어찌 ◯ 같을 ◯ 맏 ◯ 아우 ◯

쓰기 | | | | | | | | | |
① ④ ② ③   ① ④ ② ③

해석 (   )   (   )

084 兄 弟 和 睦 하면   父 母 喜 之 시니라

맏 ◯ 아우 ◯ 화할 ◯ 화목할 ◯   아비 ◯ 어미 ◯ 기쁠 ◯ 어조사 ◯

쓰기 | | | | | | | | | |
① ② ③ ④   ① ② ④ ③

해석 (   )   (   )

085 事 師 如 親 하여   必 恭 必 敬 하라

섬길 ◯ 스승 ◯ 같을 ◯ 어버이 ◯   반드시 ◯ 공손할 ◯ 반드시 ◯ 공경 ◯

쓰기 | | | | | | | | | |
② ① ④ ③   ① ② ③ ④

해석 (   )   (   )

▶반성 : 상 (5개 모두 외운다), 중(3~4개), 다시공부하기(1~2개)

와신상담 臥薪嘗膽

臥: 누을 와, 薪: 섶 신, 嘗: 맛볼 상, 膽: 쓸개 담

⊙ 의미(뜻) : 섶에 눕고 쓸개를 맛본다는 뜻으로 목적을 달성하기 위해 갖은 고생을 다한다는 뜻.
⊙ 출 전 : 사기

'와신상담'이라는 성어는 '와신'은 섶나무 즉, 가시가 많은 나무 위에 눕는다는 말이며, '상담'은 곰의 쓸개를 맛본다.

즉, 쓸개를 핥아 맛본다는 뜻으로 원수를 갚기 위해 언제나 지난일(패전)을 생각하며 갖은 고생을 견디어 내는 것을 '와신상담'이라고 하는데 이 이야기는 중국 춘추시대 때 월나라 왕 구천과 오나라 왕 합려가 전쟁을 했는데 오나라가 패하고 왕 합려는 상처를 입고 결국 목숨을 잃었다.

합려는 죽으면서 아들 부차(夫差)에게 반드시 구천에게 원수를 갚으라고 했다.

오나라 왕이 된 부차는 아버지의 유언을 잊지 않으려고 섶(가시가 많은 땔나무. 장작을 말함)위에 자리를 잡고 누워 잠을 자며 아버지의 원수를 갚으려고 했다.
이렇게 밤낮으로 복수를 맹세한 부차왕은 군사를 훈련하며 때가 오기를 기다렸다.

이 사실을 알게 된 월나라 왕 구천은 신하의 간언을 듣지 않고 먼저 오나라를 침략했다. 복수심에 불타는 오나라 군대에 크게 패하여 월나라 군사는 회계산으로 도망가고 말았다.

오나라 군사가 회계산을 포위하자 월나라 왕 구천은 신하 범려의 계략에 따라 오나라의 재상 '백비'에게 많은 뇌물을 준 뒤 '부차'에게 신하가 되겠다며 항복을 청원했다.

그러자 오나라의 대신인 '오자서'가 후환을 남기지 않으려면 지금 구천을 죽여야 한다고 말했지만 부차는 그 말을 듣지 않고 항복을 받아들이고 구천을 귀국하도록 하였다.

구천은 고국으로 돌아온 후 잠자리 옆에 항상 쓸개를 매달아 놓고 앉거나 눕거나 이 쓸개를 핥아 쓴 맛을 되씹으며 회계산에서 항복한 치욕을 생각했다.

그로부터 12년이 지난 뒤 부차가 천하의 패권을 잡기위해 제후들과 만나고 있는 사이에 구천은 오나라로 공격해 들어가 오나라의 잔류군을 크게 격파하였다.

그 뒤 구천은 오나라 수도인 고소성을 포위하여 마침내 오나라 왕 부차에게서 항복을 받았다.

그리고 구천은 부차를 용동으로 귀양 보내어 그곳에서 여생을 보내게 하려고 하였으나 부차는 아버지의 유언을 잘 지키지 못해 스스로 자결하고 말았다.

이렇게 하여 구천은 오나라를 대신하여 천하의 패자(제후의 으뜸)가 되었다고 한다.

와신상담이란 성어는 '부차'의 '와신'(섶나무 즉, 가시나무가 많은 장작 나무위에 자리를 펴고 원수를 갚기 위한 생각만 하는 것을 말함)과 '구천'의 '상담'(잠자리 옆에 항상 쓸개를 매달아 놓고 앉거나 눕거나 이 쓸개를 핥아 쓴 맛을 되씹으며 원수를 갚기 위한 생각만 하는 것)이 합쳐져서 즉, 부차의 와신과 구천의 상담이 합쳐져서 '와신상담'이라는 고사성어가 생겼다고 한다.

와신상담이란 말은 원수를 갚기 위해 갖은 고생을 다할 때 쓰이는 말이다. 그리고 오나라 사람과 월나라 사람들은 사이가 좋지 않았는데 이를 오월지간(吳越之間)이라고 하고 오월동주(吳越同舟)라고 하는 고사성어도 있다. 다음에 알아보도록 합시다.

오월동주 吳越同舟

吳:나라이름 오, 越: 넘을 월, 同: 한가지 동, 舟:배 주

⊙ 의미(뜻) : 서로 사이가 좋지 않은 사람이 같은 경우의 처지가 됨을 가르키는 말
⊙ 출　전 : 손자병법, 구지편

'오월동주'라고 하는 성어는 오(吳)는 옛날 중국의 춘추시대에 있던 나라이름이며, 월(越)도 이웃나라인데 두 나라는 서로 적국으로 사람들끼리 서로 미워하는 관계이다.

그리고 동주(同舟)는 같은 배란 뜻으로 적국의 원수인 오나라와 월나라 사람이 같은 배에 타고 있다는 말로 한 배에 탄 이상 목적지에 갈 때까지 운명을 같이 하고 협력하게 된다는 뜻으로 쓰이는 말이다.

손자(孫子)라는 책이 있다.

중국의 유명한 병서로서 춘추시대 때 오나라에 있던 손무(孫武)가 쓴 책인데 제 11편 구지(九地)에 보면 다음과 같은 문장이 있다

"대저 오나라 사람과 월나라 사람은 서로 미워한다. 그러나 그들이 같은 배를 타고 가다가 바람을 만나게 되면 서로 돕기를 좌우의 손이 함께 협력하듯 한다."

이해관계를 하는 사람은 서로 아는 사이 이건 모르는 사이이건 간에 자연히 서로 돕게 된다는 뜻을 지닌 말로 동주상구(同舟相救), 동주제강(同舟濟江)등이 오월동주와 같이 쓰이고 있다.

'오월동주'라는 말은 적국의 원수인 오나라 사람과 월나라 사람이 같은 배에 타고 있다는 말로 사이가 좋지 않은 사람끼리 위험할 때 살기 위해 공동행동을 할 때 쓴다.

또 사이가 좋지 않은 사람들이 그저 동석(同席: 같은 자리) 하고 있을 때도 쓰이는 말이라고 한다.

자포자기 自暴自棄

自: 스스로 자, 暴: 사나울 포, 棄: 버릴 기

⊙ 의미(뜻) : 스스로 자기를 학대하고 돌보지 않는 것으로 즉, 몸가짐이나 행동을 아무렇게나 되는대로 자신을 돌보지 않는 것을 일컫는다.

⊙ 출 전 : 맹자, 이루상편

'자포자기'라는 성어는 자포(自暴)는 스스로 해친다는 말이며 자기(自棄)는 자기를 버린다는 뜻으로 스스로 자기를 학대하고 돌보지 않고 버리는 것을 말한다.

맹자는 이루상편에서 다음과 같이 말했다.

"자포(自暴)하는 사람 즉, 자기 스스로 자신을 해치는 사람과는 함께 말 할 수 없고, 자기(自棄)하는 사람 즉, 자신을 스스로 버리는 사람과는 함께 행동 할 수 없다. 입을 열면 예의 도덕을 비방하는 것을 '자포'라고 하고, 한편 도덕의 가치는 인정하면서 인(仁)이나 의(義)같은 것은 자기로서는 도저히 손이 닿지 않는 것이라고 하는 것을 '자기'라고 한다. 사람의 본성은 원래 선(善)한 것이다. 즉, 착한 것이다. 그래서 사람에 따라 도덕의 근본이념인 인(仁)을 평화스러운 가정 같은 곳이고, 올바른 도리인 의(義)는 사람으로서 정도(正道: 바른 길)이다. 평화로운 가정을 거들 떠 보지 않아 거기서 살려고 하지 않고 올바른 길을 버리고 행하지 아니하니 참으로 슬픈 일이로다."라고 맹자님이 말씀하셨다고 한다.

'자포자기'라는 말은 어떤 사람이 실망과 타락으로 말을 함부로 하고 행동을 아무렇게나 되는대로 자신을 돌보지 않을 때 희망을 잃지 말고 '자포자기'하지 말라고 충고하는 말로도 쓰인다.

086

선先 생生 시施 교敎시면   제弟 자子 시是 칙則하라
① ② ④ ③   ① ② ④ ③

선생님께서 가르쳐 주시면,   제자들은 이것을 본받아라

확인란

● 글자 익히기 한자의 음과 뜻을 읽으면서 필순에 맞게 써 봅시다.

先 먼저 선	필순(쓰는 순서) ノ ー ⺧ 生 ⺧ 先						
	先						
生 날 생	ノ ー ⺧ 牛 生						
	生						
施 베풀 시	丶 ー 方 方 方 方 施 施						
	施						
敎 가르칠 교	メ ⺀ 孝 孝 孝 敎 敎						
	敎						
弟 아우 제	丶 ⺀ ⺍ 当 肖 弟 弟						
	弟						
子 아들 자	⺜ 了 子						
	子						
是 이 시	冂 日 旦 早 甼 昺 是						
	是						
則 곧 즉	丨 冂 冂 月 目 貝 貝 則 則						
	則						

※ 학부모들이나 지도하시는 분은 확인하여 주시기 바랍니다.

087 ᵉ夙 ᵗ興 ⁿ夜 ᵐ寐하여　ᵐ勿 ⁿ懶 ᵉ讀 ˢ書하라
　　① ② ③ ④　　④ ③ ② ①

아침 일찍 일어나고 밤늦게 자서,　책 읽기를 게을리 하지 말아라

확인란

● 글자 익히기　한자의 음과 뜻을 읽으면서 필순에 맞게 써 봅시다.

夙 일찍 숙	**필순**(쓰는 순서) 丿 几 凡 夙 夙 夙
	夙
興 흥할 흥	´ ⺊ ⺊ ⺊ 白 臼 臼 腘 腘 腘 腘 脚 脚 興 興 興
	興
夜 밤 야	` 一 广 广 疒 夜 夜 夜
	夜
寐 잘 매	` ⺍ ⼧ 宀 宀 宀 宁 㝱 㝱 㝱 寐 寐 寐
	寐
勿 말 물	´ ⺈ 勹 勿
	勿
懶 게으를 라	丨 丨丨 ⺘ ⺖ ⺖ 忙 忙 怜 悚 悚 懍 懶 懶 懶 懶 懶 懶
	懶
讀 읽을 독	⺀ ⺀ 言 計 誜 讀 讀
	讀
書 글 서	⁊ ⁊ ⁊ 聿 聿 聿 書 書 書 書
	書

※ 학부모들이나 지도하시는 분은 확인하여 주시기 바랍니다.

원문과 **해석**되어 있는 내용을 소리 내어 읽고 외우기

088

근勤 면勉 공工 부夫하면　　부父 모母 열悅 지之시니라
① ② ③ ④　　① ② ④ ③

부지런히 힘써서 공부하면,　　부모님께서 기뻐하신다.

확인란

● 글자 익히기 한자의 음과 뜻을 읽으면서 필순에 맞게 써 봅시다.

한자	필순(쓰는 순서) / 쓰기							
勤 부지런할 **근**	필순(쓰는 순서) 一 十 廾 廿 廿 芇 苷 昔 堇 堇 堇 勤 勤							
	勤							
勉 힘쓸 **면**	丿 ⺈ ⺈ 名 名 争 免 免 勉							
	勉							
工 장인 **공**	一 丅 工							
	工							
夫 지아비 **부**	一 二 夫 夫							
	夫							
父 아비 **부**	丿 八 夕 父							
	父							
母 어미 **모**	乚 ⺟ ⺟ 母 母							
	母							
悅 기쁠 **열**	丶 丷 忄 忄 忄 忄 忙 怡 悅 悅							
	悅							
之 어조사 **지**	丶 亠 ㇇ 之							
	之							

※ 학부모들이나 지도하시는 분은 확인하여 주시기 바랍니다.

089

시始 습習 문文 자字거든
① ④ ② ③

자字 획劃 해楷 정正하고
① ② ④ ③

처음 문자를 배우거든,

글자의 획을 바르게 쓰고

확인란

● 글자 익히기　한자의 음과 뜻을 읽으면서 필순에 맞게 써 봅시다.

始 비로소 시	필순(쓰는 순서) ㄥ ㄠ 女 女 女 始 始 始									
	始									
習 익힐 습	ㄱ ㄱ ㄹ ㄱㄱ ㄱㄱ 羽 羽 習 習 習									
	習									
文 글월 문	丶 一 ナ 文									
	文									
字 글자 자	丶 丶 宀 宀 宁 字									
	字									
字 글자 자	丶 丶 宀 宀 宁 字									
	字									
劃 그을 획	ㄱ ㅋ ㅋ 聿 聿 書 書 書 書 畫 畫 劃 劃									
	劃									
楷 해서 해	一 十 才 木 木 杜 杙 桁 桁 桁 楷 楷 楷									
	楷									
正 바를 정	一 丁 下 正 正									
	正									

※ 학부모들이나 지도하시는 분은 확인하여 주시기 바랍니다.

237

090

서書 책冊 낭狼 자藉하면   매每 필必 정整 돈頓하라
① ② ③ ④   ① ② ③ ④

책 (서책)이 어지럽게 널려 있으면,   매번 반드시 정돈하라

확인란

● 글자 익히기 한자의 음과 뜻을 읽으면서 필순에 맞게 써 봅시다.

書 글 서	**필순**(쓰는 순서) フ ユ ユ 尹 尹 聿 聿 書 書 書
	書
冊 책 책	丨 冂 冂 冊 冊
	冊
狼 어지러울 랑	ノ イ ㅋ ㅋ ㅋ ㅋ 狠 狼 狼 狼
	狼
藉 깔 자	丶 十 卄 卄 艹 艹 莘 莘 莘 莉 藉 藉 藉 藉 藉 藉
	藉
每 매일 매	ノ 亡 仁 勽 每 每 每
	每
必 반드시 필	丶 丿 必 必 必
	必
整 가지런할 정	一 一 一 一 申 束 束 束 敕 敕 敕 敕 整 整 整 整
	整
頓 정돈할 돈	一 屯 屯 屯 屯 頓 頓 頓 頓 頓 頓 頓 頓
	頓

※ 학부모들이나 지도하시는 분은 확인하여 주시기 바랍니다.

공부한 것 복습하기

086 先 生 施 敎 _{시면} 弟 子 是 則 _{하라}

먼저◯ 날◯ 베풀◯ 가르칠◯   아우◯ 아들◯ 이◯ 곧◯

쓰기 | 先 | | | | 弟 | | |
① ② ④ ③   ① ② ④ ③

해석 ( ) ( )

---

087 夙 興 夜 寐 _{하여} 勿 懶 讀 書 _{하라}

일찍◯ 흥할◯ 밤◯ 잘◯   말◯ 게으를◯ 읽을◯ 글◯

쓰기 | | | | | | | |
① ② ③ ④   ④ ③ ② ①

해석 ( ) ( )

---

088 勤 勉 工 夫 _{하면} 父 母 悅 之 _{시니라}

부지런할◯ 힘쓸◯ 장인◯ 지아비◯   아비◯ 어미◯ 기쁠◯ 어조사◯

쓰기 | | | | | | | |
① ② ③ ④   ① ② ④ ③

해석 ( ) ( )

---

089 始 習 文 字 _{거든} 字 劃 楷 正 _{하고}

비로소◯ 익힐◯ 글월◯ 글자◯   글자◯ 그을◯ 해서◯ 바를◯

쓰기 | | | | | | | |
① ④ ② ③   ① ② ④ ③

해석 ( ) ( )

---

090 書 冊 狼 藉 _{하면} 每 必 整 頓 _{하라}

글◯ 책◯ 어지러울◯ 깔◯   매일◯ 반드시◯ 가지런할◯ 정돈할◯

쓰기 | | | | | | | |
① ② ③ ④   ① ② ③ ④

해석 ( ) ( )

▸반성 : 상 (5개 모두 외운다), 중(3~4개), 다시공부하기(1~2개)

239

이심전심 以心傳心

以: 써 이, 心: 마음 심, 傳:전할 전, 心: 마음 심

⊙ 의미(뜻) : 말이나 글에 의지하지 않고 마음에서 마음으로 전한다는 뜻으로 마음과 마음으로써 뜻을
깨닫게 한다는 말이다.
⊙ 출　전 : 전등록, 오등회원

'이심전심'이란 말은 '마음으로써 마음에 전한다.'라는 것으로 원래가 불교에서 나온 말이다. '전등록'이란 불전(불교의 교리를 적은 책)에 있는 내용인데 아래와 같다.

부처님이 가신 뒤 고 제자인 '가섭존자'에게 불교의 진리를 전했는데 그것은 '이심전심'으로 전했다는 것이다.

이심전심을 한 장소는 석가세존이 영산이란 곳에서 많은 제자를 모았다. 그 때 석가는 연꽃 하나를 따들고 여러 제자들에게 보였다. 제자들은 그것이 무엇을 뜻하는 것인지 몰라 조용해 졌다. 누구하나 입을 열어 말하는 자가 없었다.

그 중에서 가섭 존자만이 그 뜻을 깨닫고 활짝 미소를 지어 보였다. 그러자 석가세존은 이렇게 말했다.

"나는 정법안장(正法眼藏) 열반묘심(涅槃妙心)있고 실상무상(實相無相) 미묘법문(微妙法門)을 글로 기록하지 않고 가르침 밖에 따로 전하는 것이 있다. 그것을 가섭존자에게 전한다."

즉 "문자나 말로는 표현할 수 없는 오의(奧義: 매우 깊은 뜻)를 가섭에게 준다."고 말했다고 한다.

여기서 염화미소(拈華微笑)라는 말이 나왔는데, 이 또한 이심전심(以心傳心)과 같은 뜻이라고 할 수 있다. '이심전심'은 어떤 말이나 글을 사용하지 않고 마음과 마음으로써 뜻을 전한다고 할 때 쓰이는 말이다.

전전긍긍 戰戰兢兢

戰: 무서워떨, 싸움할 전, **兢**: 삼갈 긍

⊙ 의미(뜻) : 몹시 두려워서 벌벌 떨며 조심함. 조심하는 모양을 뜻함.
⊙ 출　전 : 시경, 소아 소민편, 논어

전전(戰戰)은 겁을 먹고 벌벌 떠는 모양이고, 긍긍(兢兢)은 조심해 몸을 움츠리는 것을 말한다.

중국에서 가장 오래된 시집(詩集)인 시경(詩經)소아편의 '소민'이라는 시의 마지막 구절에 나온다. 시의 내용은 모신이 군주의 측근에서 옛 법을 무시한 정치를 자행하는 것을 개탄한 것이다.

맨손으로 범을 잡을 수 없고
걸어서 강을 건널 수 없다네
사람들은 하나를 알지만
그 밖의 것은 알지 못 한다네
두려워서 벌벌 떨며 조심하기를
마치 깊은 연못에 다가선 듯하고
살얼음 위를 걷는 듯하네.

주자(朱子)는 왕이 간사한 계교에 속아서 단호하게 선(善)을 행하지 못했기 때문에 대부(大夫)가 이런 시를 지었다고 하였다.

이 시로부터 '전전긍긍'이란 말이 나왔다고 한다. 즉 '전전긍긍'은 몹시 두려워서 벌벌 떨며 조심하는 모양을 뜻하며 걱정하는 경우에 쓰인다.

091

능能 효孝 능能 제悌가   막莫 비非 사師 은恩이요
① ② ③ ④   ④ ③ ① ②

내가 능히 효도하고 능히 공손할 수 있는 것은,   스승의 은혜가 아닌 것이 없다.

확인란

● 글자 익히기   한자의 음과 뜻을 읽으면서 필순에 맞게 써 봅시다.

能 능할 **능**	**필순**(쓰는 순서) ﾉ ﾑ 彡 彡 彡 能 能						
	能						
孝 효도 **효**	一 十 土 耂 孝 孝 孝						
	孝						
能 능할 **능**	ﾉ ﾑ 彡 彡 彡 能 能						
	能						
悌 공경할 **제**	ﾉ 忄 忄 忄 悍 悌 悌						
	悌						
莫 없을 **막**	十 艹 芀 苩 苩 草 莫						
	莫						
非 아닐 **비**	ﾉ ﾌ 彐 彐 非 非 非						
	非						
師 스승 **사**	ﾉ 丿 卢 自 阜 師 師						
	師						
恩 은혜 **은**	丨 冂 月 阴 因 因 因 恩 恩 恩						
	恩						

○ 참고 : 공경할 제(悌)자는 공손할 제와 같음.

092

능能 지知 능能 행行 이　　총總 시是 사師 공功이니라
① ② ③ ④　　① ② ③ ④

능히 알 수 있고 능히 행동할 수 있는 것은,　모두 스승의 공이다.

확인란

● 글자 익히기　한자의 음과 뜻을 읽으면서 필순에 맞게 써 봅시다.

能 능할 **능**	필순(쓰는 순서) ㄥ ㄥ 育 育 育 能 能
	能
知 알 **지**	ㄥ ㄴ 矢 矢 知 知 知
	知
能 능할 **능**	ㄥ ㄥ 育 育 育 能 能
	能
行 행할 **행**	ㄱ ㄅ ㄅ 彳 彳 行 行
	行
總 모두 **총**	ㄥ ㄥ ㄥ ㄥ ㄥ 糸 糸 紅 約 約 納 緫 緫 緫 總
	總
是 이 **시**	口 日 旦 早 昰 是
	是
師 스승 **사**	ㅣ ㅓ 自 自 師 師 師
	師
功 공 **공**	一 T 工 功 功
	功

※ 학부모들이나 지도하시는 분은 확인하여 주시기 바랍니다.

093

장長 자者 자慈 유幼하고　　유幼 자者 경敬 장長하여
① ② ④ ③　　　　① ② ④ ③

어른은 어린이를 사랑하고,　　어린이는 어른을 공경하며

확인란

● 글자 익히기　한자의 음과 뜻을 읽으면서 필순에 맞게 써 봅시다.

長 어른(길) 장	필순(쓰는 순서) 丨 厂 F 톤 長 長 長 長							
	長							
者 놈 자	一 十 土 耂 耂 者 者 者 者							
	者							
慈 사랑 자	丶 丷 半 半 兹 兹 兹 兹 兹 慈 慈 慈							
	慈							
幼 어릴 유	乚 纟 纟 幻 幼							
	幼							
幼 어릴 유	乚 纟 纟 幻 幼							
	幼							
者 놈 자	一 十 土 耂 耂 者 者 者 者							
	者							
敬 공경 경	丶 丶 士 艹 芍 芍 苟 苟 苟 敬 敬 敬							
	敬							
長 어른(길) 장	丨 厂 F 톤 톤 長 長							
	長							

※ 학부모들이나 지도하시는 분은 확인하여 주시기 바랍니다.

094

장長 자者 지之 전前에는   진進 퇴退 필必 공恭하라
① ② ③ ④   ① ② ③ ④

어른의 앞에서는,   나아가고 물러날 때 반드시 공손히 하라

확인란

● 글자 익히기   한자의 음과 뜻을 읽으면서 필순에 맞게 써 봅시다.

長 어른(길) 장	필순(쓰는 순서) ㅣ ㄟ ㄷ ㅌ 토 튽 튽 長						
	長						

者 놈 자	一 十 土 耂 耂 者 者 者 者						
	者						

之 어조사 지	ㆍ ㆍ ㄱ 之						
	之						

前 앞 전	ㆍ ㆍ ㆍ ㅗ 广 广 方 前 前						
	前						

進 나아갈 진	ノ イ イ イ 伫 伫 伴 隹 ﹑隹 淮 進						
	進						

退 물러갈 퇴	ㄱ ㄱ ㅋ 日 艮 艮 ﹑艮 退 退						
	退						

必 반드시 필	ㆍ ﹀ 必 必 必						
	必						

恭 공손할 공	一 十 卄 并 共 共 恭 恭 恭 恭						
	恭						

※ 학부모들이나 지도하시는 분은 확인하여 주시기 바랍니다.

095

연**年** 장**長** 이**以** 배**倍** 이면　　　부**父** 이**以** 사**事** 지**之** 하고
① 　④ 　③ 　② 　　　　① 　② 　④ 　③

나이가 나보다 두 배정도 많으면,　　아버지처럼 섬기고

확인란

● 글자 익히기　한자의 음과 뜻을 읽으면서 필순에 맞게 써 봅시다.

年 해 **년**	**필순**(쓰는 순서) ノ 𠂉 𠂉 乍 年 年						
	年						

長 많을 **장**	丨 丆 F 토 토 長 長 長						
	長						

以 써 **이**	丨 ㄴ ㄴ 以 以						
	以						

倍 곱 **배**	ノ 亻 亻 亻 仾 佐 佗 位 倍 倍						
	倍						

父 아비 **부**	′ ′ ハ グ 父						
	父						

以 써 **이**	丨 ㄴ ㄴ 以 以						
	以						

事 섬길 **사**	一 ㄱ 戸 戸 写 写 事						
	事						

之 어조사 **지**	′ 宀 亠 之						
	之						

※ 학부모들이나 지도하시는 분은 확인하여 주시기 바랍니다.

공부한 것 복습하기

091 能 孝 能 悌가 莫 非 師 恩이요

능할 ○ 효도 ○ 능할 ○ 공경할 ○   없을 ○ 아닐 ○ 스승 ○ 은혜 ○

쓰기	能					莫		
	①	②	③	④	④	③	①	②

해석 (   )   (   )

092 能 知 能 行이 總 是 師 功이니라

능할 ○ 알 ○ 능할 ○ 행할 ○   모두 ○ 이 ○ 스승 ○ 공 ○

쓰기								
	①	②	③	④	①	②	③	④

해석 (   )   (   )

093 長 者 慈 幼하고 幼 者 敬 長하여

어른 ○ 놈 ○ 사랑 ○ 어릴 ○   어릴 ○ 놈 ○ 공경 ○ 어른 ○

쓰기								
	①	②	④	③	①	②	④	③

해석 (   )   (   )

094 長 者 之 前에는 進 退 必 恭하라

어른 ○ 놈 ○ 어조사 ○ 앞 ○   나아갈 ○ 물러갈 ○ 반드시 ○ 공손할 ○

쓰기								
	①	②	③	④	①	②	③	④

해석 (   )   (   )

095 年 長 以 倍이면 父 以 事 之하고

해 ○ 많을 ○ 써 ○ 곱 ○   아비 ○ 써 ○ 섬길 ○ 어조사 ○

쓰기								
	①	④	③	②	①	②	④	③

해석 (   )   (   )

▶반성 : 상 (5개 모두 외운다), 중(3~4개), 다시공부하기(1~2개)

조삼모사 朝三暮四

朝: 아침 조, 三: 석 삼, 暮: 저물 모, 四: 넉 사

⊙ 의미(뜻) : 아침에는 세 개, 저녁에는 네 개라는 말로서 간사한 잔꾀로 남을 속여 희롱함을 뜻한다.
⊙ 출　전 : 열자, 황제편, 장자

'조삼모사'라는 성어는 조삼(朝三)은 아침에 3개라는 말이며 모사(暮四)란 저녁에 4개란 말로 옛날 원숭이를 기르던 사람이 원숭이들에게 먹이를 주면서 원숭이들을 속이는 과정을 표현한 말로서 간사한 잔꾀로 남을 속여 희롱할 때 쓰이는 말이다.

이 이야기는 중국 송(宋)나라에 저공(狙公)이라는 사람이 있었는데 저(狙)란 원숭이를 뜻한다. 저공은 원숭이를 좋아해 가족이 먹을 양식까지 원숭이에게 줄 정도였다. 그래서 원숭이들은 저공을 따랐고 마음까지 알았다고 한다.

많은 원숭이를 기르던 저공은 먹이를 주는 일이 갈수록 어려워졌다.

그래서 저공은 원숭이들에게 줄 먹이를 줄이기를 결정했다. 하지만 먹이를 적게 주면 원숭이들이 자기를 싫어할 것 같아 먼저 다음과 같이 말했다.

"너희들에게 나누어 주는 도토리를 앞으로는 아침에 3개(조삼) 저녁에 4개(모사)씩 줄 생각인데 어떻게 생각하느냐?"

그러자 원숭이들이 울부짖으며 화를 냈다. 원숭이들의 불만을 알고 있던 저공은 이렇게 말했다. "자 그럼 아침에 4개, 저녁에 3개씩 주면 어떠냐?" 그러자 원숭이들은 모두 기뻐했다. 저공이 원숭이에게 주는 먹이는 도토리 일곱 개로 똑같다.

결국 저공의 간사한 꾀에 원숭이들이 속은 것이다. 현재 쓰이고 있는 조삼모사라는 말은 저공이 원숭이들을 농락했다는 점에서 남을 농락하고 속이는 뜻으로 쓰이고 있다. 아침에 3개, 저녁에 4개란 말은 잔꾀로 남을 속일 때 많이 쓰는 말이다.

지록위마 指鹿爲馬

指: 가리킬 지, 鹿: 사슴 록, 爲: 할 위, 馬: 말 마

◉ 의미(뜻) : 사슴을 가리켜 말이라고 한다. 윗사람을 속이고 권세를 거리낌 없이 제 마음대로 휘두르는 것을 가리키는 말

◉ 출   전 : 사기, 진시황본기, 십팔사략

'지록위마'라는 성어는 사슴을 가리켜 말이라고 하는 말인데 이 고사(옛날에 있었던 일)를 알아보도록 합시다.

그토록 영화를 누리던 진(秦)나라 '진시황'이 죽자 환관(내시)인 조고(趙高)는 거짓으로 조서를 만들어 태자 부소(扶蘇)를 살해하고 어리고 부족한 호해(胡亥)를 세워 2세 황제로 삼았다. 조고는 어리석은 호해를 조정하여 승상 이사(李斯)와 많은 신하들을 죽이고 스스로 승상이 되어 실권을 장악했다. 그러나 조고의 야심은 그 자신이 황제가 되는 것이었다. 조고는 반란을 일으키려 했으나 군신들이 자기를 따르게 될 지가 염려스러웠다. 그래서 자기 말에 반대하는 사람을 가려내기로 했다. 어느 날 조고는 황제인 호해에게 사슴을 바치며 말했다. "폐하 좋은 말을 바치오니 받아 주십시오." "그게 무슨 말이요. 승상이 농담도 잘하시는 군요. 사슴을 가지고 말이라고 하다니, 어떻소? 그대들 눈에도 이 사슴이 말처럼 보이는가?" 호해는 웃으며 신하들을 둘러보았다.

대부분의 신하들은 조고가 무서워 사슴을 말이라고 말하는 사람이 많았다. 간혹 "아닙니다. 그것은 사슴입니다."라고 말하기도 했다.

조고는 이 광경을 보고 사슴이라고 말한 사람을 기억해 두었다가 죄를 씌워 죽여 버렸다고 한다. 마침내 천하는 혼란에 빠지고 말았다. 조고는 황제인 호해를 죽이고 부소의 아들 자영을 3세 황제로 세웠다. 그러나 조고는 자신이 세운 황제 자영에게 죽임을 당하고 말았다고 한다.

이 이야기에서 '지록위마' 즉, 사슴을 가리켜 말이라고 하는 고사성어가 나왔다고 한다.

096

십**十** 년**年** 이**以** 장**長**이면　　　형**兄** 이**以** 사**事** 지**之**하라
① ② ③ ④ 　　　　① ② ④ ③

열 살 정도 많으면, 　　　　형처럼 섬겨라

확인란

● 글자 익히기　한자의 음과 뜻을 읽으면서 필순에 맞게 써 봅시다.

十 열 **십**	**필순**(쓰는 순서)　一 十						
	十						
年 해 **년**	ノ ト ヒ 午 生 年						
	年						
以 써 **이**	丨 丨 丷 以 以						
	以						
長 많을 **장**	丨 厂 下 토 툰 토 長						
	長						
兄 맏 **형**	丶 口 口 尸 兄						
	兄						
以 써 **이**	丨 丨 丷 以 以						
	以						
事 섬길 **사**	一 口 曰 写 写 写 事						
	事						
之 어조사 **지**	丶 亠 宁 之						
	之						

※ 학부모들이나 지도하시는 분은 확인하여 주시기 바랍니다.

097

아 我 경 敬 인 人 친 親 하면   인 人 경 敬 아 我 친 親 이요
① ④ ② ③   ① ④ ② ③

내가 남의 부모를 공경하면,   남도 내 부모를 공경하며

학인란

● 글자 익히기   한자의 음과 뜻을 읽으면서 필순에 맞게 써 봅시다.

我 나 **아**	필순(쓰는 순서) ′ ′ 千 手 手 我 我 我							
敬 공경 **경**	′ ′ ′ ′ ′ ′ ′ ′ ′ ′ ′ ′ ′ ′ 敬 敬							
人 사람 **인**	ノ 人 人							
親 어버이 **친**	′ ′ ′ ′ ′ ′ ′ ′ ′ ′ ′ ′ ′ ′ ′ 親 親							
人 사람 **인**	ノ 人 人							
敬 공경 **경**	′ ′ ′ ′ ′ ′ ′ ′ ′ ′ ′ ′ ′ 敬 敬							
我 나 **아**	′ ′ 千 手 手 我 我 我							
親 어버이 **친**	′ ′ ′ ′ ′ ′ ′ ′ ′ ′ ′ ′ ′ ′ ′ 親 親							

※ 학부모들이나 지도하시는 분은 확인하여 주시기 바랍니다.

251

098

아我 경敬 인人 형兄이면
① ④ ② ③

인人 경敬 아我 형兄이니라
① ④ ② ③

내가 남의 형을 공경하면,   남도 내 형을 공경한다.

확인란

● 글자 익히기 한자의 음과 뜻을 읽으면서 필순에 맞게 써 봅시다.

我 나 아	필순(쓰는 순서) ´ ㆍ 千 手 我 我 我 我							
敬 공경 경	` ㆍ ㆍ ㆍ ㆍ 芍 芍 苟 苟 苟 敬 敬 敬 敬							
人 사람 인	ノ 人 人							
兄 맏 형	` ㄇ 口 尸 兄 兄							
人 사람 인	ノ 人 人							
敬 공경 경	` ㆍ ㆍ ㆍ ㆍ 芍 芍 苟 苟 苟 敬 敬 敬 敬							
我 나 아	´ ㆍ 千 手 我 我 我 我							
兄 맏 형	` ㄇ 口 尸 兄 兄							

※ 학부모들이나 지도하시는 분은 확인하여 주시기 바랍니다.

099

빈 賓 객 客 래 來 방 訪 이면   접 接 대 待 필 必 성 誠 하라
① ② ④ ③   ① ② ③ ④

손님이 찾아오면 접대를,   반드시 정성스럽게 하라

확인란

● 글자 익히기   한자의 음과 뜻을 읽으면서 필순에 맞게 써 봅시다.

賓 손 **빈**	필순(쓰는 순서) 丶 宀 宀 宀 宀 宀 宇 宇 宇 宇 賓 賓
	賓

客 손 **객**	丶 宀 宀 宀 宇 安 安 客 客
	客

來 올 **래**	一 一 丆 厃 厼 来 來 來
	來

訪 찾을 **방**	丶 亠 亠 言 言 言 言 訁 訪 訪
	訪

接 대접할 **접**	一 十 扌 扩 扩 护 护 护 挼 接 接
	接

待 대할 **대**	彳 彳 彳 彳 往 待 待
	待

必 반드시 **필**	丶 丿 必 必 必
	必

誠 정성 **성**	丶 亠 亠 言 言 言 言 訅 訅 訪 誠 誠
	誠

※ 학부모들이나 지도하시는 분은 확인하여 주시기 바랍니다.

100

빈賓 객客 불不 래來면
① ② ④ ③

문門 호戶 적寂 막寞이니라
② ① ③ ④

손님이 찾아오지 않으면,

집안이 쓸쓸해 (적막)진다.

확인란

● 글자 익히기 한자의 음과 뜻을 읽으면서 필순에 맞게 써 봅시다.

賓 손 빈	필순(쓰는 순서) 丶 丶 宀 宀 宁 宝 宝 宵 宵 宵 宵 賓 賓							
	賓							
客 손 객	丶 丶 宀 宀 宏 客 客 客 客							
	客							
不 아니 불	一 丆 丆 不							
	不							
來 올 래	一 丆 丆 夾 夾 來 來 來							
	來							
門 문 문	丨 冂 冂 門 門 門 門 門							
	門							
戶 집(지게) 호	丶 丶 戸 戶							
	戶							
寂 고요할 적	丶 丶 宀 宀 宁 宋 宋 宋 宋 寂 寂							
	寂							
寞 쓸쓸할 막	丶 丶 宀 宀 宀 宀 宵 宵 宵 宵 宵 宵 寞 寞							
	寞							

※ 학부모들이나 지도하시는 분은 확인하여 주시기 바랍니다.

공부한 것 복습하기

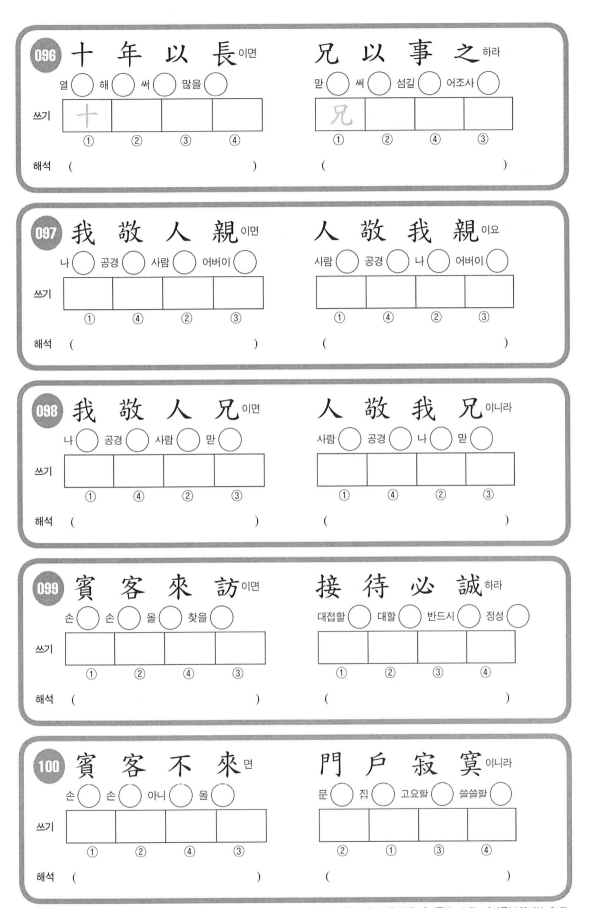

096 十 年 以 長이면   兄 以 事 之하라
열 ◯ 해 ◯ 써 ◯ 많을 ◯   맏 ◯ 써 ◯ 섬길 ◯ 어조사 ◯
쓰기 十 ① ② ③ ④   兄 ① ② ④ ③
해석 (   )   (   )

097 我 敬 人 親이면   人 敬 我 親이요
나 ◯ 공경 ◯ 사람 ◯ 어버이 ◯   사람 ◯ 공경 ◯ 나 ◯ 어버이 ◯
쓰기 ① ④ ② ③   ① ④ ② ③
해석 (   )   (   )

098 我 敬 人 兄이면   人 敬 我 兄이니라
나 ◯ 공경 ◯ 사람 ◯ 맏 ◯   사람 ◯ 공경 ◯ 나 ◯ 맏 ◯
쓰기 ① ④ ② ③   ① ④ ② ③
해석 (   )   (   )

099 賓 客 來 訪이면   接 待 必 誠하라
손 ◯ 손 ◯ 올 ◯ 찾을 ◯   대접할 ◯ 대할 ◯ 반드시 ◯ 정성 ◯
쓰기 ① ② ④ ③   ① ② ③ ④
해석 (   )   (   )

100 賓 客 不 來면   門 戶 寂 寞이니라
손 ◯ 손 ◯ 아니 ◯ 올 ◯   문 ◯ 집 ◯ 고요할 ◯ 쓸쓸할 ◯
쓰기 ① ② ④ ③   ② ① ③ ④
해석 (   )   (   )

▶반성 : 상 (5개 모두 외운다), 중(3~4개), 다시공부하기(1~2개)

255

청출어람 靑出於藍

靑: 푸를 청, 出: 날 출, 於: 어조사 어, 藍: 쪽 람

⊙ 의미(뜻) : 쪽이라는 풀에서 나온 푸른 물감이 쪽빛보다 더 푸르다는 말로 제자가 스승보다 더 나음을 이르는 말
⊙ 출　전 : 순자, 권학편

'청출어람'이라는 성어는 청출(靑出)은 푸른색이 나온다는 말이며 어람(於藍)은 쪽에서라는 뜻인데 즉 쪽이라는 풀에서 푸른색이 나오지만 쪽보다 더 푸르다는 뜻으로 제자가 스승보다 더 나음을 비유해서 쓰이는 말이다.

이 성어는 중국 전국시대 유학자인 순황(荀況)이 순자(荀子)라는 책에서 이렇게 말하고 있다.

'학문이란 잠시도 쉬어서는 안 된다. 푸른색은 쪽에서 나오지만 쪽보다 더 푸르고 얼음은 물이 만들지만 물보다 더 차다.'

학문에 뜻을 둔 사람은 잠시도 게을리 해서는 안 된다. 그 예로 쪽이란 풀에 사람의 노력이 가해짐으로서 쪽보다 더 깨끗하고 진한 푸른 색깔을 낼 수 있다. 얼음은 물이 얼어서 되지만 물에서 얼음이 되는 과정을 거치기 때문에 물보다 더 차가운 성질의 것이 된다.

그러므로 스승에게 배우기도 하지만 그것을 더욱 열심히 익히고 행함으로서 스승보다 더 훌륭한 사람이 될 수 있으며 더 깊고 높은 학문과 덕을 갖게 된다는 뜻이다. 여기서 제자가 스승보다 뛰어나다는 것을 '청출어람'이라는 말로 표현하게 되었다고 한다.

쪽이라는 풀에서 나온 푸른 물감이 쪽보다 더 푸르다는 말로 제자가 스승보다 더 나음을 이르는 말로 많이 쓰이고 있는 성어이다.

필자의 모교인 중학교 교지 이름이 「청출어람」이었으며, 요즈음은 학원이름으로 「청출어람」이라고 사용하고 있는 학원도 있는것 같다.

퇴고 推敲

推: 밀 퇴·미룰 추, 敲: 두드릴 고

⊙ 의미(뜻) : 문장을 다듬고 고친다는 뜻으로 비슷한 말이라도 어느 것이 적절한가를 여러 번 생각하고 살피는 것을 말한다.

⊙ 출 전 : 유빈객과화록, 야객총서

'퇴고'라는 성어는 퇴(推)는 밀 '퇴'자도 되고, 미를 '추'자도 되는데 민다는 뜻이며, 고(敲)는 두드린다는 뜻이다. 그러므로 퇴고는 밀었다, 두드렸다 하는 것을 말하는데 비슷하지만 어느 것이 적절한가 여러 번 생각하고 살피는 것을 말하고 문장을 다듬고 고친다는 뜻으로 쓰이는 말이다.

이 고사(옛날에 있었던 일)는 중국 당나라 때의 시인 가도(賈島)가 장안(長安)으로 과거를 보러 갈 때의 일이다. 나귀를 타고 길을 가는데 문득 옛날에 있었던 일이 생각나며 시상이 떠올랐다.

이 시의 마지막 절인 '중은 달 아래 문을 두드린다'에서 두드린다(敲:고) 보다 민다(推:퇴)고 하는 것이 어떨까 생각이 들었던 것이다.

그는 이 두 글자(퇴, 고)를 놓고 어느 것이 좋을지 나귀를 탄 채 밀었다(퇴:推) 두드렸다(고:敲)하면서 가던 중 귀하신 사람의 행차와 부딪히고 말았다.

행차는 공교롭게도 경조윤(벼슬이름)한유(韓愈)의 행차였다. 행차 길을 침범한 혐의로 한유 앞으로 끌려나온 그는 사실대로 이야기 했다.

그러자 한유는 노여워하는 기색도 없이 "역시 민다는 퇴(推)보다는 두들긴다는 고(敲)가 좋겠군."하며 '가도'와 나란히 행차를 계속했다고 한다.

이때부터 문장을 다듬고 고친다는 뜻으로 퇴고(推敲)라는 말을 사용하게 되었다고 한다. 한자 퇴(推)자가 '밀 퇴' 도 되고 '미룰 추'자도 되므로 '추고'라고 씌어 있는 책도 간혹 있다. '퇴고', '추고' 같은 뜻이다.

101

인人 지之 재在 세世에   불不 가可 무無 우友니라
① ② ④ ③   ④ ① ③ ②

사람이 이 세상을 살아가는 데,   가히 친구가 없을 수가 없다.

확인란

● 글자 익히기 한자의 음과 뜻을 읽으면서 필순에 맞게 써 봅시다.

人 사람 인	**필순**(쓰는 순서) ノ 人						
	人						
之 어조사 지	`ヽ ㇐ ㇇ 之`						
	之						
在 있을 재	一 ナ オ 才 存 在						
	在						
世 세상 세	一 十 廿 廿 世						
	世						
不 아니 불	一 ア 不 不						
	不						
可 가할 가	一 ㇀ ㄒ 口 可						
	可						
無 없을 무	ノ ㇒ ㇒ 午 毎 毎 無 無 無 無 無						
	無						
友 벗 우	一 ナ 友 友						
	友						

※ 학부모들이나 지도하시는 분은 확인하여 주시기 바랍니다.

258

102

이以 문文 회會 우友하고　이以 우友 보輔 인仁하라
② ① ④ ③　② ① ④ ③

글로서 벗을 모으고,　　벗으로서 인을 도우라

확인란

● 글자 익히기　한자의 음과 뜻을 읽으면서 필순에 맞게 써 봅시다.

以 써 이	**필순**(쓰는 순서) 丨 丨 丿 以 以						
	以						
文 글월 문	丶 一 ナ 文						
	文						
會 모을 회	丿 人 人 스 스 스 슬 슬 슬 슬 會 會 會						
	會						
友 벗 우	一 ナ 方 友						
	友						
以 써 이	丨 丨 丿 以 以						
	以						
友 벗 우	一 ナ 方 友						
	友						
輔 도울 보	宀 ネ 衤 衤 衤 補 補						
	輔						
仁 어질 인	丿 亻 仁 仁						
	仁						

※ 학부모들이나 지도하시는 분은 확인하여 주시기 바랍니다.

103

우友 기其 정正 인人 이면 　　아我 역亦 자自 정正 하고
④　③　①　②　　　　①　②　③　④

바른 사람을 벗하면,　　　　나 또한 저절로 바르게 되고

(확인란)

● 글자 익히기　한자의 음과 뜻을 읽으면서 필순에 맞게 써 봅시다.

友 벗 우	필순(쓰는 순서) 一 ナ 方 友 友						
其 그 기	丨 丨丨 卄 廿 甘 其 其 其 其						
正 바를 정	一 丁 于 正 正 正						
人 사람 인	ノ 人 人						
我 나 아	一 二 チ 手 我 我 我						
亦 또 역	、 一 广 方 亦 亦 亦						
自 스스로 자	′ 亻 亣 自 自 自 自						
正 바를 정	一 丁 于 正 正 正						

※ 학부모들이나 지도하시는 분은 확인하여 주시기 바랍니다.

104

종從 유遊 사邪 인人이면   아我 역亦 자自 사邪니라
③ ④ ① ②   ① ② ③ ④

나쁜 사람을 따라 놀면,   나 또한 저절로 나쁘게 된다.

확인란

● 글자 익히기 한자의 음과 뜻을 읽으면서 필순에 맞게 써 봅시다.

從 따를 종	필순(쓰는 순서) ノ 彳 彳 彴 彴 彿 從					
	從					
遊 놀 유	` ヽ 方 方 方 疒 斿 斿 游 游 遊					
	遊					
邪 간사할 사	一 丆 于 牙 牙 邪 邪					
	邪					
人 사람 인	ノ 人					
	人					
我 나 아	´ 一 千 手 我 我 我					
	我					
亦 또 역	` 一 广 方 亦 亦					
	亦					
自 스스로 자	´ 亻 冂 自 自 自					
	自					
邪 간사할 사	一 丆 于 牙 牙 邪 邪					
	邪					

※ 학부모들이나 지도하시는 분은 확인하여 주시기 바랍니다.

원문과 해석되어 있는 내용을 소리 내어 읽고 외우기

105

봉蓬 생生 마麻 중中이면　　불不 부扶 자自 직直하고

①　④　②　③　　②　①　③　④

쑥이 삼밭에서 자라면,　　붙들어주지 않아도 저절로 곧게 되고

확인란

글자 익히기 한자의 음과 뜻을 읽으면서 필순에 맞게 써 봅시다.

蓬 쑥 봉	필순(쓰는 순서) 艹 艹 芀 芅 荃 莑 蓬							
	蓬							
生 날 생	ノ 𠂉 𠂇 牛 生							
	生							
麻 삼 마	亠 广 庁 庥 府 府 麻							
	麻							
中 가운데 중	丨 冂 口 中							
	中							
不 아니 불	一 ア 不 不							
	不							
扶 도울 부	一 亅 扌 扌 扌 扶 扶							
	扶							
自 스스로 자	′ 亻 白 白 自 自							
	自							
直 곧을 직	一 十 十 冇 冇 有 直 直							
	直							

※ 학부모들이나 지도하시는 분은 확인하여 주시기 바랍니다.

공부한 것 복습하기

101 人 之 在 世에 　不 可 無 友니라

사람 ◯ 어조사 ◯ 있을 ◯ 세상 ◯ 　아니 ◯ 가할 ◯ 없을 ◯ 벗 ◯

쓰기

人			
①	②	④	③

不			
④	①	③	②

해석 　(　　　　　　　　　) 　(　　　　　　　　　)

---

102 以 文 會 友하고 　以 友 輔 仁하라

써 ◯ 글월 ◯ 모을 ◯ 벗 ◯ 　써 ◯ 벗 ◯ 도울 ◯ 어질 ◯

쓰기

②	①	④	③

②	①	④	③

해석 　(　　　　　　　　　) 　(　　　　　　　　　)

---

103 友 其 正 人이면 　我 亦 自 正하고

벗 ◯ 그 ◯ 바를 ◯ 사람 ◯ 　나 ◯ 또 ◯ 스스로 ◯ 바를 ◯

쓰기

④	③	①	②

①	②	③	④

해석 　(　　　　　　　　　) 　(　　　　　　　　　)

---

104 從 遊 邪 人이면 　我 亦 自 邪니라

따를 ◯ 놀 ◯ 간사할 ◯ 사람 ◯ 　나 ◯ 또 ◯ 스스로 ◯ 간사할 ◯

쓰기

③	④	①	②

①	②	③	④

해석 　(　　　　　　　　　) 　(　　　　　　　　　)

---

105 蓬 生 麻 中이면 　不 扶 自 直이요

쑥 ◯ 날 ◯ 삼 ◯ 가운데 ◯ 　아니 ◯ 도울 ◯ 스스로 ◯ 곧을 ◯

쓰기

①	④	②	③

②	①	③	④

해석 　(　　　　　　　　　) 　(　　　　　　　　　)

▶반성 : 상 (5개 모두 외운다), 중(3~4개), 다시공부하기(1~2개)

파죽지세 破竹之勢

破: 깨트릴 파, 竹: 대나무 죽, 之: 갈 지, 勢: 형세 세

⊙ 의미(뜻) : 대나무를 쪼개는 기세. 곧 막을 수 없게 맹렬히 적을 치는 기세를 일컫는 말
⊙ 출 전 : 진서, 두예전

'파죽지세'라는 성어는 파죽(破竹)은 대나무를 쪼갠다는 말이며, 대나무를 쪼개는 것처럼 강한 기세로 계속해서 거침없이 밀고 들어가는 형세를 말한다.

중국 진(晉)나라, 진시황의 진(秦)나라와 지금 이야기 하는 진(晉)나라는 다른 나라이다. 한자가 다르다.

중국 삼국시대 때 촉한이 망하고 위(魏)나라의 뒤를 이은 진(晉)나라와 오(吳)나라와의 대립시기였다.

진(晉)의무제 함령 5년 진나라의 대군은 오나라와 최후의 결전을 위해 오나라에 육박했다.

진나라의 진남대장군인 '두예'는 '왕준'의 군과 합류하여 무창을 빼앗고 여기서 제장을 모아 작전을 짰다. 어떤 자가 말했다.

"지금은 봄도 제철에 들었습니다. 강물도 머지않아 범람하겠으므로 이 무창에 오래 주둔하는 것은 불가합니다."

이 때 '두예'는 "아냐. 그렇지 않다. 지금 우리의 군사의 사기는 충전하고 있다. 예를 들어 대나무를 쪼개는(파죽) 때와 같다. 두 마디, 세 마디 씩 쪼개면 다음에는 칼날을 대기만 하면 저절로 쪼개진다. 이 기회를 놓쳐서는 안 된다." 이렇게 말하고 곧 공격준비를 했다.

얼마 지나지 않아 '두예'의 군은 오나라 수도 건업(建業)으로 들어가 마침내 오나라 왕인 '손호'에게 항복을 받아 진(晉)나라의 통일은 완성되었다고 한다.

'파죽지세'라는 말은 대나무를 쪼개는 듯한 강한 기세로 계속해서 어떤 일을 밀고 들어 갈 때 쓰이는 말이다.

타산지석 他山之石

他: 다를 타, 山: 뫼 산, 之: 갈 지, 石: 돌 석

⊙ 의미(뜻) : 다른 산의 돌이란 뜻으로 쓸모없는 것이라도 쓰기에 따라 유용한 것이 될 수 있다는 뜻.
⊙ 출　전 : 시경, 소아학명편

'타산지석'이라는 성어는 타산(他山)은 남의 산을 말하고 지석(之石)은 돌을 말하므로 남의 산의 돌이라는 말인데, 다른 산에서 나는 돌이라도 자기의 옥을 가는데 쓸 수 있다는 뜻으로 다른 사람의 하찮은 언행일지라도 자기의 지덕을 닦는데 도움이 된다는 말로 쓰이는 말인데 이 고사는 시경의 학명편에 나오는 시의 한 구절이다.

즐거운 저 동산에는
박달나무 심겨있고
그 아래는 닥나무 있다네
남의 산의 하찮은 돌이라도
아름다운 옥을 갈 수 있다네.

'타산의 돌로서 옥을 갈 지어다'라는 말은 다른 산에서 나오는 보통 돌이라도 이 산에서 나오는 돌을 갈 수 있다는 뜻으로 돌은 소인에 비유하고 옥은 군자에 비유하여 군자도 소인에 의해 수양을 쌓고 학덕을 쌓아 갈 수 있다는 것을 말하는 것이라고 한다. 따라서 덕망이 높은 군자라도 소인의 행실을 보고 자신을 수양하고 학문을 성취할 수 있다는 말이다.
　우리들이 쓰는 말로 바꾸어 보면 '남의 거동을 보고 내 거동을 바로하자'와 같다고 한다.

'타산지석' 아무리 쓸모없는 것이라도 쓰기에 따라 유용한 것이 될 수 있다는 것을 비유해서 말 할 때 쓰이는 말이다.

106

백白 사沙 재在 니泥면   불不 염染 자自 오汚니라
① ② ④ ③   ② ① ③ ④

하얀 모래가 진흙에 있으면,   물들이지 않아도 저절로 더러워진다.

확인란

● 글자 익히기 한자의 음과 뜻을 읽으면서 필순에 맞게 써 봅시다.

白 흰 **백**	필순(쓰는 순서) ′ ⺀ 匂 白 白							
	白							
沙 모래 **사**	′ ⺀ ⺀ 氵 氵 沙 沙 沙							
	沙							
在 있을 **재**	一 ナ 才 扌 在 在							
	在							
泥 진흙 **니**	⺀ 氵 氵 氵 沪 沪 泥							
	泥							
不 아니 **불**	一 ア 不 不							
	不							
染 물들일 **염**	氵 氵 氿 氿 染 染 染							
	染							
自 스스로 **자**	′ ⺀ 仃 白 自 自							
	自							
汚 더러울 **오**	′ ⺀ ⺀ 氵 汙 汙 汚							
	汚							

※ 학부모들이나 지도하시는 분은 확인하여 주시기 바랍니다.

107

근近 묵墨 자者 흑黑 되고   근近 주朱 자者 적赤 이니
② ① ③ ④   ② ① ③ ④

먹을 가까이 하는 사람은 검게 되고, 붉은 것을 가까이 하는 사람은 붉게 된다

확인란

● 글자 익히기   한자의 음과 뜻을 읽으면서 필순에 맞게 써 봅시다.

近 가까울 근	**필순**(쓰는 순서) ′ ′ 厂 斤 斤 斤 近 近							
	近							
墨 먹 묵	冂 冂 甲 里 黑 黑 墨							
	墨							
者 놈 자	一 十 土 步 耂 者 者 者 者							
	者							
黑 검을 흑	冂 冂 四 甲 甲 里 黑							
	黑							
近 가까울 근	′ ′ 厂 斤 斤 斤 近 近							
	近							
朱 붉을 주	′ ′ 二 牛 牛 朱							
	朱							
者 놈 자	一 十 土 步 耂 者 者 者 者							
	者							
赤 붉을 적	一 十 土 步 亣 亦 赤							
	赤							

※ 학부모들이나 지도하시는 분은 확인하여 주시기 바랍니다.

원문과 **해석**되어 있는 내용을 소리 내어 읽고 외우기

108

거居 필必 택擇 린隣하고 취就 필必 유有 덕德하라
① ② ④ ③ ① ② ④ ③

거처할 때는 반드시 이웃을 가리고, 나아갈 때는 반드시 덕망 있는 사람에게 나아가라

확인란

글자 익히기 한자의 음과 뜻을 읽으면서 필순에 맞게 써 봅시다.

한자	필순(쓰는 순서)	쓰기
居 살 **거**	ㄱ コ 尸 尸 尸 居 居	居
必 반드시 **필**	丶 ソ 义 必 必	必
擇 가릴 **택**	扌 扌 扌 扌 擇 擇 擇	擇
隣 이웃 **린**	阝 阝 阝 阝 隣 隣 隣	隣
就 나아갈 **취**	亠 市 亨 京 京 就 就	就
必 반드시 **필**	丶 ソ 义 必 必	必
有 있을 **유**	一 ナ 有 有 有 有	有
德 덕(큰) **덕**	彳 彳 德 德 德 德 德	德

※ 학부모들이나 지도하시는 분은 확인하여 주시기 바랍니다.

109

택擇 이而 교交 지之면　유有 소所 보補 익益이요
① ② ④ ③　④ ③ ① ②

친구를 가려서 사귀면,　도움과 유익함이 있을 것이다.

확인란

● 글자 익히기　한자의 음과 뜻을 읽으면서 필순에 맞게 써 봅시다.

擇 가릴 **택**	필순(쓰는 순서) 　扌 扌 扩 押 押 擇 擇 擇						
而 말이을 **이**	一 一 一 　丙 而 而 而						
交 사귈 **교**	丶 一 亠 六 宍 交 交						
之 어조사 **지**	丶 一 亠 之 之						
有 있을 **유**	一 ナ 才 冇 有 有 有						
所 바 **소**	丨 厂 户 户 户 所 所 所 所						
補 도울 **보**	礻 礻 ネ 衤 衤 補 補 補						
益 유익할 **익**	八 丷 ゲ 犬 谷 谷 益 益						

※ 학부모들이나 지도하시는 분은 확인하여 주시기 바랍니다.

110

불**不** 택**擇** 이**而** 교**交** 면
② ① ③ ④

반**反** 유**有** 해**害** 의**矣** 니라
② ④ ③ ①

만일 친구를 가리지 않고 사귀면,　　　도리어 손해가 있게 된다

확인란

● 글자 익히기　한자의 음과 뜻을 읽으면서 필순에 맞게 써 봅시다.

不 아니 **불**	필순(쓰는 순서) 一 ア 不 不						
	不						
擇 가릴 **택**	扌 扌 扩 押 押 擇 擇						
	擇						
而 말이을 **이**	一 ア 丆 而 而 而						
	而						
交 사귈 **교**	丶 一 亠 六 交 交						
	交						
反 도리어(돌이킴) **반**	一 厂 反 反						
	反						
有 있을 **유**	一 ナ 才 冇 有 有						
	有						
害 해로울 **해**	丶 宀 宀 宔 宝 害 害						
	害						
矣 어조사 **의**	厶 厽 矣 矣 矣 矣 矣						
	矣						

※ 학부모들이나 지도하시는 분은 확인하여 주시기 바랍니다.

공부한 것 복습하기

106 白 沙 在 泥면   不 染 自 汚니라

흰 ◯ 모래 ◯ 있을 ◯ 진흙 ◯   아니 ◯ 물들일 ◯ 스스로 ◯ 더러울 ◯

쓰기

白					不			
①	②	④	③		②	①	③	④

해석 (   )   (   )

107 近 墨 者 黑이요   近 朱 者 赤이니

가까울 ◯ 먹 ◯ 놈 ◯ 검을 ◯   가까울 ◯ 붉은 ◯ 놈 ◯ 붉은 ◯

쓰기

②	①	③	④		②	①	③	④

해석 (   )   (   )

108 居 必 擇 隣하고   就 必 有 德하라

살 ◯ 반드시 ◯ 가릴 ◯ 이웃 ◯   나아갈 ◯ 반드시 ◯ 있을 ◯ 덕 ◯

쓰기

①	②	④	③		①	②	④	③

해석 (   )   (   )

109 擇 而 交 之면   有 所 補 益이요

가릴 ◯ 말이을 ◯ 사귈 ◯ 어조사 ◯   있을 ◯ 바 ◯ 도울 ◯ 유익할 ◯

쓰기

①	②	④	③		④	③	①	②

해석 (   )   (   )

110 不 擇 而 交면   反 有 害 矣니라

아니 ◯ 가릴 ◯ 말이을 ◯ 사귈 ◯   도리어 ◯ 있을 ◯ 해로울 ◯ 어조사 ◯

쓰기

②	①	③	④		②	④	③	①

해석 (   )   (   )

▸반성 : 상 (5개 모두 외운다), 중(3~4개), 다시공부하기(1~2개)

호가호위 狐假虎威

狐: 여우 호, 假: 빌릴 가, 虎: 범 호, 威: 위엄 위

⊙ 의미(뜻) : 여우가 호랑이의 위세를 빌려 제 위엄으로 삼는다는 말로 남의 권세에 의지하여 위세를
부리는 것을 비유하는 말
⊙ 출   전 : 전국책, 초책

'호가호위'라고 하는 성어는 호가(狐假)는 여우가 빌린다는 말이며 호위(虎威)는
호랑이의 위엄을 말한다. 즉 여우가 호랑이의 위엄을 빌려 위세를 부린다는 말로 즉
남의 권세에 의지하여 위세를 부리는 것을 비유하는 말이다.

이 이야기는 중국 전국시대 위(魏)나라 출신인 강을(江乙)이란 변사가 초나라 선왕
밑에서 벼슬을 하게 되었다. 그런데 초나라에는 '소해휼'이란 사람이 정권과 군권을
모두 쥐고 있었는데 강을은 소해휼을 넘어뜨리기 위해 기회만 있으면 그를 모함했다.

하루는 초나라 선왕이 여러 신하들이 있는 자리에서 이렇게 물었다.

"위나라를 비롯한 북쪽의 여러 나라가 우리나라 재상 소해휼을 몹시
두려워한다는데 그게 사실이오?" 강을은 말했다.

"그렇지 않습니다. 북쪽의 여러 나라가 어찌 일개 재상에 불과한 소해휼을
두려워하겠습니까? 전하께서는 '호가호의'라는 말을 알고 계십니까?" "잘 모르겠소."
"그러면 제가 말씀드리겠습니다. 어느 날 산속에서 호랑이를 만나 죽을 위험에 처한
여우가 말했습니다.

'천재(天宰: 하늘의 왕)가 나를 모든 동물의 우두머리로 정했다. 만약 네가 나를
잡아먹으면 너는 나를 모든 동물의 우두머리로 정한 천재의 명을 어기는 것이 되어
천벌(하늘이 내리는 벌)을 받게 될 것이다. 만약 내 말을 믿지 못하겠다면 당장 내 뒤를
따라와 보거라. 나를 보고 도망가지 않는 동물이 하나도 없을 것이다.' 여우의 말을
들은 호랑이는 여우의 뒤를 따라 갔습니다. 과연 여우의 말대로 모든 동물들이
도망가기 시작했습니다. 호랑이는 여우가 무서워서 달아나는 줄로만 알았습니다.

사실은 동물들이 달아난 것은 여우 뒤에 호랑이가 있기 때문입니다." 지금 북쪽의
여러 나라가 두려워하는 것은 '소해휼'이 아니라 그 뒤에 있는 전하의 군사이옵니다.

이렇게 '강을'이 '소해휼'을 깎아 내린 이유는 명재상인 '소해휼'이 자신의 출세에 걸림돌이 되었기 때문이라고 한다.

'호가호의'는 여우가 호랑이의 위엄을 빌려 제 위엄으로 삼는다는 말로 남의 권세를 빌려 위세를 부림을 비유하는 말이라고 한다.

역린 逆鱗

逆: 거스릴 역, 鱗: 비늘 린

⊙ 의미(뜻) : 용의 턱 아래에 거슬러 난 비늘을 말하는데 임금님의 분노 즉 노여움을 비유하여 일컫는다.
⊙ 출　전 : 한비자, 세난편

용(龍)은 불가사의 즉 인간의 생각으로는 도저히 알 수 없이 이상야릇한 힘을 가지고 있는 상상(미루어 생각함) 위에 있는 동물이다.

기린, 봉황, 거북과 함께 사령(四靈: 네 가지 신령한 동물을 말함)이라고 한다. 비늘이 있는 것 중의 우두머리로 능히 구름을 일으키고 비를 부른다고 한다. 그리하여 중국에서는 곧잘 군주를 높혀 용에 비유한다. 임금님의 얼굴을 용안(龍顔)이라고 한다.

한비자의 세난편에 보면 이 용을 들어 군주의 노여움에 비유하고 있다. '용은 순한 짐승이다. 길들이면 타고 다닐 수 있을 정도이다. 하나 턱밑에 지름이 한자쯤 되는 거꾸로 붙은 비늘 역린(逆鱗)이 하나있다. 만약 이것에 손을 대는 자가 있으면 용은 반드시 그 사람을 찔러 죽이고 만다. 군주에게도 그 역린이 있는 것이다. 그러니깐 조심하지 않으면 안 된다고 한다.' 여기서 군주의 노여움을 비유하여 역린이라고 하고 또 노여움을 당하는 것을 '역린에 닿았다.'고 말하게 되었다. 많이 쓰이는 말이다.

원문과 **해석**되어 있는 내용을 소리 내어 읽고 외우기

111

붕朋 우友 유有 과過면　　충忠 고告 선善 도導하고
① ② ④ ③　　① ② ③ ④

벗에게 허물이 있으면,　　충고하여 잘 인도하고

확인란

글자 익히기 한자의 음과 뜻을 읽으면서 필순에 맞게 써 봅시다.

한자	필순(쓰는 순서) / 쓰기
朋 벗 붕	丿 刀 月 月 刖 朋 朋
	朋
友 벗 우	一 ナ 方 友
	友
有 있을 유	一 ナ 才 冇 有 有
	有
過 허물 과	丨 冂 冋 冎 咼 咼 過
	過
忠 충성 충	丶 口 口 中 中 忠 忠
	忠
告 고할 고	丿 𠂉 牛 生 牛 告 告
	告
善 착할 선	丷 䒑 兰 兰 羊 盖 善
	善
導 이끌 도	䒑 首 首 渞 道 導 導
	導

※ 학부모들이나 지도하시는 분은 확인하여 주시기 바랍니다.

원문과 **해석**되어 있는 내용을 소리 내어 읽고 외우기

112

인人 무無 책責 우友 면　　이易 함陷 불不 의義 니라
① ④ ② ③　　④ ③ ② ①

사람에게 꾸짖어 주는 친구가 없으면,　　나쁜 데(불의) 빠지기 쉽다.

확인란

● 글자 익히기　한자의 음과 뜻을 읽으면서 필순에 맞게 써 봅시다.

人 사람 **인**	**필순**(쓰는 순서) ノ 人							
	人							
無 없을 **무**	ノ ㇒ ㇒ ㇒ 无 缶 無 無 無 無 無							
	無							
責 꾸짖을 **책**	一 ㆍ 主 青 青 青 責							
	責							
友 벗 **우**	一 ナ 友 友							
	友							
易 바꿀 **역** 쉬울 **이**	冂 日 日 月 昜 昜 易							
	易							
陷 빠질 **함**	㇌ 阝 阝 阼 阼 陷 陷							
	陷							
不 아니 **불**	一 ㇀ 不 不							
	不							
義 옳을 **의**	ㆍ ㆍ ㆍ 羊 羊 羊 差 差 羊 羊 義 義 義							
	義							

※ 학부모들이나 지도하시는 분은 확인하여 주시기 바랍니다.

113

면面 찬讚 아我 선善은　　첨諂 유諛 지之 인人이요
① ④ ② ③　　　① ② ③ ④

내 앞(얼굴)에서 나의 선함을 칭찬하면,　　아첨하는 사람이고

확인란

● 글자 익히기　한자의 음과 뜻을 읽으면서 필순에 맞게 써 봅시다.

面 얼굴 면	필순(쓰는 순서) 一 T 了 币 而 而 面 面 面						
讚 가릴 찬	` ㇏ 言 言 言 言 言 言 言 言 言 言 言 讚 讚 讚 讚 讚 讚 讚 讚 讚 讚						
我 나 아	` 一 千 手 我 我 我 我						
善 착할 선	` ㇀ ㇀ 圭 圭 羊 盖 善 善						
諂 아첨할 첨	` ㇀ 言 言 言 言 言 訒 訒 訟 訟 訟 諂 諂 諂						
諛 아첨할 유	` ㇀ 言 言 言 言 言 諛 諛 諛 諛 諛 諛 諛 諛						
之 어조사 지	` ㇀ ㇀ 之 之						
人 사람 인	丿 人 人						

※ 학부모들이나 지도하시는 분은 확인하여 주시기 바랍니다.

276

원문과 해석되어 있는 내용을 소리 내어 읽고 외우기

114

면面 책責 아我 과過면　　강剛 직直 지之 인人이니라
① ④ ② ③　　① ② ③ ④

내 앞(얼굴)에서 나의 잘못을 꾸짖으면,　　굳세고 정직한 사람이다

확인란

글자 익히기 한자의 음과 뜻을 읽으면서 필순에 맞게 써 봅시다.

한자	필순(쓰는 순서)
面 얼굴 면	一 ア 丆 丙 而 而 而 面 面
責 꾸짖을 책	一 十 丰 青 青 青 責
我 나 아	ノ 二 千 手 我 我 我
過 허물 과	丨 冂 冂 冎 咼 咼 過
剛 굳셀 강	丨 冂 冂 冈 岡 岡 剛
直 곧을 직	一 十 亠 古 有 有 直 直
之 어조사 지	丶 亠 之 之
人 사람 인	ノ 人

※ 학부모들이나 지도하시는 분은 확인하여 주시기 바랍니다.

115

언言 이而 불不 신信이면   비非 직直 지之 우友니라
① ② ④ ③   ④ ① ② ③

말을 할 때 믿음이 없으면,   정직한 친구가 아니다.

확인란

● 글자 익히기 한자의 음과 뜻을 읽으면서 필순에 맞게 써 봅시다.

言 말씀 언	필순(쓰는 순서)	` 亠 二 三 言 言 言						
	言							
而 말이을 이	一 ㄱ ㄦ 而 而 而							
	而							
不 아니 불	一 ㄱ 不 不							
	不							
信 믿을 신	丿 亻 亻 信 信 信 信							
	信							
非 아닐 비	丿 ㄱ ㅋ ㅕ ㅕ 非 非 非							
	非							
直 곧을 직	一 十 广 方 方 直 直 直							
	直							
之 어조사 지	` 亠 宀 之							
	之							
友 벗 우	一 ナ 方 友							
	友							

※ 학부모들이나 지도하시는 분은 확인하여 주시기 바랍니다.

공부한 것 복습하기

111 朋 友 有 過_면　　忠 告 善 導_{하고}

벗○ 벗○ 있을○ 허물○　　충성○ 고할○ 착할○ 이끌○

쓰기　| 朋 | | | | 　忠 | | | |

①　②　④　③　　①　②　③　④

해석 (　　　　　　　)　(　　　　　　　)

---

112 人 無 責 友_면　　易 陷 不 義_{니라}

사람○ 없을○ 꾸짖을○ 벗○　　쉬울○ 빠질○ 아니○ 옳을○

쓰기

①　④　②　③　　④　③　②　①

해석 (　　　　　　　)　(　　　　　　　)

---

113 面 讚 我 善_은　　諂 諛 之 人_{이요}

얼굴○ 가릴○ 나○ 착할○　　아첨할○ 아첨할○ 어조사○ 사람○

쓰기

①　④　②　③　　①　②　③　④

해석 (　　　　　　　)　(　　　　　　　)

---

114 面 責 我 過_면　　剛 直 之 人_{이니라}

얼굴○ 꾸짖을○ 나○ 허물○　　굳셀○ 곧을○ 어조사○ 사람○

쓰기

①　④　②　③　　①　②　③　④

해석 (　　　　　　　)　(　　　　　　　)

---

115 言 而 不 信_{이면}　　非 直 之 友_{니라}

말씀○ 말이을○ 아니○ 믿을○　　아닐○ 곧을○ 어조사○ 벗○

쓰기

①　②　④　③　　④　①　②　③

해석 (　　　　　　　)　(　　　　　　　)

▶반성 : 상 (5개 모두 외운다), 중(3~4개), 다시공부하기(1~2개)

호연지기 浩然之氣

浩: 넓을 호, 然: 그럴 연, 之: 갈 지, 氣: 기운 기

⊙ 의미(뜻) : 넓고 큰 기운이란 말로, 도의에 뿌리를 박고 공명정대하여 조금도 부끄럼 없는 도덕적 용기를 말한다.

⊙ 출 전 : 맹자, 공손추

'호연지기'라고 하는 성어는 호연(浩然)은 넓고 크다는 뜻이며 넓고 큰 기운이라고 할 수 있는데 이 말은 맹자님이 말씀하셨다고 한다.

중국 제(齊)나라 출신의 '공손추'라는 제자가 맹자에게 물었다.
"선생님께서는 어떤 점이 뛰어나십니까?" 맹자께서 대답하셨다.
"나는 남의 하는 말을 알고, 나는 나의 '호연지기'를 기르고 있다."

"그러면 무엇을 호연지기라고 합니까?"
"말로 정의를 내리기는 어렵다. 그 기란 지극히 크고 지극히 강하니 곧게 길러서 해치지 않으면 곧 하늘과 땅 사이에 가득 차는 것이다.

그 기운은 의(義)와 도(道)의 짝이 되니 이것이 없으면 몸이 시들어 버린다. 이것은 자기 자신속의 올바름을 쌓아감으로써 생기는 것인데 남에게서 얻어 올 수 있는 것이 아니다. 또 스스로 만족할 수 있는 것이 아니다. 우리들은 이 기(氣)를 기르는 마음씨를 잊어버려서는 안 되나 그렇다고 자신 만만해져서 무리해서도 안 된다. '호연지기'가 가득하면 그 누구에게도 떳떳한 도덕적 용기가 된다."고 말씀 하셨다고 한다.

'호연지기'란 넓고 큰 기운으로 도의에 뿌리를 박고 공명정대(公明正大: 마음이 사사로움이 없이 바르고 떳떳함)하여 조금도 부끄럼이 없는 도덕적 용기를 일컫는 말이다.

형설지공 螢雪之功

螢: 반딧불 형, 雪: 눈 설, 之: 갈 지, 功: 공 공

⊙ 의미(뜻) : 반딧불과 눈빛의 힘을 빌려 공부하여 얻은 공이란 뜻으로 갖은 고생을 하여 학문을 닦은 보람을 말한다..

⊙ 출 전 : 이한의 몽구

'형설지공'이란 성어는 형(螢)은 반딧불을 말하고, 설(雪)은 겨울에 오는 눈을 말하는데 즉, 형설은 반딧불과 눈을 말한다.

그리고 지공(之功)은 얻은 공이란 뜻으로 반딧불과 눈빛의 힘을 빌려 얻은 공이란 뜻으로 갖은 고생을 하여 학문을 닦아 성공하는 것을 비유해서 하는 말이다.

이 고사(옛날에 있었던 일)는 중국 진(晉)나라 때 '차윤'이라는 사람은 집이 가난하여 기름을 구할 수가 없었다. 여름이면 비단 주머니에 수 십 마리의 반디를 잡아서 그 빛으로 밤을 새우며 글을 읽었다. 그래서 마침내 이부상서(벼슬이름)까지 올랐다고 한다.

또한 같은 시기에 '송강'이라는 사람도 집이 가난해서 기름 살 돈이 없었다. 그는 겨울이면 쌓인 눈에 반사되는 달빛으로 책을 읽었다. 그는 젊었을 때부터 청렴결백하여 친구를 사귀어도 무턱대고 사귀는 일이 없었으므로 훗날에는 어사대부라는 벼슬에 까지 올랐다고 한다.

이런 이야기로 인하여 가난과 어려운 처지에서 부지런히 공부하고 학문을 닦는 것을 '형설지공'이라고 말한다. 요즈음은 잘 모르겠지만 예전에는 학교 졸업식장에 가보면 반딧불을 오려 붙인 것을 볼 수 있었으며 '형설의 공'을 닦아 졸업하게 된 것을 진심으로 축하한다는 말을 들을 수 있었다.

그러니까 '형설지공'이란 말은 부지런하고 꾸준히 학문을 닦아 공을 세울 때 쓰이는 말이다.

116

견見 선善 종從 지之 하고
② ① ④ ③

지知 과過 필必 개改 하라
② ① ③ ④

착한 것을 보면 따르고,

잘못을 알면 반드시 고쳐라

확인란

● 글자 익히기 한자의 음과 뜻을 읽으면서 필순에 맞게 써 봅시다.

見 볼 **견**	필순(쓰는 순서) Ⅰ Ⅱ Ⅱ 目 目 貝 見						
	見						
善 착할 **선**	ⸯ ⸯ ⸯ ⸰ 羊 盖 善						
	善						
從 쫓을 **종**	ⸯ ⸯ ⸯ ⸯ 徉 从 從						
	從						
之 어조사 **지**	ⸯ ⸯ ⸯ 之						
	之						
知 알 **지**	ⸯ ⸯ ⸯ 矢 矢 知 知						
	知						
過 허물 **과**	Ⅰ Ⅱ Ⅱ 丹 咼 咼 過						
	過						
必 반드시 **필**	ⸯ ⸯ 义 必 必						
	必						
改 고칠 **개**	ⸯ ⸯ 己 己 改 改 改						
	改						

※ 학부모들이나 지도하시는 분은 확인하여 주시기 바랍니다.

117

^열悅 ^인人 ^찬讚 ^자者 는　　^백百 ^사事 ^개皆 ^위僞요
④　①　③　②　　　①　②　③　④

사람이 자기 칭찬만을 좋아한다면, 모든(백사) 일이 다 거짓이다.

확인란

● **글자 익히기**　한자의 음과 뜻을 읽으면서 필순에 맞게 써 봅시다.

悅 기쁠 **열**	필순(쓰는 순서)　´ ` ` ↑ ↑ ↑ ↑ ↑ ↑ ↑ ↑ ↑ 悅						
	悅						
人 사람 **인**	ノ 人						
	人						
讚 가릴 **찬**	` ` ` ` ` ` ` ` ` ` ` ` ` ` ` ` ` ` ` ` ` ` ` ` ` ` 讚 讚 讚						
	讚						
者 놈 **자**	一 十 土 耂 耂 者 者 者 者						
	者						
百 일백 **백**	一 ア ア 万 百 百						
	百						
事 일 **사**	一 ⼝ ⼱ ⼱ 写 写 事 事						
	事						
皆 다 **개**	一 ⼘ ⼘ 比 比 毕 毕 皆 皆						
	皆						
僞 거짓 **위**	⼀ ⼂ ⼂ ⼫ 爲 爲 爲						
	僞						

※ 학부모들이나 지도하시는 분은 확인하여 주시기 바랍니다.

118

염厭 인人 책責 자者 는   기其 행行 무無 진進이니라
③ ① ② ④   ① ② ④ ③

남(사람)의 책망을 싫어하는 사람은,   그 행동에 발전이 없다

확인란

● 글자 익히기   한자의 음과 뜻을 읽으면서 필순에 맞게 써 봅시다.

厭 싫을 염	필순(쓰는 순서) 一 厂 厂 厈 厈 厭 厭						
	厭						
人 사람 인	丿 人						
	人						
責 꾸짖을 책	一 二 主 青 青 青 責						
	責						
者 놈 자	一 十 土 少 耂 者 者 者 者						
	者						
其 그 기	丨 刂 卝 丗 甘 甘 其 其 其						
	其						
行 행할 행	丿 彳 彳 彳 行 行						
	行						
無 없을 무	丿 二 仁 仨 午 缶 缶 無 無 無 無 無						
	無						
進 나아갈 진	丿 亻 亻 亻 亻 件 件 隹 隹 淮 進						
	進						

※ 학부모들이나 지도하시는 분은 확인하여 주시기 바랍니다.

284

원문과 **해석**되어 있는 내용을 소리 내어 읽고 외우기

119

원元 형亨 이利 정貞은   천天 도道 지之 상常이요
① ② ③ ④   ① ② ③ ④

원형이정은,   천도의 떳떳함이요

확인란

● 글자 익히기   한자의 음과 뜻을 읽으면서 필순에 맞게 써 봅시다.

元 으뜸 원	필순(쓰는 순서) ― 二 テ 元						
	元						
亨 형통할 형	` ― 亠 宀 占 亨 亨						
	亨						
利 이로울 이	´ ― 千 禾 禾 利 利						
	利						
貞 곧을 정	` ― 广 片 卢 盲 自 貞 貞						
	貞						
天 하늘 천	― 二 干 天						
	天						
道 도리(길) 도	` ゛ ゛ 丷 八 首 首 首 ´首 道 道						
	道						
之 어조사 지	` 宀 宀 之						
	之						
常 떳떳할 상	` ` 丷 屵 堂 常 常 常						
	常						

※ 학부모들이나 지도하시는 분은 확인하여 주시기 바랍니다.

120

인仁 의義 예禮 지智는
① ② ③ ④

인人 성性 지之 강綱이니라
① ② ③ ④

인의예지는,

인성의 벼리이다(기준이 되는 것이다.)

확인란

● 글자 익히기 한자의 음과 뜻을 읽으면서 필순에 맞게 써 봅시다.

仁 어질 인	**필순**(쓰는 순서) ノ イ 仁 仁
義 옳을 의	` ヽ ソ ヾ ¥ 羊 羊 差 羊 莱 義 義 義
禮 예도 례	¯ ニ 亍 亓 示 示 利 和 神 禮 禮 禮 禮 禮 禮 禮 禮
智 슬기 지	ノ ┌ ∠ 与 矢 矢 知 知 知 知 智 智 智
人 사람 인	ノ 人
性 성품 성	` ` ┤ ┤ 忄 忄 忄 性 性
之 어조사 지	` ー ラ 之
綱 벼리 강	′ 乡 糸 糸 糸 網 網 網

※ 학부모들이나 지도하시는 분은 확인하여 주시기 바랍니다.

공부한 것 복습하기

116 見 善 從 之 하고　　知 過 必 改 하라

볼 ◯　착할 ◯　쫓을 ◯　어조사 ◯　　알 ◯　허물 ◯　반드시 ◯　고칠 ◯

쓰기 | 見 | | | | | 知 | | | |
②　①　④　③　　②　①　③　④

해석 (　　　　　　　　　　)　(　　　　　　　　　　　　)

117 悅 人 讚 者 는　　百 事 皆 僞 요

기쁠 ◯　사람 ◯　가릴 ◯　놈 ◯　　일백 ◯　일 ◯　다 ◯　거짓 ◯

쓰기 | | | | | | | | | |
④　①　③　②　　①　②　③　④

해석 (　　　　　　　　　　)　(　　　　　　　　　　　　)

118 厭 人 責 者 는　　其 行 無 進 이니라

싫을 ◯　사람 ◯　꾸짖을 ◯　놈 ◯　　그 ◯　행할 ◯　없을 ◯　나아갈 ◯

쓰기 | | | | | | | | | |
③　①　②　④　　①　②　④　③

해석 (　　　　　　　　　　)　(　　　　　　　　　　　　)

119 元 亨 利 貞 은　　天 道 之 常 이요

으뜸 ◯　형통할 ◯　이로울 ◯　곧을 ◯　　하늘 ◯　도리(길) ◯　어조사 ◯　떳떳할 ◯

쓰기 | | | | | | | | | |
①　②　③　④　　①　②　③　④

해석 (　　　　　　　　　　)　(　　　　　　　　　　　　)

120 仁 義 禮 智 는　　人 性 之 綱 이니라

어질 ◯　옳을 ◯　예도 ◯　슬기 ◯　　사람 ◯　성품 ◯　어조사 ◯　벼리 ◯

쓰기 | | | | | | | | | |
①　②　③　④　　①　②　③　④

해석 (　　　　　　　　　　)　(　　　　　　　　　　　　)

▶반성 : 상 (5개 모두 외운다), 중(3~4개), 다시공부하기(1~2개)

287

부록

수수께끼 놀이

우리 민족은 예부터 화로(숯불을 담아 두는 그릇)를 방 한가운데 놓고 온 가족이 둘러 앉아 정담(다정한 이야기)을 나누면서 재미있는 수수께끼 놀이를 하였다고 합니다.

수수께끼 놀이는 어떤 사물을 바로 말하지 않고 빗대어 말하여 그 사물을 알아 맞추는 놀이로서 남녀 어린이들뿐만 아니라 어른들도 흔히 하던 놀이로 한 사람이 문제를 내면 상대방이 알아 맞추는데 실제의 답은 평범하지만 문제가 기발하고 의외(뜻밖, 생각 밖)여서 잘 알 수가 없으며 듣는 사람으로 하여금 아리송하게 만들고 있으며, 문제의 끝은 무엇이냐? 하는 질문을 하게 되는데 이 질문이 흥미가 있고 답이 평범(뛰어난 점이 없이 보통임)하면서도 신기(묘하고 이상함)하여 재미가 있습니다. 이러한 수수께끼는 옛날 이야기나 속담과 같이 오랜 세월 동안 구전(口傳: 입에서 입으로 전함)으로 전해내려 왔다고 합니다.

우리 모두 수수께끼 놀이를 해 보도록 합시다.

※ 참고 : 수수께끼 놀이는 하루에 너무 많은 분량을 하지 말고 2개~5개 정도만 가족이나 친구들과 정답게 수수께끼 놀이를 하도록 합시다. 그리고 자기 스스로 자율적으로 숙제로 매일 2개~5개 정도를 공책에 쓰고 답을 알아보도록 합시다.

001. 가늘고 긴 몸을 가졌고 코도 눈도 입도 없고 귀만 있는 것은?	바늘
002. 가도 가도 붙들지 못하는 것은 무엇이냐?	세월
003. 가위는 가위인데 자르지 못하는 가위는 무엇이냐?	팔월한가위
004. 가죽 속에 털 난 것은 무엇이냐?	옥수수
005. 가장 빠른 새는 무엇이냐?	눈 깜짝할 새
006. 가지도 잎도 없는 흰 줄기 끝에 빨간 꽃 한 송이가 피어 있는 것은?	촛불
007. 갈수록 멀어지는 것은 무엇이냐?	떠난 곳
008. 감은 감이라도 못 먹는 감은 무엇이냐?	대감, 영감
009. 갓은 갓인데 머리에 쓰지 못하는 갓은 무엇이냐?	쑥갓
010. 갓 쓰고 부엌에서 사는 것은 무엇이냐?	솥
011. 강 한가운데 더 있는 둥근 은쟁반은 무엇이냐?	강에 비친 달
012. 강은 강인데 배로 못 건너는 강은 무엇이냐?	요강
013. 개 가운데 가장 아름다운 개는 무엇이냐?	무지개
014. 개 가운데 가장 큰 개는 무엇이냐?	안개
015. 개도 안 가지는 것을 사람이 안 가지면 살아갈 수 없는 것은?	돈
016. 개가 개를 물고 개로 가는 것은?	솔개가 조개를 물고 강개(강변)로 가는 것
017. 객이 들어가서 주인을 내쫓는 것은?	열쇠
018. 거꾸로 서서 다니는 것이 무엇이냐?	연필, 붓
019. 거꾸로 들고 보나 바로 들고 보나 바로 보이는 것은?	거울에 비치는 것
020. 거꾸로 보면 3분의 1을 손해 보는 숫자는?	구(9) → 6
021. 거꾸로 보면 2분의 1이 이익이 되는 숫자는?	육(6) → 9
022. 거꾸로 매달린 집에 문이 수없이 많이 난 것은?	벌집
023. 거지가 새빨간 말을 타고 가는 것은?	새빨간 거짓말
024. 걸어가면서 도장 찍는 것은 무엇이냐?	지팡이
025. 걸어 다니는 귀는 무엇이냐?	당나귀
026. 걸어가면서 까만 콩을 뿌리는 것은?	염소가 똥 누는 것
027. 걸어다니는 나무는 무엇이냐?	목발
028. 검은 개가 백사장으로 다니면서 검은 똥 누는 것은?	붓

029. 겨울에만 자라는 것으로 밑으로만 자라는 것이 무엇이냐?   고드름

030. 검어도 검고 붉어도 검은 것은 무엇이냐?   그림자

031. 검은 돌과 흰돌이 만나기만 하면 싸우는 것은?   바둑

032. 계집이 갓 쓴 글자는 한자로 무슨 글자냐?   편안할 안(安)자

033. 계집이 자식 안은 글자는 한자로 무슨 글자냐?   좋을 호(好)자

034. 겉은 고체이고 속은 액체인 것은 무엇이냐?   달걀

035. 고개 넘어 낭떠러지가 무엇이냐?   목구멍

036. 고개는 고개인데 가장 넘기 힘든 고개는?   보릿고개

037. 고기는 고기인데 뼈도 없고 가시도 없는 먹는 빵은?   붕어빵

038. 고양이를 무서워하지 않는 쥐는 무엇이냐?   박쥐

039. 고추장이나 된장을 잘 못 담그게 되면 어떻게 되느냐?   젠장

040. 공기는 공기인데 코로 들어갈 수 없는 공기는?   밥공기

041. 공부해서 남 주는 사람은 누구이냐?   선생님

042. 공은 공인데 사람들이 제일 좋아하는 공은?   성공

043. 구리는 구리인데 아무 짝에도 쓸모가 없는 구리는?   멍텅구리

044. 구멍이 크면 잘 안 나오고, 적으면 잘 나오는 것은?   물총

045. 권투 선수들이 돈 계산하는 방법은 무엇이냐?   주먹구구식

046. 굴뚝 밑으로 흰 강아지가 들어갔다 나갔다 하는 것은?   콧물

047. 굴뚝으로 불 때고 입으로 연기 나오는 것은?   담뱃대로 담배 피우는 것

048. 궁둥이만 그을리고 밥 얻어먹지 못하는 것은 ?   솥

049. 귀로 먹고 입으로 뱉는 것은?   말

050. 귀도 하나 몸도 하나인 것은 무엇이냐?   바늘

051. 글씨를 쓸 줄은 알지만 읽을 줄은 모르는 것은 ?   연필

052. 금은 금인데 먹을 수 있는 금은 무엇이냐?   소금

053. 기다란 검은 뱀이 담배 피우며 달아나는 것은?   증기 기관차(기차)

054. 기둥에 파리 붙은 한자는 무슨 글자냐?   점복(卜)자

055. 기어 다니는 팽이는 무엇이냐?   달팽이

056. 길가에 빨간 옷 입고 서서 종이를 먹고 사는 것은?   우체통

057. 길면 짧아지고 짧으면 길어지는 것은?   낮과 밤의 길이

058. 깎을수록 커지는 것은 무엇이냐?   구멍

059. 깜깜할 수록 잘 보이는 것은 무엇이냐?   별, 영화

060. 깡충깡충 뛰어야 건너는 다리는 무엇이냐?   징검다리

061. 깨끗해질수록 더러워지는 것은 무엇이냐?   비, 걸레

062. 꽃만 먹고 사는 것은 무엇이냐?   꽃병

063. 끊어도 끊어지지 않는 것은 무엇이냐?   물

064. 끓여도 차다고 하는 것은 무엇이냐?   차(茶: 마시는 차)

065. 끊지 않는데도 끊는다고 하는 것은?   기차표, 버스표, 끊었어

066. 가랑잎으로 만든 비는 무엇이냐?   가랑비

067. 깊은 산속에 길 하나 난 것은 무엇이냐?   가리마

068. 나는 개미는 무엇이냐?   솔개미

069. 내려갈 때는 가볍고 올라갈 때는 무거운 것은?   두레박, 수저

070. 나무 기둥 속의 검은 심이 들어 있는 것은?   연필

071. 한자 나무목(木) 밑에 입이 달려 있는 한자는?   살구 행(杏)자

072. 한자 나무 밑에 매달린 아들이 한자로 무슨 자냐?   오얏 이(李)자

073. 날개 없이 날아가는 것은 무엇이냐?   연기

074. 나무와 나무가 나란히 서 있는 한자는?   수풀 림(林)자

075. 나면서부터 늙은 것은 무엇이냐?   할미꽃

076. 날아다니는 꼬리는 무엇이냐?   꾀꼬리

077. 날 짐승도 아니고 길짐승도 아닌 것은 무엇이냐?   박쥐

078. 남자가 여자에게 이기기 힘든 씨름은 무엇이냐?   입씨름

079. 남의 말만 전해 주는 것은 무엇이냐?   전화, 편지

080. 남의 이름을 거꾸로 쓰는 사람은 누구이냐?   도장 새기는 사람

081. 남에게 꽁무니를 보여야 이기는 운동경기는?   달리기, 마라톤

082. 남에게 자기 것을 주어도 줄어들지 않는 것은?   지식

수수께끼	정답
083. 낮에는 숨고 밤에만 나오는 것이 무엇이냐?	별
084. 낮에는 올라가고 밤에는 내려오는 것은 무엇이냐?	이불
085. 낮에 보아도 밤이라고 하는 것은 무엇이냐?	먹는 밤
086. 내가 웃으면 따라 웃고 성을 내면 따라서 성을 내는 것은?	거울
087. 네 발 가지고 다니지 못하는 게 무엇이냐?	책상다리
088. 내려갈 수는 있어도 오르지 못하는 것은?	냇물, 강물
089. 네거리에 서서 춤추는 사람은 누구이냐?	교통경찰아저씨
090. 노란 돈이든 빨간 주머니는 무엇이냐?	고추
091. 녹색 주머니에 은돈 든 것은 무엇이냐?	풋고추
092. 농촌 어디서나 해마다 하는 내기는 무엇이냐?	모내기
093. 높은 곳에서 점점 떨어지는 것은 무엇이냐?	경매물건
094. 누르면 사람이 나오는 것은 무엇이냐?	초인종
095. 눈에 보이지 않는 것이 무엇이냐?	나이, 공기, 영혼, 마음
096. 늙으나 젊으나 허리를 굽히고 있는 꽃은?	할미꽃
097. 늙으면 고개 숙이고 항상 절하고 있는 것이 무엇이냐?	곡식이삭
098. 눈을 감으면 보이고 뜨면 안 보이는 것은 무엇이냐?	꿈
099. 눈에 보이지는 않으나 모든 사람이 무척 가지고 싶어 하는 것은?	행복
100. 눈으로 볼 수도 없고 손으로 만질 수도 없는 것은 무엇이냐?	사람마음
101. 눈으로 안 보고 입으로 보는 것은 무엇이냐?	음식 맛
102. 눈 좋은 사람은 잘 안 보이고 눈 나쁜 사람은 잘 보이는 것은?	안경
103. 늙으나 젊으나 등이 굽는 것은 무엇이냐?	새우, 가재
104. 늙어도 청청한 것은 (늘 푸른 것은) 무엇이냐?	솔과대(소나무, 대나무)
105. 다리가 하나달린 사람은?	허수아비
106. 다리는 다리인데 걷지 못하는 다리는?	책상다리, 강에 놓인 다리
107. 다 컸어도 자라라고 하는 것이 무엇이냐?	자라
108. 더하거나 곱하거나 같은 숫자가 나오는 숫자는?	1, 2, 3 (1+2+3=6),(1×2×3=6)
109. 뒤로 물러갈수록 이기고 앞으로 나갈수록 지는 싸움은?	줄다리기

110. 닭은 닭인데 먹지 못하는 닭은 무엇이냐?	까닭
111. 들고 가도 떨어졌다 하는 고기는 무엇이냐?	낙지
112. 들 때는 무겁고 내릴 때는 가벼운 것은?	숟가락
113. 더울 때는 옷을 잔뜩입고 추울 때는 옷을 벗는 것은?	나무
114. 더울 때는 일하고 추울 때는 잠자는 것은?	부채, 선풍기
115. 더울수록 키가 커지고 추울수록 키가 작아지는 것은?	온도계의 수은주
116. 도는데 안 도는 것 같은 것은 무엇이냐?	지구
117. 등에 뿔난 것은 무엇이냐?	지게
118. 따라 오지 말라고 해도 따라오는 것은 무엇이냐?	그림자
119. 때리면 살고 때리지 않으면 죽는 것은?	팽이
120. 때마다 비틀어 자는 것은 무엇이냐?	행주
121. 떡은 떡이라도 못 먹는 떡은 무엇이냐?	그림의 떡
122. 똥구멍으로 먹고 입으로 토하는 것은 무엇이냐?	대패
123. 동그라미 밖에 못 그리는 학용품은?	컴퍼스
124. 두 쌍둥이가 함께 있어야 일을 할 수 있는 것은?	젓가락
125. 뒤에서 소리가 나면 돌아보는 까닭은?	뒤에 눈이 없으니까
126. 들어가는 곳은 하나 나가는 곳은 둘인 것은?	바지
127. 들어가면 들어 갈수록 깊어지는 것은?	학문
128. 등에 산을 지고 다니는 동물은 무엇이냐?	낙타
129. 땅 속에 하늘이 들어있는 것은 무엇이냐?	샘
130. 때리고 훔치는 것이 직업인 운동선수는?	야구선수
131. 때리면 때릴수록 커지는 것은 무엇이냐?	북소리, 종소리
132. 뜨겁지 않은 불은 무엇이냐?	반딧불
133. 마디 없이 자라는 것은 무엇이냐?	머리카락
134. 마른 옷은 벗고 젖은 옷만 입는 것은?	빨래줄
135. 마셔도 배부르지 않은 것은?	공기
136. 말은 말인데 달리지 못하는 말은?	거짓말, 양말

137. 많이 먹으면 먹을수록 배부르지 않고 화만 나는 것은? 욕

138. 많이 먹을수록 늘어나는 것은 무엇이냐? 나이, 주름살, 뱃살

139. 말을 하지 않으려고 해도 나도 모르게 하는 말은? 잠꼬대

140. 말없이 가르치기만 하는 선생님은? 책

141. 몸에 많이 가질수록 해로운 것은? 병

142. 매일 학교에는 따라가지만 공부는 하지 않는 것은? 책가방

143. 머리로 먹고 옆구리로 토하는 것이 무엇이냐? 맷돌

144. 머리를 풀어 헤치고 하늘로 올라가는 것은? 연기

145. 머리와 꼬리는 쇠요, 몸은 대나무인 것은? 담뱃대

146. 머리는 둘인데 몸은 하나인 것은? 콩나물

147. 머리를 박치기하면 불나는 것은? 성냥

148. 머리를 얻어맞아야 들어가는 것은? 못

149. 머리에 다리 열 개인 것은 무엇이냐? 오징어

150. 머리에 구멍 뚫린 것은 무엇이냐? 병

151. 먹지도 못하고 심부름만 하는 것은? 젓가락, 숟가락

152. 먼 산보고 방귀 뀌는 것은? 총

153. 못 사온다고 하고서 사오는 것은 무엇이냐? 못

154. 먼 산보고 부채질 하고 절하는 것은? 키 질하는 것

155. 모든 장사꾼들이 싫어하는 경기는? 불경기

156. 모자는 모자인데 쓸 수 없는 모자는? 모자(母子)-엄마와 아들

157. 몸에 붙어있는 톱은 무엇이냐? 손톱, 발톱

158. 몸이 부어오르면 하늘로 올라가는 것은? 풍선

159. 무거울수록 위로 올라가는 것은? 저울

160. 문은 문인데 커도 작아도 다 작다고 하는 것은? 소문

161. 물을 먹으면 죽고 안 먹으면 크는 것은? 불

162. 물이 흘러야 도는 것은 무엇이냐? 물레방아

163. 바다와 육지에 사는 네 발 달린 동물은? 거북

164. 바다에서 제일 어른은?　　　　　　　　　　　새우(등이 굽고 수염이 있으니깐)

165. 바람이 불어야 가는 배는?　　　　　　　　　　　　　　　　　　　돛단배

166. 바르게 쓰나 거꾸로 쓰나 같은 글자는?　　　　　　　　　　　　　묵근놈

167. 박은 박인데 쓸데없는 박은?　　　　　　　　　　　　　　　　　　　우박

168. 발 없는 말이 천리 가는 것은 무엇이냐?　　　　　　　　　　　　　소문

169. 발이 없어도 천하를 통행하는 것은?　　　　　　　　　　　　　　　바람

170. 밤 손님이란?　　　　　　　　　　　　　　　　　　　　　　　　　도둑

171. 밟아야 달리는 것은?　　　　　　　　　　　　　　　　　자전거, 자동차

172. 밤은 밤인데 못 먹는 밤은 무엇이냐?　　　　　　　　　　　　　어두운 밤

173. 밤낮없이 산수 공부만 하는 것은?　　　　　　　　　　　　　　　　시계

174. 밤낮으로 냇가에 머리 풀고 서 있는 것은?　　　　　　　　　　　수양버들

175. 밤새도록 같이 있다가 날만 새면 헤어지는 것은?　　　　　　이불, 요, 베개

176. 밥은 퍼주고 못 얻어먹는 것은?　　　　　　　　　　　　　　　　주걱

177. 밥은 밥인데 못 먹는 밥은?　　　　　　　　　　　　　　　톱밥, 대패밥

178. 방안에서 치고 자는 텐트는?　　　　　　　　　　　　　　　　　모기장

179. 방울은 방울인데 소리 없는 방울은?　　　　　　　　　　　　　　솔방울

180. 방은 방인데 사람이 못 들어가는 방은?　　　　　　　　　　　　　　가방

181. 배꼽에 털 난 것은 무엇이냐?　　　　　　　　　　　　　　　　　도토리

182. 배는 배인데 못 먹는 배는?　　　　　　　　　　　　사람의 배, 타는 배

183. 백년 천년을 똑같은 빠르기로 가는 것은?　　　　　　　　　　세월, 시간

184. 보고도 먹지 못하는 감은 무엇이냐?　　　　　　　　　　　　　　　영감

185. 보고도 못 먹는 떡은 무엇이냐?　　　　　　　　　　　　　　　그림의 떡

186. 불을 붙이면 키가 점점 작아지는 것은?　　　　　　　　　　　　　　양초

187. 빨간 머리에 흰옷을 입고 흰 눈물을 뚝뚝 떨어뜨리는 것은?　　　　　촛불

188. 비 오면 활개치고 다니는 것은?　　　　　　　　　　　　　　　　　우산

189. 비가 오면 피아노를 치는 것은?　　　　　　　　　　　　　　　양철지붕

190. 사람들을 웃기기도 하고 울리기도 하는 종이는?　　　　　　　　　　　돈

191. 사철 왔다 갔다 하는 것이 무엇이냐? 시계추

192. 한자로 산(山) 밑에 산이 있고 산위에 산이 있는 글자는? 날출(出)자

193. 새 옷 입어도 검고 헌 옷 입어도 검은 옷은? 그림자

194. 새 중에서 제일 무서운 새는? 먹새

195. 세상에서 가장 작은 새는? 눈 깜짝할 새

196. 사람이 즐겨 먹는 피는 무엇이냐? 커피, 오가피

197. 사람은 사람인데 햇빛이 비추면 녹는 사람은? 눈사람

198. 산은 산인데 들어 올릴 수 있는 산은? 우산

199. 세상에서 제일 빠른 개는 무엇이냐? 번개

200. 삽 없어도 땅을 잘 파는 동물은? 두더지

201. 새 중에서 진짜 새는 무엇이냐? 참새

202. 속으로 들어 갈수록 빨간 것은? 수박

203. 손 없이 나무를 흔드는 것이 무엇이냐? 바람

204. 서서 자는 동물은? 말

205. 신으면 빳빳하고 안 신으면 부들부들 한 것은? 양말

206. 심지 못하는 씨는? 아저씨, 아가씨

207. 세상에 나와서 단 한번 먹고 입을 봉해버리는 것은? 편지

208. 세상에서 가장 예쁜 소는 무엇이냐? 미소

209. 세상에서 가장 생명이 짧은 것은? 하루살이

210. 소금이 죽으면 무엇이냐? 죽염

211. 소는 소인데 발이 두 개 달린 소는? 이발소

212. 소리가나는 꽃 이름은? 나팔꽃

213. 소리 없이 가는데 붙잡을 수 없는 것은? 세월

214. 손님이 오면 끌려 나오는 것은 무엇이냐? 방석

215. 손가락에 붙어 있는 문은 무엇이냐? 지문

216. 손에 항상 쥐고 다니는 금은 무엇이냐? 손금

217. 실제로는 흰색인데도 보라색이라고 하는 것은? 눈보라

218. 시원하지도 않으면서 요란한 여자 바람은? 치맛바람

219. 슬플 때나 기쁠 때 제일 먼저 나오는 것은? 눈물

220. 쓰면 쓸수록 눈덩이처럼 커지는 것은? 빚

221. 쓰면 쓸수록 좋아지는 것은 무엇이냐? 머리

222. 아래로는 못가고 위로만 가는 것은? 연기, 김

223. 아침에는 네 발로 걷고, 낮에는 두발로, 저녁에는 세발로 걷는 것은 무엇이냐?

사람(아침: 어린 시절, 낮: 청장년, 저녁: 지팡이 든 늙은 이)

224. 앉으면 높고 서면 낮은 것은? 천정

225. 어디든지 따라다니나 방안에만 따라가지 못하는 것은? 신발

226. 아무리 그리려 해도 그릴 수 없는 것은? 소리, 마음, 바람

227. 아무리 베어도 베어지지 않는 것은? 물, 그림자, 공기

228. 아무리 속력이 빨라도 앞차를 앞 지를수 없는 차는? 기차, 전철

229. 아무리 예쁜 색의 옷을 입어도 검게 보이는 것은? 그림자

230. 약은 약인데 못 먹는 약은 무엇이냐? 치약, 화약, 구두약

231. 어릴 때는 울지 못하고 어른이 되어서 우는 것은? 개구리

232. 언제나 피어 있는 꽃은? 그림속의 꽃

233. 얼굴에 딱지 붙이고 여행하는 것은? 편지

234. 여자들은 말이 많다는데 여자들이 말이 가장 작은 달은? 2월

235. 연기 안 나는 불은 무엇이냐? 전깃불, 반딧불

236. 열에서 하나를 먹으니 아홉이 아니라 열하나가 되는 것은? 나이

237. 엿장수가 가위 소리를 하루에 몇 번이나 낼까? 엿장수 마음대로

238. 옆으로는 잘 가도 앞뒤로는 잘 못 가는 것은? 게

239. 오래 걸어서 다리가 아플 때 필요한 약은? 차비, 택시비

240. 오지 말라 해도 오고, 가지 말라 해도 가는 것은? 세월

241. 오이의 나이는 몇 살이냐? 52(오이)살

242. 옮길수록 커지는 것은 무엇이냐? 소문

243. 이 산에서 쿵하면 저 산에서 쿵하는 것은? 산울림

244. 이름을 바로 읽으나 거꾸로 읽으나 똑같은 과일은?   토마토

245. 일 년에 한번밖에 못 먹는 것은?   나이

246. 일을 많이 할수록 키가 작아지는 것은?   연필

247. 일할 때는 모자를 벗어 꽁무니에 쓰는 것은?   만년필

248. 일할 때는 벗고 쉴 때는 쓰는 것이 무엇이냐?   만년필

249. 자리는 자리인데 깔지 못하는 자리는?   꿈자리

250. 자기 것인데 남이 더 많이 부르는 것은?   이름

251. 자기 몸을 더럽히면서 남을 깨끗이 해주는 것은?   걸레

252. 장은 장인데 못 먹는 장은?   사장, 시장, 송장

253. 잡아당길수록 올라가는 것은?   국기 게양대

254. 짝이 없으면 아무 소용이 없는 것은?   젓가락

255. 전 세계 어디에도 네 개인 것은?   사방(동, 서, 남, 북)

256. 죽은 것을 살았다 하는 것은?   생선

257. 죽은 죽인데 못 먹는 죽은?   방죽

258. 자는 자인데 먹는 자는 무엇이냐?   과자

259. 자지도 않고 밤낮으로 소리 내어 움직이는 것은?   시계

260. 자기 집을 등에 지고 움직이는 것은?   달팽이

261. 작아도 크다고 하는 나무 이름은?   대나무

262. 잘 때나 깨어 있을 때나 항상 하지 않으면 안 되는 것은?   숨쉬기

263. 잘 때에도 눈을 뜨고 자는 것은?   물고기

264. 잘못될 때마다 와서 온 몸으로 문지르고 가는 것은?   지우개

265. 잘 못했을 때 먹는 과일은?   사과

266. 전쟁 중에 적에게 꼭 받고 싶은 복은?   항복

267. 조용히 입 다물고 있으라는 한자는?   말마(馬)자

268. 천지만물을 다 덮어 버리는 것은 무엇이냐?   눈꺼풀

269. 천하에 흉내 잘 내는 것은?   거울

270. 추울수록 두터워지는 것은?   옷

271. 천만금으로 살 수 없는 것은?   시간, 세월

272. 추우면 짧아지고, 더우면 길어지는 것은? 낮의 길이

273. 천자문의 첫 글자와 둘째 글자의 차이는? 천지(天地)차이

274. 칼로 베어도 끊어지지 않는 것은? 물

275. 큰 소리 내고 불을 토하지만 모양을 볼 수 없는 것은? 천둥

276. 칼 위에 구두 신는 것은? 스케이트

277. 콩나물의 밥은 무엇이냐? 물

278. 클수록 값이 깎이는 것은 무엇이냐? 흠집

279. 타야 보이는 것은 무엇이냐? 연기

280. 탈 것인데 위아래로만 다니는 것은? 엘리베이터

281. 파리 중에서 가장 무서운 파리는? 돌파리

282. 파리 중에서 가장 큰 파리는? 프랑스의 수도 파리

283. 하늘에서 그물질 하는 것은 무엇이냐? 거미

284. 한자 반 되는 콩은? 콩자반

285. 하늘 보다 더 높은 글자는? 지아비부(夫)자

286. 한날 태어났는데 크고 작은 것은? 손가락

287. 형과 아우가 경주하면 언제나 형이 지고 아우가 이기는 것은? 마차바퀴

288. 한번 나오면 다시 거둘 수 없는 것은? 말

289. 해가 지는데 산 속으로 들어가는 사람은? 중

290. 훌륭한 부모는 누가 만들어주나? 자식들

291. 하늘에 그림 그리는 것은? 구름, 무지개

292. 하루만 지나면 헌 것이 되는 것은? 신문

293. 학은 왜 한쪽 다리를 들고 있을까? 두 다리를 다 들으면 쓰러지니까

294. 흰 돌이 우물 안에 있는 것은 무엇이냐? 이빨

295. 흰 저고리에 푸른 치마 입고 빨간 댕기드리고, 아리랑 고개를 넘어가는 것은 무엇이냐?

상치 쌈 먹는 것

부 록

계촌법 (系寸法)

系: 이을 계, 寸: 마디 촌, 法: 법 법

◦의미(뜻): 일가(한 집안)의 촌수를 따지는 방법을 계촌법이라고 한다. 이을 계(系)자가 셈할 계(計)자로 되어 있는 책도 있음. 뜻은 같다고 생각하면 됩니다.

계촌법이란 한 집안의 촌수 즉, 친척간의 관계를 나타내는 수를 따지는 방법을 말한다. 사람들은 누구나 조상(祖上)이 없었다면 내 몸이 어디서 태어났겠느냐? 조상을 추모하고 근본에 보답하여 반드시 정성스럽게 제사를 지내라고 앞에서 배운 것처럼 누구나 조상이 있는 것이다. 조상(祖上)이란 돌아간 어버이 위로 대대의 어른을 조상이라고 하는데 조(祖: 할아버지 조)라는 글자는 할아버지를 나타내는 글자이다.

계촌법은 즉, 촌수를 따질 때는 가장 기초가 되는 것은 나(자기)를 기준으로 한다. 그리고 나의 친척(혈족)을 크게 부계(아버지 계)와 모계(어머니 계)로 나누는데 부계는 직계(남자형제들)와 내계(여자형제들)로 나누고, 모계(어머니 계)는 외계라고 한다.

그럼 나의 직계인 부모(父母)님 윗분의 조상을 알아보도록 합시다.

부계

◦ **조부모(祖父母)님**: 나의 할아버지, 할머니를 말한다. → 친가
◦ **증조부모(曾祖父母)님**: 증조할아버지, 증조할머니
◦ **고조부모(高祖父母)님**: 고조할아버지, 고조할머니
◦ **현조부모(玄祖父母)님**: 현조할아버지, 현조할머니, 오대조(五代祖)할아버지, 할머니라고
   도 한다.

모계

◦ **외조부모(外祖父母)님**: 외할아버지, 외할머니 → 외가라고 한다
◦ **진외조부모(陣外祖父母)님**: 진외할아버지, 진외할머니 → 진외가라고 한다
◦ **증외조부모(曾外祖父母)님**: 증외할아버지, 증외할머니 → 증외가라고 한다.

촌수계산에서 나를 기준으로 위·아래로만 계산하면 직계가 되고 조금이라도 옆으로
뻗어 가면 방계가 된다.

그런데 사람에 따라 직계도 나와 배우자는 무촌이고 나의 부모님과 나의 자녀는 1촌,
나의 조부모님과 손자는 2촌, 증조부모님은 3촌, 고조부모님은 4촌 등으로 따지는 경
우도 있는데 실제로는 직계 존속간의 촌수를 따지는 것은 의미가 없어 촌수를 따지지
않고 세(世)와 대(代)를 쓰기 때문에 방계(傍系) 친척 간에만 촌수 계산법을 사용한다고
할 수 있다.

그럼 직계(부계와 내계로 구분)와 외계로 구분하여 계촌법을 알아보도록 합시다.

가. 부계(父系) : 주로 아버지 선대로부터 남자 형제 및 그 후손을 나타낸다.

◦ **2촌**: 나의 형제(兄弟) 즉, 형과 아우는 2촌지간이다.
◦ **3촌**: 백숙부(伯叔父: 아버지의 형제를 말함)와 아래로 나의 형과 아우의 자녀인 조카(질이
   라고도 한다)는 3촌지간이다.

○ **4촌**: 위로 종조부(從祖父: 조부님(할아버지)의 형제를 말함)님과 옆으로 종형제(從兄弟: 백숙부의 자녀)는 4촌 지간이다.

○ **5촌**: 위로 종백숙부(從伯叔父: 종조부님의 자녀)와 종증조부님(증조부모님의 형제), 아래로 종질(從姪: 나의 4촌인 종형제의 자녀를 말함)은 5촌이다. 종백숙부를 당숙(堂叔)이라고도 한다.

○ **6촌**: 재종형제(再從兄弟: 종백숙부(당숙)의 자녀를 말함)와 위로 재종조부(종증조부의 자녀)와 종고조부(고조부의 형제) 아래로 재종손(再從孫: 나의 5촌인 종질의 자녀)은 6촌지간이다.

○ **7촌**: 재종질(再從姪: 나의 6촌인 재종형제의 자녀)과 위로 재종백숙부(재종 조부의 자녀)와 재종증조부(고조부의 자녀를 말함)는 7촌지간이다.

○ **8촌**: 3종손(三從孫: 나의 7촌인 재종질의 자녀)과 3종형제(재종백숙부의 자녀)와 3종조부(재종증조부의 자녀)는 8촌지간이다.

○ **9촌**: 3종질(三從姪: 나의 8촌인 3종형제의 자녀)와 3종백숙부(3종조부님의 자녀)는 9촌지간이다.

○ **10촌**: 4종손(四從孫: 나의 9촌인 3종질의 자녀)과 4종형제(3종백숙부의 자녀를 말함)는 10촌지간이다.

나. 내계(內系): 주로 아버지 선대로부터 여자형제 및 그 후손을 나타낸다.

○ **2촌**: 나의 자매(姉妹: 누이나 여동생을 말함)는 2촌이다.

○ **3촌**: 고모(姑母: 아버지의 누이나 여동생을 고모라고 함)와 생질(甥姪: 나의 누이나 여동생의 자녀)은 내 3촌지간이다. 나를 생질들이 외삼촌이라고 부른다.

○ **4촌**: 고종(姑從: 고모의 자녀를 고종 또는 내종형제라고도 한다.)과 대고모(나의 조부의 여자녀)와 이손(離孫: 나의 생질의 자녀)도 내 4촌지간이다.

○ **5촌**: 내종질(內從姪: 나의 내종형제의 자녀)과 내종숙(대고모의 자녀)과 종대고모(증조부의 여자녀)도 내 5촌이다.

○ **6촌**: 내종종손(內從從孫: 내종질의 자녀)과 내재종형제(內再從兄弟: 내 종숙부의 자녀)와 내재종조부(內再從祖父)는 내 6촌지간이다.

- 7촌: 내재종질(內再從姪: 내종종손의 자녀)과 내재종숙부(內再從叔父)는 내 7촌지간이다.
- 8촌: 내3종손(內三從孫: 내재종질의 자녀)과 내3종형제(內三從兄弟: 내재종숙부의 자녀)는 내 8촌지간이다.

※ 촌수를 따질 때 부계(父系: 주로 아버지의 선대로부터 남자형제 및 그 후손을 말함)는 앞에 다른 말을 붙이지 않는다. 그런데 내계(內系: 주로 아버지 선대로부터 여자형제 및 그 후손을 말함)는 앞에 내(內) 또는 고(姑)자를 붙인다. 예를 들면 고종 또는 내종형제, 내종숙, 고모 등이며 외계(外系: 어머니 계)는 외(外) 또는 이(姨)자를 붙인다. (예: 외삼촌, 이모 등)

다. 외계(外系): 주로 어머니 그 선대로부터 형제 및 그 후손을 나타낸다.

- 3촌: 외숙부 또는 외삼촌(어머니의 남자형제(오빠, 남동생을 말함)과 이모(姨母: 어머니의 여자 언니나 여동생)는 나에게는 외가로 3촌지간이다.
- 4촌: 외종(外從: 나의 외삼촌(외숙부)의 자녀를 외종이라고도 한다)과 이종(姨從: 이모의 자녀들을 말함)은 외가로 4촌지간이다.
- 5촌: 외종질(外從姪: 외종형제의 자녀)과 이종질(姨從姪: 이종형제의 자녀)은 외가로 5촌지간이다.
- 6촌: 외재종형제(外再從兄弟: 외종질의 자녀)는 외가로 6촌지간이다.

이상과 같이 촌수 따지는 방법을 직계(부계, 내계)와 외계(모계)로 구분하여 알아보았는데 헷갈리고 이해하기 곤란하겠지만 가장 가까운 같은 할아버지와의 대(代)수를 합한 수가 촌수가 된다. 세(世)와 대(代)의 구별은 세는 자기까지를 합한 수이고 대는 자기를 뺀 수이다.

그런데 요즈음 젊은 사람들은 결혼 후 자녀를 하나만 낳아 기르는 사람이 많아 앞으로 형제자매가 없어지게 되면 2촌, 3촌도 없어지게 될까 염려 된다. 그러므로 결혼 후 자녀를 둘 이상은 낳아서 길러야 하는데 생각해 보시기 바랍니다.

참고한 서적

1. **사자소학**(성균관 출판부)

2. **청소년 인성교육 현장교실**(성균관 출판부)

3. **한문으로 배우는 청소년 충효예**(성균관 출판부)

4. **충효예**(대전광역시. 최영갑 · 박희창 엮음)

5. **대산 천자문 강의**(저자 김석진. 동문서숙)

6. **동양 고사성어**(한국 고전신서편찬회)

7. **신역판사서오경: 고사성어**(한국교육출판공사)

8. **고사성어 펜글씨 교본**(대한펜글씨연구회)

9. **1800자 상용한자**(어학교육연구회)

10. **신 일용옥편, 새국어사전**(교학사)

11. **스피드 옥편**(상아탑)

12. **상해 한자대전**(유경출판사)

13. **백과사전**(동아출판사)

14. **민중국어사전**(민중서림)

15. **콘사이즈 국어사전**(금성교과서)

16. **전통예절**(논산문화원)

17. **사자소학, 고사성어, 수수께끼에 관한 필사본 등 다수**

장 영 근 (張永根)

- 1958년 2월 : 대전 사범학교 졸업

- 1981년 5월 : 대전변동초등학교 초대(初代)교감

- 2000년 8월 : 강경중앙초등학교 교장 퇴임

- 2012년 현재 : 성균관 대전 중구 유도회 회원

바른 인성 교육을 겸한 한문교재

쉽게배우는 사자소학 ①

초판 1쇄 인쇄 2012년 07월 16일
초판 1쇄 발행 2012년 07월23일

엮은이ㅣ장 영 근
펴낸이ㅣ손 형 국
펴낸곳ㅣ(주)에세이퍼블리싱
출판등록ㅣ2004. 12. 1(제2011-77호)
주소ㅣ153-786 서울시 금천구 가산동 371-28 우림라이온스밸리 C동 101호
홈페이지ㅣwww.book.co.kr
전화번호ㅣ(02)2026-5777
팩스ㅣ(02)2026-5747

ISBN 978-89-6023-912-8 43710